智能制造工程师系列

基于低代码工具的工业APP开发及应用

主　编┃魏仁胜　曹玉龙　孟淑丽

参　编┃于福华　熊国灿　李俊粉　李　硕

机械工业出版社

本书根据企业真实案例编写，共设置 8 个项目总计 21 个典型工作任务，在系统梳理工业 APP 相关概念的基础上，将工业互联网 APP 开发应用的主要技术有机融合，提炼工业互联网 APP 开发应用相关知识和技能。读者可围绕引导问题主动思考，并跟随由简单到复杂、由部分到整体的思路完成工作任务，进而掌握工业互联网 APP 开发应用的知识和技能，同时培养工业互联网工程技术岗位的职业能力。

本书可作为全国新职业技术技能大赛"工业互联网工程技术人员"赛项训练指导书，也可作为职业院校工业互联网 APP 开发应用相关专业教材，还可作为工业互联网 APP 开发应用相关技术人员的参考书。

本书配有教学视频（扫描书中二维码直接观看）及电子课件等教学资源，需要配套资源的教师可登录机械工业出版社教育服务网 www. cmpedu. com 免费注册后下载。

图书在版编目（CIP）数据

基于低代码工具的工业 APP 开发及应用/魏仁胜，曹玉龙，孟淑丽主编. —北京：机械工业出版社，2023.7
（智能制造工程师系列）
ISBN 978- 7- 111- 73221- 1

Ⅰ.①基⋯　Ⅱ.①魏⋯②曹⋯③孟⋯　Ⅲ.①数字技术–应用–制造工业–研究　Ⅳ.①F407.4-39

中国国家版本馆 CIP 数据核字（2023）第 092177 号

机械工业出版社（北京市百万庄大街 22 号　邮政编码 100037）
策划编辑：罗　莉　　　　　　责任编辑：罗　莉
责任校对：张晓蓉　张　薇　　封面设计：鞠　杨
责任印制：单爱军
北京虎彩文化传播有限公司印刷
2023 年 8 月第 1 版第 1 次印刷
210mm×285mm · 17.75 印张 · 566 千字
标准书号：ISBN 978- 7- 111- 73221- 1
定价：99.00 元

电话服务　　　　　　　　　网络服务
客服电话：010-88361066　　机　工　官　网：www.cmpbook.com
　　　　　010-88379833　　机　工　官　博：weibo.com/cmp1952
　　　　　010-68326294　　金　书　网：www.golden-book.com
封底无防伪标均为盗版　　机工教育服务网：www.cmpedu.com

preface　　　　　　　　　　　　　前　言

课程简介

　　当前，全球新一轮科技革命和产业变革正加速演进，工业互联网被视为第四次工业革命的重要基石、数字化和智能化转型的关键力量。随着工业互联网新型基础设施不断夯实，产业生态不断壮大，基于低代码工具的工业互联网 APP 开发应用对于高素质技术技能人才的需求日益强劲。

　　本书为特高建设—北京市职业院校工程师学院项目—西门子智能制造工程师学院系列图书之一。以工业互联网 APP 开发应用行业的技术岗位人才培养为目标，采用项目引导、任务驱动的编写模式，以全国新职业技术技能大赛"工业互联网工程技术人员"赛项为项目载体，提炼工业互联网 APP 开发应用相关的知识和技能，将工业互联网 APP 开发应用主要技术有机融合，培养工业互联网工程技术人员岗位职业能力。

　　本书在编写过程中充分考虑职业教育人才培养要求的特点，在内容组织和安排上有以下特点：

　　1. 项目引导、任务驱动的编写模式。以某离散行业企业数字化、智能化转型升级过程为项目载体，依据认知→参与→集成→拓展的学习方式和教学规律将本书内容整合为 8 个项目总计 21 个典型工作任务。

　　2. 遵循认知规律，循序渐进地展开内容。每个项目根据内容需要分为 1~5 个任务，由易到难，从简单到复杂，循序渐进地完成工业互联网 APP 开发应用各项知识和技能的实践训练。本书在编写过程中突出需求分析能力、原型设计能力、数据集设计开发能力、低代码工具使用能力、设备管理 APP 开发能力、质量管理 APP 开发能力、移动端设备巡检 APP 开发能力、工业 APP 测试与发布能力和创新能力的培养。

　　3. 采用活页式的编写形式。在组织和实施过程中，由一个个引导问题和技能训练点为主题引领读者对相关知识和技能进行学习和训练，知识学习和技能训练穿插应用，体现组织上"活"和内容上也"活"的特点。

　　4. 融入思政元素，强化育人目标。在每个项目的素质目标上，都融入思政元素，力求用潜移默化的形式把相关元素融入其中。

　　本书由北京经济管理职业学院魏仁胜、孟淑丽，航天云网科技发展有限责任公司曹玉龙担任主编；北京经济管理职业学院于福华、熊国灿、李俊粉、李硕参编；北京经济管理职业学院人工智能学院相关领导和同事也给予了很多支持和帮助，同时本书在编写过程中参阅了大量文献资料，对于提供这些资源的专家和学者，在此一并表示衷心感谢。

　　由于作者水平有限，书中难免存在不妥和错误之处，恳请各位同仁、专家及读者不吝指教，提出宝贵意见，以便今后修订和完善。

作者

二维码清单

名称	图形	页码	名称	图形	页码
课程简介		Ⅲ	项目四 任务一-2 技能实操		67
项目一 任务一 知识学习		1	项目四 任务一-3 技能实操（续）		79
项目二 任务一-1 知识学习		9	项目四 任务二 知识学习+技能实操		97
项目二 任务一-2 技能实操		13	项目四 任务三 知识学习+技能实操		114
项目二 任务二 知识学习+技能实操		17	项目四 任务四 知识学习+技能实操		126
项目三 任务一 知识学习+技能实操		28	项目五 任务一-1 知识学习+技能实操		139
项目三 任务二 知识学习+技能实操		43	项目五 任务一-2 技能实操（续）		146
项目三 任务三 知识学习+技能实操		48	项目五 任务二-1 技能实操		155
项目四 任务一-1 知识学习		60	项目五 任务二-2 技能实操（续）		158

（续）

名称	图形	页码	名称	图形	页码
项目五 任务三-1 技能实操		168	项目六 任务四 技能实操		215
项目五 任务三-2 技能实操（续）		177	项目六 任务五 技能实操		228
项目六 任务一 技能实操		182	项目七 任务一-1 技能实操		240
项目六 任务二 技能实操		190	项目七 任务一-2 技能实操（续）		243
项目六 任务三-1 技能实操		202	项目七 任务二 技能实操		256
项目六 任务三-2 技能实操（续）		207	项目八 知识学习+技能实操		270

contents

目 录

项目描述

　　随着我国信息化和工业化的深度融合、"中国制造 2025"战略的深入实施、工业互联网等新技术的出现，企业需要通过持续积累工业技术知识以获得创新能力，共享共用需求持续凸显，在工业技术知识与信息技术，尤其是软件技术之间，需要有一个两方融合的载体，于是"工业技术软件化"理念被提出。

任务一　初识工业 APP

💻 **任务工单**

任务名称				姓名	
班级		组号		成绩	
工作任务	查阅资料，浏览航天云网 INDICS 平台： ★ 总结工业 APP 的概念、特征、分类与开发情况 ★ 分析工业 APP、消费 APP、工业互联网平台的关系				
任务目标	知识目标 ★ 掌握工业 APP 的基本概念 ★ 理解工业 APP 与消费 APP、工业软件的区别和联系 ★ 理解工业 APP 与工业互联网平台的关系 ★ 理解工业 APP 的六方面典型特征 ★ 了解工业 APP 的开发、应用情况及发展前景 ★ 了解工业 APP 的主要分类				

（续）

任务目标	**能力目标** ★ 查阅资料的能力 ★ 总结问题的能力 **素质目标** ★ 培养对课程的学习兴趣及学好该课程的自信心 ★ 培养主动学习和科学思维的能力 ★ 培养对待工作和学习一丝不苟、精益求精的精神		
	职务	姓名	工作内容
任务分配	组长		
	组员		
	组员		

知识学习

? 引导问题 1 工业 APP 的概念是什么？

_____

_____

_____

_____

【知识点 1】

工业互联网平台研发企业、工业互联网平台应用系统集成企业、工业互联网应用企业，尤其是离散行业在企业数字化、智能化转型升级过程中，迫切需要借助有价值的工业 APP，提供不同业务场景下的数字化、智能化服务，来提升智能制造能力，提高业务效率，降低经营成本。

在工业 APP 概念出现之前，消费领域和移动互联网领域已经有很多的 APP；在工业领域，GE 等国外工业巨头已将 APP 概念引入到工业领域。工业互联网 APP 的概念是：基于松耦合、组件化、可重构、可重用思想，面向特定工业场景，解决具体的工业问题，基于平台的技术引擎、资源、模型和业务组件，将工业机理、技术、知识、算法与最佳工程实践按照系统化组织、模型化表达、可视化交互、场景化应用、生态化演进原则而形成的应用程序，是工业软件发展的一种新形态。

? 引导问题 2 列举一个常见的工业 APP 和一个消费 APP，根据所学知识说明两者的区别。

_____

_____

_____

【知识点 2】

工业 APP 和消费 APP 既有联系也有区别。工业 APP 借鉴了消费 APP 的概念，在单纯 APP 的特征方面，工业 APP 在体量小轻灵、易操作、易推广重用等方面充分借鉴了消费 APP 的特性。

对于工业 APP 和消费 APP 的区别，见表 1-1-1。

表 1-1-1　工业 APP 与消费 APP 的区别

工业 APP	消费 APP
基于工业机理	基于信息交换
to C	to B
专业用户 （用户是产品设计者、生产者、经营者）	非专业用户 （用户是消费者）

（1）消费 APP 是基于信息交换的，但工业 APP 是必须有机理的。工业应用有因果关系，这些表达因果关系的工业技术知识常常通过机理模型、经验模型、数据模型等承载，是企业重要的数据资产和核心价值。

（2）消费 APP 针对个人用户（to C），解决个体的通用需求，多应用在流通、服务等环节；工业 APP 针对企业用户（to B），解决工业问题，多应用在工业产品的研发设计、制造、维修服务与企业经营管理等环节。

（3）消费 APP 面对非专业用户，提供流通和服务过程中的流程、信息、资金、评价等应用。工业 APP 面对专业用户，提供企业产品设计、制造、维修等专业应用，承载的也是设计、生产产品等专业领域的工业技术知识。

? 引导问题 3　工业 APP 和工业软件的区别有哪些？

_____

_____

_____

【知识点 3】

工业软件指专用于或主要用于工业领域，以提高工业企业研发、制造、管理水平和工业装备性能的软件。在工业软件中既包含了传统的工业软件，也包括云化工业软件，还包括工业 APP 这种新形态的工业软件。工业 APP 与传统工业软件既有区别又具有紧密的关系。二者的区别见表 1-1-2。

表 1-1-2　工业 APP 与传统工业软件的区别

工业 APP	传统工业软件
多种部署方式	通常本地化安装部署
必须依托平台提供的技术引擎、资源、模型等完成开发与运行	包含完整工业软件要素，如技术引擎、数据库等
小轻灵、易操作	体量巨大、操作使用复杂，需要具备某些专业领域知识才能使用
可以多层级解耦	可以分模块运行，不可多层级解耦
只解决特定的具体的工业问题	解决抽象层级的通用问题

（1）工业 APP 有多种部署方式；传统的工业软件，如 CAD、CAE、CAM、PLM、ERP、MES 等，通常本地化安装部署。

（2）工业 APP 必须依托平台（包括工业互联网平台、云平台、大型工业软件平台、工业操作系统等）提供的技术引擎、资源、模型等完成开发与运行；但是传统工业软件都提供完整工业软件要素，如几何引擎、求解器、业务建模引擎、数据库等，可以不依赖其他平台独立运行。

（3）工业 APP 体量小，操作使用方便，可以降低使用门槛；传统工业软件通常体量巨大，操作使用复杂，通常都需要具备某些专业领域知识才能使用。

（4）工业 APP 由于采用微服务技术架构和组件化技术等，可以多层级解耦直到基本业务组件为止；传统工业软件由于所采用的技术架构等原因，通常是紧耦合的，虽然可以分模块运行，但几乎不可多层级解耦。

（5）工业 APP 只解决特定的具体的工业问题；传统工业软件一般解决抽象层次的通用问题，例如，CAD 软件提供面向几何建模的高度抽象的功能应用，具有专业领域知识的使用者可以操作 CAD 软件用来完成不同种类产品的几何建模与设计。

综上所述，工业 APP 与传统工业软件虽然存在很大区别，但两者既不互斥，也不相互孤立。工业 APP 不是要替代传统工业软件，两者是可以相互促进的。

❓ 引导问题 4 工业 APP 和工业互联网平台有何关系？工业互联网平台体系架构分为几层？每一层的定位是什么？

_____

_____

_____

_____

【知识点 4】

工业 APP 需要依托工业互联网平台所提供的技术引擎、计算资源、数据库等基础技术要素完成开发与应用。这种分工将技术引擎、计算资源等这些需要长时间高投入的部分下沉到工业互联网平台，既有利于非专业人员可以快速实现工业 APP 开发，避免重复开发和建设基础技术资源；同时，基于工业互联网平台所提供的资源和统一标准，也有利于工业 APP 的标准统一，实现广泛重用。此外，工业互联网平台还提供工业 APP 在权属、流通、重用、接口调用、资源管理，数据资产处理、存储与保护等方面的功能支撑。

从工业互联网的技术发展趋势看，大型工业软件平台与工业互联网平台将逐渐趋于统一，未来的工业互联网平台将能够提供从研发设计、生产制造、维修服务、经营管理以及跨产业链协同应用的不同技术引擎和技术资源服务。工业互联网平台参考体系架构 2.0 明确了工业 APP 的关键定位：边缘层和基础设施层是基础，平台层是核心，应用层是关键，实现最终工业价值，如图 1-1-1 所示。

图 1-1-1　工业互联网平台参考体系架构

在当前的技术条件下，工业互联网平台在边缘层实现设备的接入和数据采集，在平台层实现对不同工业软件与工具软件的整合，通过工业互联网平台整合不同的工业软件和工业数据，让不同形态的工业软件以全新的架构为工业提供基础技术服务，结合特定领域的工业技术知识，利用低代码工具等可视化工业应用开发环境，构建面向产品研发设计、工艺设计与优化、能耗优化、运营管理、设备监控、健康管理、质量管控、供应链协同等不同种类的工业 APP。

工业 APP 在工业互联网平台中的定位，凸显工业 APP 在整个工业互联网产业的重要性。平台的特性、性能以及最终价值都会通过工业 APP 的应用得到体现。工业 APP 是工业互联网产业发展的关键，工业互联网平台大都会聚焦于工业 APP。

? **引导问题 5**　工业 APP 的典型特征有哪些？请使用简单语言解释"松耦合"的概念？

_____

_____

_____

_____

【知识点 5】

工业 APP 借鉴了消费 APP 方便灵活的特性，又承载了工业技术软件化的理念，作为工业软件的新形态，又具有软件的特性，同时依托平台具有生态化的特征。因此工业 APP 具有六方面典型特征：特定工业技术知识载体；面向特定工业场景的特定适应性；小轻灵，易操作；可解耦/可重构；依托平台；集群化应用等特征。如图 1-1-2 所示。

（1）特定工业技术知识载体

工业 APP 是某一项或某些具体的工业技术知识的软件形态的载体，这是工业 APP 的本质特征。工业 APP 所承载的工业技术知识只解决具体的问题，而不是抽象后的问题。例如，齿轮设计 APP 只承载解决某种类型的齿轮设计问题的具体工业技术知识，一般的工业软件虽然也承载工业技术知识，但这些工业技术知识通常是抽象后的通用机理，如几何建模技术与知识，解决的是一大类工业问题。

图 1-1-2　工业 APP 典型特征

（2）特定适应性

每一个工业 APP 承载解决某项具体问题的工业技术知识，表达一个或多个特定的功能，解决特定的具体问题，具有典型的特定适应性。例如，某类齿轮设计 APP 只完成该类型的齿轮设计，更换齿轮类型后就不适用了。

（3）小轻灵，易操作

每一个工业 APP 只解决某一些或几项具体的问题，功能单一，并且工业 APP 的开发运行都依托平台的资源，每一个工业 APP 都不需要考虑完整的技术引擎、算法等基础技术要素，因此工业 APP 的体量相对较小。工业 APP 是工业技术知识载体，通过知识封装和驱动，让一般人也可以使用专业人员的知识，通过简单的拖、拉、拽等操作，完成过去需要专家才能完成的工作。

（4）可解耦/可重构

每一个组件化的工业 APP，边界明确，接口明确。使得工业 APP 可以不被紧耦合约束到某一个具体的应用软件中，与其他的应用程序或 APP 通过接口交互实现松耦合应用。松耦合的概念是，比如设计的一个程序，需要编写 5 个功能来实现。如果这 5 个功能中，有 4 个功能都要调取第 5 个功能，那么，当开发者在修改第 5 个功能时，就要考虑修改完成后，是否会对其他 4 个功能有影响，为了查看是否有不好的影响，就要对其他 4 个功能一个一个进行测试。所以，为了避免产生这种后期修改的劳动量，就提倡"松耦合"，也就是说，功能之间，依赖程度尽量不要太高。否则，修改完一个功能后，需要对多个相关功能进行大量的测试。在软件工程中，降低耦合度即可以理解为解耦，也就是将强耦合变为弱耦合的过程。功能间有依赖关系必然存在耦合，理论上的绝对零耦合是做不到的，但可以通过一些方法将耦合度降至最低。

（5）依托平台

工业 APP 从概念提出到开发、应用，以及生态的构建与形成，都是基于平台开展的。每一个工业 APP 只解决特定的具体问题，这就要求工业 APP 必须具备一个庞大的生态来支撑。平台既可以提供工业 APP 生态快速建设的基础，又可以减少每一个 APP 开发过程中重复地进行基础技术开发和基础资源构建，降低工业 APP 开发的门槛，还可以通过平台来统一规范与标准，实现工业 APP 的广泛重用。

（6）集群化应用

每个工业 APP 只解决特定问题，对于一些复杂的工业问题，可以通过分解问题将复杂问题变成一系列单一问题，每一个单一问题由对应的工业 APP 来解决，通过多个边界和接口明确的工业 APP 按照一定的逻辑与交互接口进行系统性组合，利用工业 APP 集群可以解决更为复杂的系统性问题。例如，飞行器总体设计 APP，将飞行器总体设计分解为数百个小问题，通过超过 300 个工业 APP 的集群化组合应用，实现了飞行器这个复杂系统的总体设计应用。

引导问题 6 工业 APP 主要有哪些分类？请判断"设备管理 APP"属于哪一类工业 APP？

_____

_____

_____

【知识点 6】

工业 APP 分类是工业 APP 开发、共享、交易、质量评测和应用，以及构建工业 APP 标识体系等各项活动的基础。主要从业务环节构建工业 APP 分类体系。工业 APP 主要分为研发设计工业 APP、生产制造工业 APP、运维服务工业 APP、经营管理工业 APP 四大类，如图 1-1-3 所示。

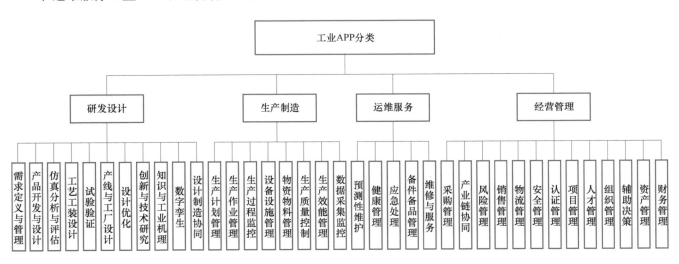

图 1-1-3　工业 APP 分类

引导问题 7 请解释为什么要使用低代码工具开发工业 APP？

【知识点 7】

工业 APP 同时具备工业和软件的双重属性。将前端开发和后端服务等纯 IT 技术，通过组件化开发环境和开发工具包，实现基于前后端开发技术的工业软件接口与适配器组件开发、驱动器开发、业务组件开发、模型组件开发等业务组件开发，实现工业技术与信息技术的融合，并基于业务组件提供面向工业人员的可视化低代码工业 APP 开发环境，实现工业技术知识快速转化为工业 APP。

低代码工具降低了工业 APP 开发专业难度和对专业知识的要求难度。通过拖、拉、拽方式快速开发特定场景应用，提升企业工业 APP 开发能力。例如，中国国家工业互联网平台——航天云网 INDICS 平台的低代码工具，是云原生、一站式、可视化开发工具，可基于平台快速搭建企业应用，为工业智造领域中的项目实施人员，提供各类工业场景应用搭建资源，最大程度降低开发技术门槛，提供便捷的开发与部署服务。西门子低代码开发工具 Mendix，通过模型驱动自动生成代码的方式，降低工业 APP 开发难度，实现工业技术与信息技术人员融合，扩大低代码应用开发的范畴。

低代码工具是未来软件开发的主流模式，有相关数据预测，到 2025 年 90% 的软件应用都将在低代码工具完成，例如国外的 OutSystems、Mendix 或者国内最新自主研发的 XJR 快速开发工具等，已可以开发 OA、ERP、CRM、HR、进销存等各种企业管理应用，并无缝集成打通其他软件系统，实现各系统间的互联互通。

? 引导问题 8 查阅资料，了解工业 APP 发展趋势如何？

【知识点 8】

工业应用是将工业 APP 开发成果纵向多层级与横向多环节应用到工业领域。工业 APP 应用覆盖了离散行业和流程行业，多品种小批量、小品种大批量的业务应用。从横向可以应用到研发设计、生产制造、运维服务以及经营管理等多工业环节，纵向可以应用于产品/设备-车间-企业-产业等多层级、多工业场景。例如，在产品/设备层级的设计、仿真、验证、设备监控与 PHM 健康管理；在车间层级的工艺布局、工艺工装、生产管控、远程运维监控、数据采集，以及效率、质量、能耗改善等管理应用；在企业层级的设计制造一体化、资源、计划、排程，以及服务、人、财、物等管理应用；在整个产业层面的云化应用、产业协同、供应链管理、营销等经营管理应用。

工业 APP 在不同层级和不同工业场景中的应用，将根据工业领域的特性的不同，形成不同的工业 APP 应用模式。工业 APP 的应用与推进目前还在发展过程中，对于不同工业领域与不同工业 APP 类型的应用与推进也存在多样的变化。

技能学习

学会使用图书馆、百度、知网、微信公众号等多种方式查阅资料。

评价反馈

对本任务的学习情况进行检查评分，并将相关内容填写在表 1-1-3 中。

表 1-1-3 评分表

任务名称		姓名				任务得分		
考核项目	考核内容	配分		评分标准		自评 50%	师评 50%	得分
知识技能 70分	能仔细阅读知识材料，画出重点内容	15	优 15	良 12	合格 10			
	能借助信息化资源进行信息收集，自主学习	15	优 15	良 12	合格 10			
	能正确完成引导问题，写出完整答案	30	优 30	良 20	合格 10			
	能与老师进行交流，提出关键问题，有效互动	10	优 10	良 8	合格 6			
实操技能 15分	能正确使用图书馆、知网、百度等工具查阅学习资料	10	优 10	良 8	合格 6			
	能与同学良好沟通、有效互动，共同解决问题	5	优 5	良 4	合格 3			
素质技能 15分	态度端正，认真参与	5	优 5	良 4	合格 3			
	主动学习和科学思维的能力	5	优 5	良 4	合格 3			
	执行 8S 管理标准	5	优 5	良 4	合格 3			

 任务小结

_____

_____

_____

_____

项目二 工业 APP 需求分析和原型设计

 项目描述

　　针对某离散行业企业数字化、智能化转型升级过程中，需要开发设备管理 APP 对工厂堆垛机、加工台、机械手、传送带 4 台产线设备的运行状态进行监控；实时检测产线加工台主轴转速和加工台主轴温度等重要参数的数据变化，并以折线图的形式展示。

任务一　设备管理 APP 需求分析

 **任务工单**

任务名称				姓名	
班级		组号		成绩	
工作任务	★ 分析设备管理 APP，进行需求分析 ★ 撰写设备管理 APP 需求说明书				
任务目标	知识目标 ★ 理解软件生命周期的概念 ★ 理解软件生命周期每阶段的具体任务 ★ 了解需求分析的任务 ★ 了解软件需求说明书的作用 能力目标 ★ 会撰写需求说明书 素质目标 ★ 培养对课程的学习兴趣及学好该课程的自信心 ★ 培养主动学习和科学思维的能力 ★ 培养对待工作和学习一丝不苟、精益求精的精神				
任务分配	职务	姓名		工作内容	
	组长				
	组员				
	组员				

知识学习

❓引导问题 1　详细描述软件生命周期的概念。

❓ 引导问题 2 软件生命周期分为几个时期？每个时期的任务是什么？

❓ 引导问题 3 开发一个软件产品要考虑几方面可行性？并做出详细解释。

❓ 引导问题 4 开发一个软件产品为什么要做需求分析？

❓ 引导问题 5 查阅资料说明"调试"和"测试"有哪些区别？

【知识点 1】

为了降低工业 APP 开发专业难度和对专业知识的要求难度，目前基本使用低代码工具开发。使用低代码工具开发工业 APP 也需要遵循软件工程方法，简单来说，软件工程是指导计算机软件开发和维护的一门工程学科。

依据软件工程方法开发一款 APP 的全过程称为软件生命周期。概括地说，软件生命周期由软件定义、软件开发和运行维护（也称为软件维护）3 个时期组成，每个时期又进一步划分成若干个阶段，如图 2-1-1 所示。

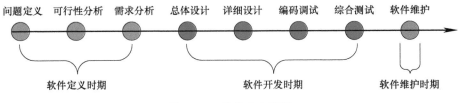

图 2-1-1 软件生命周期

软件定义时期的任务是确定软件开发工程必须完成的总目标；确定工程的可行性；导出实现工程目标应该采用的策略及系统必须完成的功能；估计完成该项工程需要的资源和成本，并且制定工程进度表。软件定义时期通常进一步划分成 3 个阶段，即问题定义、可行性分析和需求分析。

软件开发时期的任务是具体设计和实现在前一个时期定义的软件，它通常由总体设计、详细设计、编码调试、综合测试 4 个阶段组成。其中前两个阶段又称为系统设计，后两个阶段又称为系统实现。

软件维护时期的主要任务是使软件持久地满足用户的需要。具体地说，当软件在使用过程中发现错误时应该加以改正；当环境改变时应该修改软件以适应新的环境；当用户有新要求时应该及时改进软件以满足用户的新需要。

下面简要介绍软件生命周期每个阶段的基本任务。

（1）问题定义

问题定义阶段实质上只需要解决一个问题——"开发软件要解决的问题是什么？"如果不知道问题是什么就试图解决这个问题，显然是盲目的，只会白白浪费时间和金钱，最终得出的结果很可能是毫无意义的。

（2）可行性分析

这个阶段需要解决的问题是对于问题定义阶段所确定的问题有行得通的解决办法吗？这个阶段的任务不是具体解决问题，而是研究问题的范围，探索这个问题是否值得去解决，是否有可行的解决办法。可行性分析主要包括 3 方面：

a. 技术可行性——使用现有的技术能实现这个系统吗？

b. 经济可行性——这个系统的经济效益能超过它的开发成本吗？

c. 操作可行性——系统的操作方式方便用户使用吗？

必要时还应该从法律、社会效益等更广泛的方面研究软件全生命周期的可行性。

（3）需求分析

这个阶段的任务是准确地确定"为了解决这个问题，目标系统必须做什么"，主要是确定目标系统必须具备哪些功能。

为了开发出真正满足用户需求的软件产品，首先必须知道用户的需求。对软件需求的深入理解是软件开发工作获得成功的前提条件。所以软件开发人员在需求分析阶段必须和用户密切配合，充分交流信息，以得出经过用户确认的系统模型。在需求分析阶段确定的系统模型是以后设计和实现目标系统的基础，因此必须准确完整地体现用户的要求。需求分析的一项重要任务，是用正式文档准确地记录用户对目标系统的需求，这份文档通常称为软件需求说明书（Software Requirement Specification，又称软件规格说明书，简称 SRS），也是软件需求分析的最终结果。

（4）总体设计

这个阶段必须回答的关键问题是："应该怎样实现目标系统？"总体设计又称为概要设计。概要设计首先要设计出实现目标系统的方案，其次就是设计程序的体系结构，也就是确定程序由哪些模块组成以及模块间的关系。

（5）详细设计

总体设计阶段以比较抽象概括的方式提出了解决问题的办法。详细设计阶段的任务就是把解法具体化，也就是应该怎样具体地实现这个系统。

这个阶段的任务还不是编写程序，而是设计出程序的详细规格说明。这种规格说明的作用很类似于其他工程领域中工程师经常使用的工程蓝图，它们应该包含必要的细节，程序员可以根据它们写出实际的程序代码。

（6）编码调试

这个阶段的关键任务是写出正确的容易理解、容易维护的程序模块。开发人员应该根据目标系统的性质和实际环境，选取一种适当的高级程序设计语言（必要时用汇编语言），把详细设计的结果翻译成用选定的语言书写的程序，并且仔细调试编写出的每一个模块。

（7）综合测试

这个阶段的关键任务是通过各种类型的测试使软件达到预定的要求。在此要注意调试和测试的区别：调试是在开发中开发人员进行测试验证所开发内容的正确性和完整性等；测试是由专业测试人员对所开发应用的所有功能进行测试，发现应用的错误。

（8）软件维护

软件维护阶段的关键任务是，通过各种必要的维护活动使系统持久地满足用户的需要。

在实际从事软件开发工作时，软件规模、种类、开发环境及开发时使用的技术方法等因素，都影响阶段的划分。事实上，承担的软件项目不同，应该完成的任务也有差异，没有一个适用于所有软件项目的任务集合。适用于大型复杂项目的任务集合，对于小型简单项目而言往往就过于复杂了。

❓ 引导问题 6　需求分析的核心任务是什么？

_____

_____

_____

❓ 引导问题 7　简述软件需求说明书的作用？

_____

_____

❓ 引导问题 8　详细描述如何撰写一份高质量的软件需求说明书？

_____

_____

_____

【知识点 2】

可行性分析的基本目的是用较小成本在较短时间内确定是否存在可行的解法，因此许多细节被忽略了。所以可行性分析并不能代替需求分析，它实际上并没有准确地回答"系统必须做什么"这个问题。

需求分析的任务是确定系统必须完成哪些工作，也就是对目标系统提出完整、准确、清晰、具体的要求。针对工业 APP 的开发，由于采用低代码工具进行，基于这一特性，工业 APP 的开发过程在软件定义时期，重要任务是需求分析，其核心是建立原型图和软件需求说明书的撰写。

在分析软件需求和书写软件需求说明书的过程中，开发人员和用户都起着关键的、必不可少的作用。只有用户才真正知道自己需要什么，但是他们并不知道怎样用软件实现自己的需求，用户必须把他们对软件的需求尽量准确、具体地描述出来；开发人员知道怎样用软件实现人们的需求，但是在需求分析开始时他们对用户的需求并不十分清楚，必须通过与用户充分沟通以获取用户对软件的需求。

软件需求说明书把在软件计划中所确定的软件范围加以展开，对所开发软件的功能、性能、用户界面及运行环境等做出详细的说明，制定出完整的信息描述、恰当的检验标准以及其他与需求有关的数据信息。软件需求说明书是用户与开发人员双方对软件需求取得共同理解基础上达成的协议，是实施开发工作的基础，也是软件产品开发文件中唯一与用户共同协商、共同起草的一个文件。软件需求说明书是软件设计的依据，也是软件测试的依据。因此，软件需求说明书是软件的根本性文件，它对要完成一定功能、性能的软件产品提供说明、进行描述，并用确定的方法叙述这些功能和性能。

撰写一个高质量的软件需求说明书必须具有下列基本特性：

（1）无歧义性。需求通常是用自然语言编写的，书写者必须特别注意消除其需求的歧义性。

（2）完整性。如果一个软件需求说明书满足下列要求，则该软件需求说明书就是完整的。

● 包括全部有意义的需求，无论是关系到功能的、性能的、设计约束的，还是关系到属性和接口等方面的需求。

● 对所有可能出现的输入数据予以定义，并对合法和非法输入值的响应做出规定。

● 要符合软件需求说明书的内容要求。

● 填写软件需求说明书中的全部图、表、图示的标记和参照，并且定义全部术语和度量单位。

（3）一致性。软件需求说明书中各个需求的描述必须不相矛盾。

（4）可修改性。软件需求说明书的结构和内容必须是易于实现的、一致的、完整的。

（5）可追踪性。要求每一个需求的来源是清晰的，在进一步产生和改变文件编制时，可以方便地引证每一需求。

>_ 技能实操

为了编制满足高质量的软件需求说明书，有必要对软件需求说明书做更详细的说明，目前没有关于软件需求说明书书写规范的具体要求和规格，下面列出一个示范。

×××软件需求说明书

×××年××月××日

I

文档修订记录

版本编号	说明：如形成文件、变更内容和变更范围	日期	变更人	审核日期	审核人

【列出参与编写的人员的名字，并标明日期、负责人、审核人等；由于需求说明书可更新、修改，对于每一版需求说明书，标明负责人、审核人等。】

II

（续）

目 录

Ⅲ

1 产品描述

1.1 编写目的

【说明编写本软件需求说明书的目的，指出预期的读者。】

1.2 产品名称

【本项目的名称，包括项目的全名、简称、代号、版本号。】

1.3 名词定义（可选）

【对重要的或是具有特殊意义的名词（包括词头和英文缩写）进行定义，以便读者可以正确地理解软件需求说明。】

2 需求概述

2.1 功能简介

【对产品的基本功能做一个简介，包括：

1. 本产品的开发意图、应用目标及作用范围。

2. 概略介绍了产品所具有的主要功能。可以用列表的方法给出，也可以用图形表示主要的需求分组以及它们之间的联系，例如数据流程图的顶层图或类图等。

3. 说明本产品与其他相关产品的关系，是独立产品还是一个较大产品的组成部分。可以用表示外部接口和数据流的系统高层次图，或者框图说明。】

（续）

2.2　运行环境

1. 硬件环境

【详细列出本软件运行时所必需的最低硬件配置、推荐硬件配置（如主机、显示器、外部设备等）以及其他特殊设备等。】

2. 软件环境

【如操作系统、网络软件、数据库系统以及其他特殊软件要求等。】

2.3　条件与限制（可选）

【说明本软件在实现时所必须满足的条件和所受的限制，并给出相应的原因。

必须满足的条件包括输入数据的范围以及格式。

所受的限制包括软件环境、硬件环境等方面的内容。例如：必须使用或者避免的特定技术、工具、编程语言和数据库；企业策略、政府法规或工业标准；硬件限制，例如定时需求或存储器限制；经费限制、开发期限；项目对外部因素存在的依赖。例如其他项目开发的组件等。】

3　功能需求

【功能需求描述系统特性，即产品所提供的主要功能或服务。可以通过使用实例、运行模式、用户类、对象类或功能等级等不同方法来描述，还可以把它们组合起来使用。】

3.1　功能划分（可选）

【此部分从用户的角度描述将软件划分成不同的部分，并给出总体功能结构。对于复杂的系统，还需要对主要子系统中的基本功能进行描述。描述方法包括结构图、流程图或对象图等。但应注意此处划分成的部分并不对应于最终程序实现时的不同功能模块。】

3.2　功能 1

【细化由功能划分所生成的各部分的内容，包括下列内容：

1. 此功能的编号、简要说明和优先级。

2. 对此功能的详细描述，包括：本功能的输入信息、详细的系统响应，输出信息等。】

3.3　功能 N

3.4　不支持的功能（可选）

【列出本软件所不支持的各项功能以及相应的原因。此部分内容务必详细准确、无二义性，以作为将来验收和测试的标准。】

4　数据描述

【说明本产品的输入、输出数据及数据管理能力方面的要求（处理量、数据量）。描述的方式跟分析模型相关。例如：输入输出数据的类型及格式。

数据库描述(可选)：根据系统的总目标和范围，定义数据库的逻辑特性及物理特性。

数据流图：从数据传递和加工的角度描述的数据流图，此数据流图不包含任何有关实现的内容，只是从最上层对有关内容加以描述。数据流图的表述形式参见软件工程中的有关规定。

数据词典：对于数据流图中出现所有被命名的图形元素在数据词典中作为一个词条加以定义，使得每一个图形元素的名字都有一个确切的解释。】

5　性能需求（可选）

【阐述了不同的应用领域对产品性能的需求，并解释它们的原理以帮助开发人员做出合理的设计选择。这些性能需求例如：

数据精确度：根据实际情况，确定软件最终输出数据（包括传输中）的数据精确度。

时间特性：说明开发的软件在响应时间、更新处理时间、数据转换与传输时间、运行时间等方面所需达到的时间特性。

相互合作的用户数或者所支持的操作。

容量需求：例如存储器和磁盘容量的需求或者存储在数据库中表的最大行数等。】

6　运行需求（可选）

6.1　用户界面

【描述用户界面方面的需求，包括：

本软件的人机界面风格；屏幕布局或解决方案的限制；将出现在每个屏幕的标准按钮、功能或导航链接（例如一个帮助按钮）；快捷键；错误信息显示标准等。】

6.2　硬件接口

【描述系统中软件和硬件每一接口的特征。这种描述可能包括支持的硬件类型、软硬件之间的交流的数据和控制信息的性质以及使用的通信协议。】

6.3　软件接口

【描述该产品与其他外部组件（由名字和版本识别）的接口，包括数据库、操作系统、工具、库和集成的商业组件等。

（续）

对于每个需要的软件，应提供：
1. 接口名称
2. 规格说明
3. 版本号】

6.4 通信接口

【描述与产品所使用的通信功能相关的，包括 Web 浏览器、网络通信标准或协议及电子表格等。定义了相关的消息格式。规定通信安全或加密问题、数据传输速率和同步通信机制等。】

7 其他需求（可选）

【如健壮性、安全保密性、复用性、灵活性、易用性、可维护性、可移植性等。指明不同属性的相对侧重点，例如易用程度优于易学程度，或者可移植优于有效性。

健壮性：说明软件在容错能力、故障处理能力上需要达到的目标，保证系统稳定可靠；

安全保密性：包括用户身份确认或授权方面的需求，保密性策略，产品所创建或使用的数据的保护等；

复用性：说明本项目是否可以复用已有软件、是否可为其他产品复用；

灵活性：说明在运行环境、与其他软件的接口以及开发计划等发生变化时，应具有的适应能力。】

8 特殊需求（可选）

【由用户提出的，或是本公司要求的特殊要求、特殊的情况等。】

9 不确定的问题（可选）

【说明目前尚未确定的问题及处理的计划。例如：编辑一张在软件需求说明中待确定问题的列表，为每一表项都编上号，以便于跟踪调查。】

10 附录

10.1 引用文件

【没有引用文件时删除此项，否则依次列出本说明书所引用的文件，如需求备忘录，需求调查报告等，如有多种，其序号使用 1.、2.、……】

10.2 参考资料

【没有参考资料时删除此项，否则依次列出本说明书所引用的参考资料，如有多种，其序号使用 1.、2.、……】

 评价反馈

对本任务的学习情况进行检查评分，并将相关内容填写在表 2-1-1 中。

表 2-1-1 评分表

任务名称		姓名			任务得分		
考核项目	考核内容	配分	评分标准		自评 50%	师评 50%	得分
知识技能 45 分	能仔细阅读知识材料，画出重点内容	15	优 15	良 12	合格 10		
	能借助信息化资源进行信息收集，自主学习	10	优 10	良 8	合格 6		
	能正确完成引导问题，写出完整答案	15	优 15	良 12	合格 10		
	能与老师进行交流，提出关键问题，有效互动	5	优 5	良 4	合格 3		
实操技能 40 分	能正确完成设备管理 APP 需求说明书的撰写	40	优 40	良 30	合格 20		
素质技能 15 分	态度端正，认真参与	5	优 5	良 4	合格 3		
	主动学习和科学思维的能力	5	优 5	良 4	合格 3		
	执行 8S 管理标准	5	优 5	良 4	合格 3		

 任务小结

任务拓展

查阅资料，撰写质量管理 APP 需求说明书。

任务二　使用 Axure RP 制作设备管理 APP 原型图

任务工单

任务名称				姓名	
班级		组号		成绩	
工作任务	★ 分析设备管理 APP 需求说明书 ★ 利用 Axure RP 制作设备管理 APP 原型图				
任务目标	**知识目标** ★ 了解建立原型图的原因以及原型图特性 ★ 了解国内外主流的原型图制作工具 **能力目标** ★ 会利用 Axure RP 制作设备管理 APP 原型图 **素质目标** ★ 培养对待工作和学习一丝不苟、精益求精的素质 ★ 培养主动学习和科学思维的能力 ★ 培养分析和解决生产实际问题的能力				
任务分配	职务	姓名		工作内容	
	组长				
	组员				
	组员				

知识学习

? 引导问题 1　为什么要建立软件原型图？原型图应该具备哪些特性？

_____

_____

_____

_____

【知识点 1】

　　建立软件原型图是最准确、最有效、最强大的需求分析技术。快速原型就是快速建立起来的旨在演示目标系统主要功能的可运行的程序。构建原型的要点是，它应该实现用户看得见的功能（例如屏幕显示或打印报表），省略目标系统的"隐含"功能（例如修改文件）。

　　软件原型应该具备的第一个特性是"快速"。建立原型的目的是尽快向用户提供一个可在计算机上运行的目标系统的模型，以便使用户和开发者在目标系统应该"做什么"这个问题上尽可能快地达成共识。因此，原型的某些缺陷是可以忽略的，只要这些缺陷不严重地损害原型的功能，不会使用户对产品的行为产生误解，就不必管它们。

软件原型应该具备的第二个特性是"容易修改"。如果原型的第一版不是用户所需要的，就必须根据用户的意见迅速地修改它，构建出原型的第二版，以更好地满足用户需求。在实际开发软件产品时，原型的"修改—试用—反馈"过程可能重复多遍，如果修改耗时过多，势必延误软件开发时间。

❓ **引导问题 2** 查阅资料列举不少于 10 种原型图构建软件。

_____

_____

_____

_____

【知识点 2】

为了快速地构建和修改原型图，目前最为常用的方法是采用原型图构建软件。目前常见的原型图软件有以下几种：

（1）Axure RP

Axure RP 是知名度最高，也是最早、最权威的原型构建软件，适用于任何项目的强大原型设计。能够快速创建应用软件或 Web 网站的线框图、流程图、原型。作为专业的原型设计工具，能快速、高效地创建原型，同时支持多人协作设计和版本控制管理。Axure RP 的操作较为简单，通过直观的拖动便可使用元件库中的元件。

（2）摹客（Mockplus）

摹客是一款全面的一体化产品设计平台，可以便捷与高效地进行原型设计、团队协作。摹客简化了设计和验证过程，无需输入代码即可实现。摹客预设上千图标资源和组件，可以随意选用，其组件自带交互属性；支持 13 种交互方式，几乎覆盖所有交互需求，真正实现了"所见即所得"；自带专业矢量绘图功能，支持钢笔工具和布尔运算，配合响应式布局、256 倍放大和像素级对齐等设计功能，可以轻松搞定高保真设计。

（3）Figma

Figma 是一款基于浏览器的支持多人协作的设计工具，目前已经成为了国外的主流软件，Figma 支持 Windows、macOS、Linux 等操作系统，作为基于云端的设计软件，Figma 无需通过第三方平台来进行传输设计稿，而是使用"链接"来分享。Figma 拥有官方社区，设计人员可以在社区中直接分享作品，而使用 Figma 的设计人员可以直接复用作品，相当于社区里都是开源作品。

（4）Sketch

Sketch 是一款仅在 macOS 里存在的本地化应用，适用于所有设计师的矢量绘图应用。矢量绘图也是目前进行网页、图标以及界面设计的最好方式。但除了矢量编辑的功能之外，同样具备了一些基本的位图工具，比如模糊和色彩校正。Sketch 是为图标设计和界面设计而生的，是一个有着出色 UI 的一站式应用，所有设计人员需要的工具都触手可及。在 Sketch 中，画布将是无限大小的，每个图层都支持多种填充模式。

（5）墨刀

墨刀可以被称作是国产版 Figam，在线版 Sketch。它集原型设计和办公协同于一身，是一个在线协同设计平台。简洁易懂的界面和内置的丰富设计素材，让原型设计新手都可以轻松上手，助力快速完成产品设计，并云端编辑、实时协作、分享交付。

（6）Pixso

Pixso 是一款国产的在线产品原型设计协同工具，在线协同是它的主打功能。在线协同工作可以让一整个团队同时编辑一份文件，且随时随地可以访问。团队共享组件库，让成员可以自由上传、下载及使用组件；当组件修改时，应用的实例组件也会自动更新，无需手动修改。

（7）Balsamiq

主要用于制作低保真、线框草图。在低保真原型图领域，特别是 Web 原型图设计领域，Balsamiq 尤其受欢迎。使用 Balsamiq 画出的原型图都是手绘风格的图像，看上去美观、清爽。

技能实操

1. Axure RP 新建页面

（1）下载并安装 Axure RP，在 Axure 的官网 www.axure.com 下载即可，安装时与常用软件安装步骤基本一致，无需其他配置。

（2）新建页面。打开 Axure RP，单击"新建页面"按钮，新建设备管理页面，如图 2-2-1 所示。

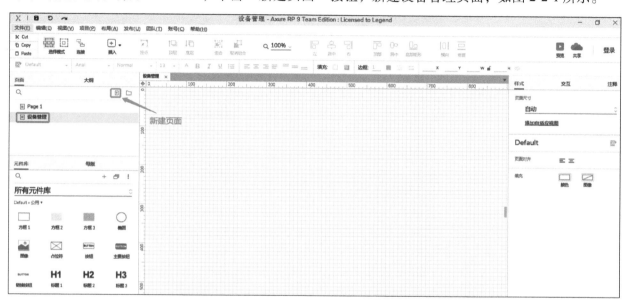

图 2-2-1　Axure RP 新建页面

2. 标题设计

将元件库中的"标题"元件拖拽到设计页面即可，然后输入标题名称，在设计页面上方和样式下的排版中可对输入内容的字体、字号（字体大小）、字间距、行间距等进行设置，也可在样式下的填充、边框、阴影对标题进行设置，如图 2-2-2 所示。

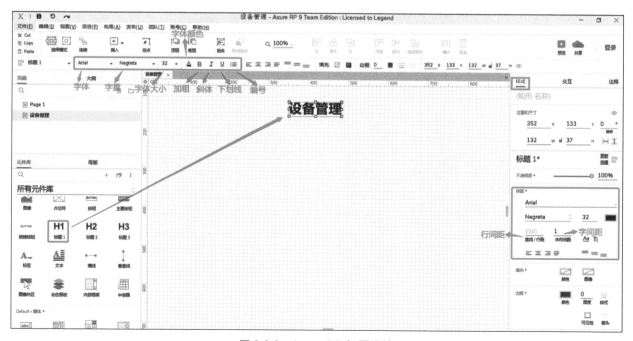

图 2-2-2　Axure RP 标题设计

3. 设计设备运行状态监测功能模块

（1）设计堆垛机、加工台、机械手、传送带 4 台产线设备实时运行状态检测界面。为了清晰展示 4 台设备，可先使用"矩形"元件，为每一台设备"划分"单独的区域；如图 2-2-3 所示。

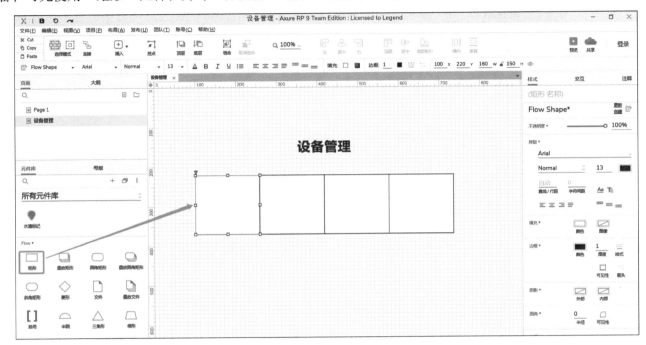

图 2-2-3　Axure RP "矩形"元件

（2）在框内设计每一个设备的名称、设备图片和设备运行状态，设备名称和设备运行状态可使用"标签""文本""标题"等元件制作；设备图片有两种方式制作，一种是使用元件库中的"图像"元件，将"图像"元件拖到框中，然后双击元件，在计算机资源中选择正确的图片；另一种是在样式下的填充中选择图像，然后在计算机资源中选择正确的图片，如图 2-2-4 所示。

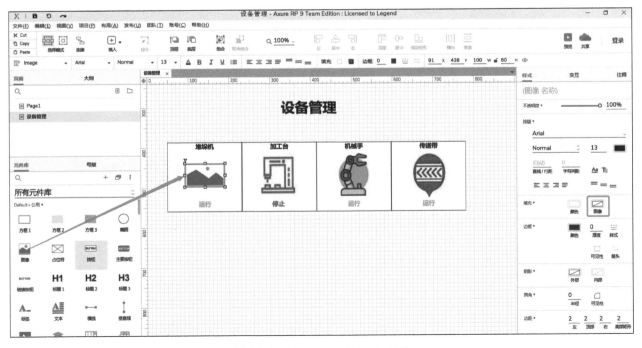

图 2-2-4　Axure RP "图像"元件

4. 设计折线图模块

（1）设计以折线图的形式展示产线加工台主轴转速和加工台主轴温度等重要参数的数据变化。设计方式主要有 3 种：第一种是利用"横线""垂直线"等元件画出折线图，如图 2-2-5 所示。

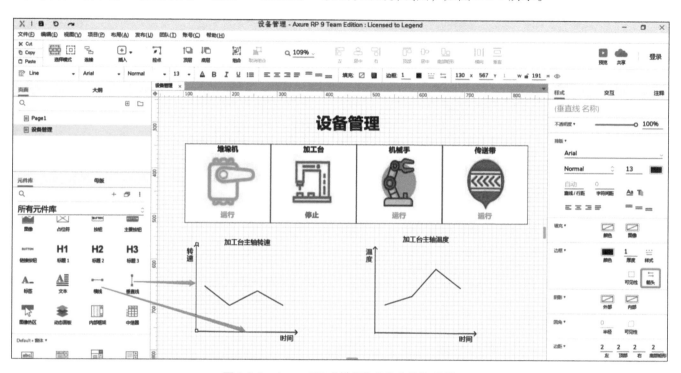

图 2-2-5 Axure RP"横线""垂直线"元件

（2）第二种是利用元件库中的"线形图"元件，如图 2-2-6 所示。

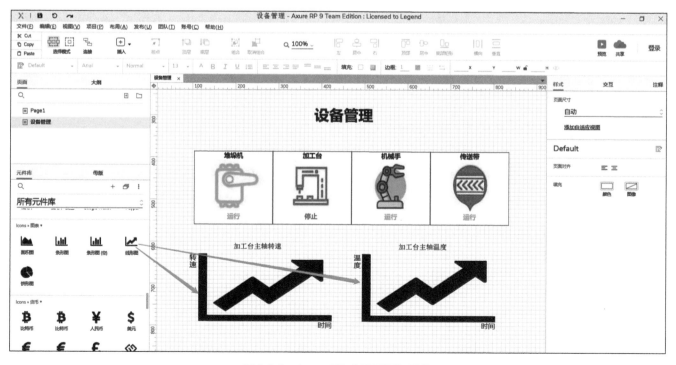

图 2-2-6 Axure RP"线形图"元件

（3）第三种是利用"图像"元件，插入折线图图片，如图 2-2-7 所示。

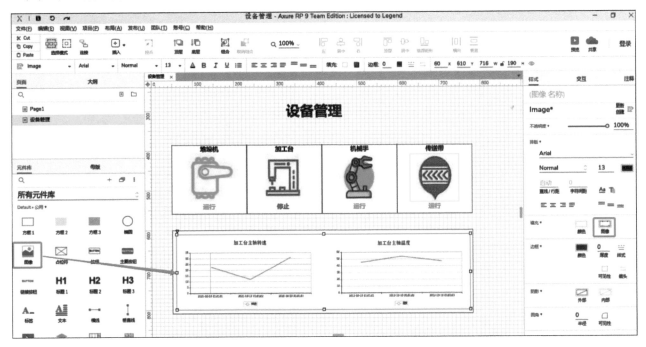

图 2-2-7　Axure RP "图像" 元件

综上，设备管理 APP 的原型图就已完成。

 评价反馈

对本任务的学习情况进行检查评分，并将相关内容填写在表 2-2-1 中。

表 2-2-1　评分表

任务名称		姓名			任务得分		
考核项目	考核内容	配分	评分标准		自评 50%	师评 50%	得分
知识技能 35 分	能仔细阅读知识材料，画出重点内容	10	优 10	良 8　合格 6			
	能借助信息化资源进行信息收集，自主学习	10	优 10	良 8　合格 6			
	能正确完成引导问题，写出完整答案	10	优 10	良 8　合格 6			
	能与老师进行交流，提出关键问题，有效互动	5	优 5	良 4　合格 3			
实操技能 50 分	能正确完成设备管理 APP 原型图标题的制作	10	优 10	良 8　合格 6			
	能正确完成设备管理 APP 原型图设备运行状态监测功能模块的制作	20	优 20	良 16　合格 12			
	能正确完成设备管理 APP 原型图折线图的制作	20	优 20	良 16　合格 12			
素质技能 15 分	态度端正，认真参与	5	优 5	良 4　合格 3			
	主动学习和科学思维的能力	5	优 5	良 4　合格 3			
	执行 8S 管理标准	5	优 5	良 4　合格 3			

 任务小结

🖥 任务拓展

根据本项目任务一中的拓展任务，利用 Axure RP 设计质量管理 APP 的原型图。

附录：设备管理 APP 需求说明书

设备管理 APP 需求说明书

×××年××月××日

I

文档修订记录

版本编号	说明：如形成文件、变更内容和变更范围	日期	变更人	审核日期	审核人
1.0	设备管理 APP 需求说明书	2022. 12. 12	×××	2022. 12. 13	×××

　　【列出参与编写的人员的名字，并标明日期、负责人、审核人等；由于需求说明书可更新、修改，对于每一版需求说明书，标明负责人、审核人等。】

II

（续）

目录

Ⅲ

1 引言

1.1 编写目的

针对某离散行业生产处企业数字化、智能化转型升级过程中，为了提升智能制造能力，提高业务效率，降低经营成本，开发设备管理 APP，对工厂堆垛机、加工台、机械手、传送带 4 台产线设备的运行状态进行监控；实时监测产线加工台主轴转速和加工台主轴温度等重要参数的数据变化，并以折线图的形式展示。

本《设备管理 APP 需求说明书》的预期读者是：开发人员、工业 APP 授课老师。

1.2 产品名称

设备管理 APP

1.3 名词定义

APP：应用程序，Application 的缩写。

MQTT：消息队列遥测传输，是 ISO 标准下基于发布/订阅范式的消息协议。

2 需求概述

2.1 功能简介

设备管理 APP 主要对工厂堆垛机、加工台、机械手、传送带 4 台产线设备的运行状态进行监控；实时监测产线加工台主轴转速和加工台主轴温度等重要参数的数据变化，并以折线图的形式展示。

（续）

2.2　运行环境

（1）硬件环境

CPU：Intel（R）Core（TM）2　T6600；

内存：2G 及以上；

硬盘：10G 及以上；

显示器：1024×768、1920×1080、2K。

（2）软件环境

设备管理 APP 使用低代码工具进行开发，低代码工具涵盖了开发所需的开发环境和数据库等。

浏览器：Chrome、Opera、Safari、Firefox、360 浏览器及任何支持 HTML5 标准的浏览器。

3　功能需求

设备管理 APP 主要有两大功能模块，一是对工厂堆垛机、加工台、机械手、传送带 4 台产线设备的运行状态进行监控；二是实时监测产线加工台主轴转速和加工台主轴温度等重要参数的数据变化，并以折线图的形式展示。

3.1　功能划分

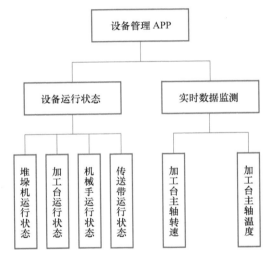

设备管理 APP 功能图

3.2　堆垛机运行状态

根据数据库中或由 MQTT 订阅到的堆垛机实时运行数据，实时显示堆垛机的"运行"或"停止"运行状态。

3.3　加工台运行状态

根据数据库中或由 MQTT 订阅到的加工台实时运行数据，实时显示加工台的"运行"或"停止"运行状态。

3.4　机械手运行状态

根据数据库中或由 MQTT 订阅到的机械手实时运行数据，实时显示机械手的"运行"或"停止"运行状态。

3.5　传送带运行状态

根据数据库中或由 MQTT 订阅到的传送带实时运行数据，实时显示传送带的"运行"或"停止"运行状态。

3.6　加工台主轴转速

根据数据库中或由 MQTT 订阅到的加工台主轴转速数据，以折线图的形式实时显示加工台主轴转速数据。

3.7　加工台主轴温度

根据数据库中或由 MQTT 订阅到的加工台主轴温度数据，以折线图的形式实时显示加工台主轴温度数据。

4　数据描述

设备管理 APP 主要有堆垛机状态数据、加工台状态数据、机械手状态数据、传送带状态数据、加工台主轴转速数据、加工台主轴温度数据。

（续）

堆垛机状态数据表

字段名	数据类型	字段说明	还有主键、外键等，此处略去
ID	字符串（char）	设备 ID	*
data	字符串（char）	状态数据	*

加工台状态数据表

字段名	数据类型	字段说明	还有主键、外键等，此处略去
ID	字符串（char）	设备 ID	*
data	字符串（char）	状态数据	*

机械手状态数据表

字段名	数据类型	字段说明	还有主键、外键等，此处略去
ID	字符串（char）	设备 ID	*
data	字符串（char）	状态数据	*

传送带状态数据表

字段名	数据类型	字段说明	还有主键、外键等，此处略去
ID	字符串（char）	设备 ID	*
data	字符串（char）	状态数据	*

加工台主轴转速数据表

字段名	数据类型	字段说明	还有主键、外键等，此处略去
ID	字符串（char）	设备 ID	*
time	日期时间（datatime）	时间数据	*
data	字符串（char）	转速数据	*

加工台主轴温度数据表

字段名	数据类型	字段说明	还有主键、外键等，此处略去
ID	字符串（char）	设备 ID	*
time	日期时间（datatime）	时间数据	*
data	字符串（char）	温度数据	*

5 性能需求

数据精确度：根据设备实际运行情况，加工台主轴转速和加工台主轴温度的监测时间精确到秒。

性能特性：设备管理 APP 运行在低代码工具中，所以其性能取决于低代码工具，在运行停止后的首次访问时，启动运行做到秒级，快速响应访问请求。

（续）

6　运行需求

6.1　用户界面

　　在显示堆垛机、加工台、机械手和传送带的运行状态时，如果运行状态为运行时，显示颜色为绿色的"运行"；如果运行状态为定制时，显示颜色为红色的"停止"。另外每一台设备都对应其设备图片。

6.2　软件接口

　　"推送设备数据"服务接口；请求数据类型为：application/json，返回数据类型为：json；版本号为 1.0。

6.3　通信接口

　　使用 MQTT 订阅设备状态数据，由于设备管理 APP 是利用低代码工具开发，MQTT 服务以"订阅"组件的形式被使用，所以订阅主题为：设备 ID。

7　附录

7.1　参考资料

　　（1）航天云网 INDICS 平台低代码工具

　　（2）《软件工程导论》（第 6 版）

项目三 工业 APP 开发入门

项目描述

针对某离散行业企业数字化、智能化转型升级过程中，需要开发设备管理 APP 对工厂堆垛机、加工台、机械手、传送带 4 台产线设备的运行状态进行监控；实时监测产线加工台主轴转速和加工台主轴温度等重要参数的数据变化，利用低代码开发工具可完成开发设备管理 APP；首先需要学习新建开发应用、页面分组和页面以及界面基本操作，效果图如下所示。

任务一 新建开发应用

任务工单

任务名称			姓名	
班级		组号	成绩	
工作任务	某高职院校需利用航天云网低代码开发工具开发实训室产线管理 APP ★ 使用低代码开发工具上传应用模板、上传组件、上传 API ★ 创建开发应用			

（续）

任务目标	知识目标 ★ 了解低代码工具的定位、设计背景、主要用途 ★ 理解低代码工具的技术特征、技术优势 能力目标 ★ 会正确创建开发应用 ★ 会正确上传应用模板 ★ 会正确上传组件 ★ 会正确上传 API 素质目标 ★ 培养对待工作和学习一丝不苟、精益求精的精神 ★ 培养主动学习和科学思维的能力 ★ 培养分析和解决生产实际问题的能力

任务分配	职务	姓名	工作内容
	组长		
	组员		
	组员		

📖 知识学习

低代码工具降低了工业 APP 开发专业难度和对专业知识的要求，主要是通过拖拽组件的方式和模型驱动的逻辑来快速创建所需的应用系统和移动应用程序，帮助企业节省了大量技术研发人工的工作量，压缩了产品研发的时间，提高了产品开发的效率，而且可以引入大量业务人员承担部分甚至全部产品开发工作，未来将逐渐成为企业降本增效、实现数字化的重要方式。

❓ 引导问题 1 低代码工具的定位是什么？

_____

_____

_____

【知识点 1】

低代码开发工具是云原生、一站式、可视化开发工具，为工业智造领域中项目实施人员提供各类工业场景应用搭建资源，最大程度降低开发技术门槛，提供便捷的开发与部署服务，实现工业应用的快速搭建。

❓ 引导问题 2 低代码工具的设计背景是什么？

_____

_____

_____

【知识点 2】

随着信息化技术的发展，企业对信息化开发的需求正在逐渐改变，传统的定制开发已经无法满足企业需求。低代码开发工具就是在这样的背景下应运而生。低代码开发工具可以基于平台快速搭建企业应用，这种新型的开发方式，数以倍计地提高着开发效率。在快速开发应用的同时，并可无缝集成打通其他软件系统，实现各系统间的互联互通。

在数字化转型和产业升级的大背景下，越来越多的企业开始数字化转型升级，工业 APP 低代码开发工具则成为重要助力工具之一，它可以帮助企业提高开发效率，降低经营成本。

? **引导问题 3** 低代码工具的主要作用是什么？可应用在哪些场景？

_____

_____

_____

【知识点 3】

随着企业规模的发展，企业的数字化诉求也不断更迭，在企业不同的规模和阶段，都会有不同的数字化需求。一方面是企业需求，企业在数字化转型过程中对企业信息化的服务支撑能力提出了新的要求；另一方面是技术驱动，容器、微服务等新一代 IT 技术架构和设计方法，随着在互联网企业的广泛应用和成熟，开始逐渐应用于传统企业，或者说这些新的技术可以让传统企业成功实现互联网化转型。尤其是面对繁杂的工业业务场景，"IOT 设备上云"、数字化大屏监控运维，以及"业务上云"+"应用互联"成为企业数字化转型重要进程，这些都需要通过低代码工具，用连接集成能力去把它做起来。

? **引导问题 4** 低代码工具的技术优势有哪些？查阅资料简要说明"DevOps"的概念？

_____

_____

_____

_____

【知识点 4】

低代码开发工具基于容器技术，为云原生应用的设计和开发提供真正的云开发环境，与传统开发方式相比具有以下优势：

避免了开发人员自己搭建本地开发环境的繁琐工作，实现了应用开发、编译、部署、运行全过程的云端环境自动化管理，大大提高了应用开发团队的工作效率；

保证了开发测试环境和生产运行环境的一致性，应用设计完成后，一键就可以将应用发布到应用市场，然后通过应用市场部署到多租户运行环境，实现了 DevOps 中 Dev 和 Ops 之间最关键步骤的无缝衔接。

? **引导问题 5** 低代码工具的技术特征有哪些？

_____

_____

_____

【知识点 5】

低代码开发工具具备以下关键技术特征：

（1）云环境：一键搭建云应用开发环境

开发者无须搭建本地开发环境，项目管理员在云端一键创建应用项目，对团队成员分工授权；每个开发者登录后选择应用项目，打开"云 IDE"，即可获得完整的应用开发环境。开发者在应用开发过程中所需的数据库、中间件、IDE 工具等所有运行环境和服务资源，全部由低代码开发工具自动分配调度。

（2）云开发：云端 IDE 和桌面 IDE 无缝切换

开发者除了可以通过浏览器直接打开云端 Web IDE，实现随时随地进行应用开发；也可以使用自己习惯的桌面 IDE 进行专业编程调试，云端 IDE 和桌面 IDE 环境可以随时无缝切换。

（3）云部署：云端调试、发布、部署自动化

开发者在云端应用开发过程中，可以随时调试预览应用的运行结果；设计完成后一键发布（或更新）到应用市场中，再通过应用市场部署到多租户运行环境中；整个过程中，应用的编译、构建、发布、部署等工作全部由平台自动化完成。

（4）云协作：多人协作、版本管理

低代码开发工具内置 Gitlab 版本管理工具，支持多项目、多团队的云端协作开发。

（5）支持多种应用类型：网页、移动、小程序、服务

低代码开发工具支持网页应用、移动应用、小程序应用和纯后端服务等多种类型的应用软件设计。支持一个应用的跨端设计，一个后端、多个前端，满足多端的用户交互体验。

（6）提供多种开发模式：低代码、无代码、专业开发

低代码：低代码开发模式为开发人员提供模型化、组件化、可视化的应用开发工具，支持各种复杂企业应用的快速开发。

无代码：无代码制作模式提供简单易用的表单和流程设计工具，为非 IT 技术人员用户提供软件扩展定制能力。

专业开发：支持专业的主流开源技术框架，支持专业 IDE 编程工具。

（7）简化开发：模型化、可视化和组件化

模型化：采用业务模型驱动设计模式，提供数据建模、服务建模、流程建模、页面建模等模型设计工具，应用设计过程中的主要业务逻辑都采用模型配置方式实现，代码量少，柔性易扩展。

可视化：设计工具简单易用，可视化程度高，拖拽式设计模式，所见即所得，学习成本低，甚至没有编程经验的 IT 人员也可以快速掌握，设计出复杂的应用功能。

组件化：平台提供了 200 多个丰富的设计组件，并且源码全部开放，同时支持设计人员通过组件市场发布自定义组件，不断扩展平台的可视化设计能力。

⑦ 引导问题 6　简述低代码工具开发的优点？

_____

_____

_____

【知识点 6】

低代码开发工具在应用层采用前后端分离的技术架构，前后端都分别采用主流的技术框架。

低代码开发工具的服务端框架主要以 Java 编程语言为主，支持 Spring MVC、Spring Boot、Spring Cloud 等主流技术框架，ORM 持久层同时支持 Hibernate 和 Mybatis 框架。除了 Java 编程语言以外，低代码开发工具服务端还支持 Python、PHP 和 Node. JS 多语言编程框架。

低代码开发工具的客户端支持移动端和桌面端两种模式。为了让设计人员可以快速设计多端页面，低代码开发工具特殊支持了移动端和桌面端两种模式多端页面转换，将移动端页面自动转换成桌面端页面，页面的组件和样式会自动适配转换。移动端是基于 React+WeUI 前端框架，同时支持发布为 H5 APP、Android IPA、IOS IPA 和小程序多种应用格式；桌面端目前同时支持 UI2（基于 jQuery+Bootstrap+KnockoutJS）和 PCX（基于 React+Ant Design）两套前端框架，两套框架的组件和设计模式基本一致，只是个别组件的属性略有区别，设计人员可以根据自己的编程经验和习惯选择使用。

⑦ 引导问题 7　低代码工具支持哪几种编程语言？

❓ **引导问题 8** 低代码工具支持哪几种数据库？查阅资料简要叙述关系型数据库。

【知识点 7】

（1）操作系统

低代码开发工具由于底层基于开放的云原生技术体系，所以可以适配部署到所有支持容器技术的 Linux 操作系统环境，包括国产化操作系统。

（2）数据库

- 支持 PostgreSQL、MySQL、MariaDB、Oracle、SQLServer 等主流关系型数据库。
- 支持阿里云、华为云、腾讯云等 IaaS 厂商提供的 RDS 云数据库。
- 支持人大金仓、达梦、神通等国产数据库。
- 提供开放的数据库资源调度和架构组件开发规范，支持开发者扩展适配其他种类的数据库。

（3）浏览器兼容性

桌面端应用在运行时可以支持所有主流浏览器环境，包括：Chrome、Edge、Firefox IE，以及 360 浏览器等。其中在 IE8 以下环境运行时会自动提示用户下载安装 Webkit 插件，实现兼容运行。

（4）中间件

支持所有主流的国内外应用中间件，如：Tomcat、WebLogic、WebSphere、TongWeb、Apusic 等。

>_ 技能实操

1. 登录低代码工具

单击"快速登录"或"立即使用"按钮，使用正确的账号密码登录航天云网低代码开发工具，如图 3-1-1 所示。

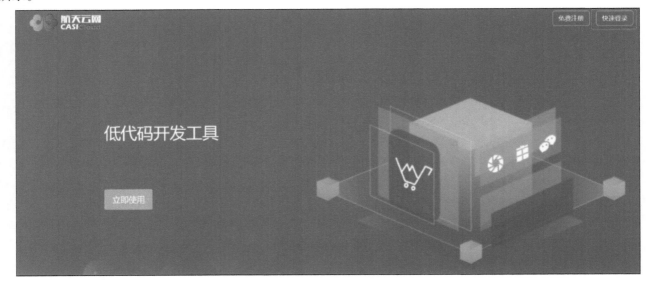

图 3-1-1　低代码开发工具登录界面

登录后进入主界面，主界面主要有"我的开发""模板市场""组件市场"和"API 市场"，如图 3-1-2 所示。

图 3-1-2 低代码工具主界面

2. 应用市场

应用市场主要是低代码工具自带的模板和其他开发者上传的应用模板，在创建新的开发时，可选择应用市场中的模板，然后在其基础上进行自己的开发；在应用市场可以按应用类型、行业分类筛选所需要的模板，或者输入关键字搜索模板，如图 3-1-3 所示。

图 3-1-3 模板应用市场

在应用市场也可以上传已开发完成的应用模板，上传模板有两种方法，一种是通过资源包发布，单击"上传模板"按钮，如图 3-1-4 所示。

然后单击"导入"按钮，如图 3-1-5 所示。

图 3-1-4　上传模板 1

图 3-1-5　上传模板 2

　　单击"选择文件"按钮，在个人计算机资源中选择格式正确的模板文件，然后单击"上传"按钮后，再单击"提交审核"按钮，管理员对上传的应用模板审核通过后，便可在应用市场中查找到上传的应用模板，如图 3-1-6 所示。

　　另一种是在设计工具中直接发布：在低代码开发工具的设计环境中，打开发布页面，选择发布类型为"市场模板"；即可将当前设计的应用自动构建成应用资源包，发布到"应用市场"中。如图 3-1-7 所示。

　　3. 组件市场

　　组件市场主要是低代码工具自带的组件和其他开发者上传的组件，由于低代码开发主要是组件的托拉拽，在组件市场可以按应用类型、场景分类等筛选所需要的组件，或者输入关键字搜索组件。如图 3-1-8 所示。

图 3-1-6　上传模板 3

图 3-1-7　上传模板 4

图 3-1-8　低代码工具组件市场

在组件市场也可以上传已开发完成的组件模板，单击"上传组件"按钮。如图 3-1-9 所示。

图 3-1-9　上传组件 1

然后单击"上传"按钮。如图 3-1-10 所示。

图 3-1-10　上传组件 2

进入到上传组件页面后，可选择应用/市场分类、平台、场景分类、所属组织，填写正确的组件名称、版本号、标签和描述等信息，单击"选择文件"按钮，在个人计算机资源中选择格式正确的组件文件，然后单击"上传"后，再单击"提交审核"，管理员对上传的组件审核通过后，便可在组件市场中查找到上传的组件。另外，在上传组件页面右侧，可以在个人计算机资源中选择上传合适的组件图片。如图 3-1-11 所示。

4. API 市场

API 市场主要是低代码工具自带 API 和其他开发者上传的 API，在进行低代码开发时，在 API 市场可以按应用类型、场景分类等筛选所需要的 API，或者输入关键字搜索 API，如图 3-1-12 所示。

图 3-1-11　上传组件 3

图 3-1-12　低代码工具 API 市场

在 API 市场也可以上传已开发完成的 API，单击"添加服务"按钮，如图 3-1-13 所示。

然后单击"添加服务"按钮，如图 3-1-14 所示。

进入到添加服务页面后，可选择应用/市场分类、分类、所属组织，填写正确的 API 名称、服务名、版本号、标签和描述等信息，单击"编辑"按钮编辑 API，或者单击"+"按钮，在个人计算机资源中选择格式正确的 API 文件上传，再单击"提交审核"按钮，管理员对上传的 API 审核通过后，便可在 API 市场中查找到上传的 API。另外，在添加服务页面右侧，可以在个人计算机资源中选择上传合适的 API 图片，如图 3-1-15 所示。

5. 新建开发应用

（1）单击"我的开发"，然后单击"企业应用"，可在此页面新建应用或者查看已建应用，也可以打开已建应用进行开发，如图 3-1-16 所示。

图 3-1-13　上传 API 1

图 3-1-14　上传 API 2

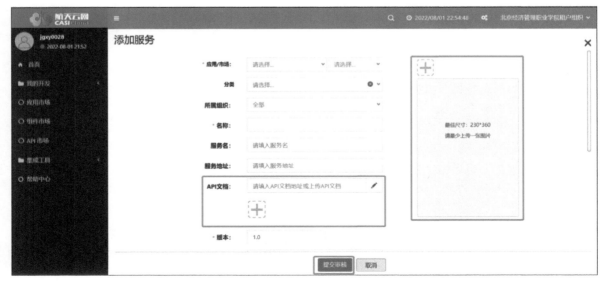

图 3-1-15　上传 API 3

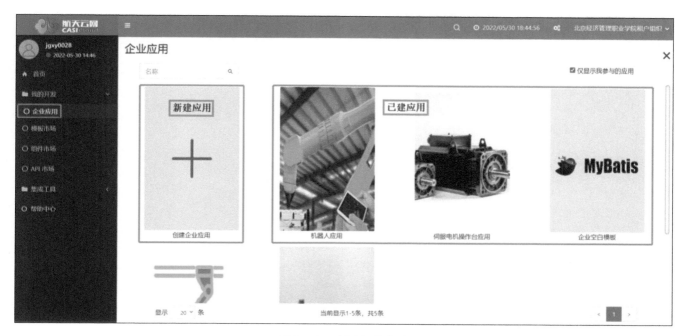

图 3-1-16 新建开发应用

（2）单击"创建企业应用"，可选择空白模板或其他模板，其他模板为模板市场中的模板，模板市场中的模板是其他开发者或低代码工具管理员发布的已开发完成的应用，可在其基础上进行二次开发，如图 3-1-17 所示。

图 3-1-17 模板选择

（3）选择"企业空白模板"，然后设置正确的项目名称、项目标识（项目标识用于生成 APP 和 APP 管理后台的域名，项目创建后不可更改，项目标识必须英文字母开头，且只能是小写英文字母和数字的组合）、项目描述，即可创建一个新的开发应用，如图 3-1-18 所示。

例如创建一个名为"经管学院"的开发应用，选择"企业空白模板"，输入项目名称为"经管学院"、项目标识为"jgxy0028"和正确的项目表述，便可创建成功，如图 3-1-19 所示。

图 3-1-18　新建应用设置

图 3-1-19　新建"经管学院"应用

（4）创建新的应用开发后，单击"立即打开"按钮便可打开新建应用，进入页面开发，如图 3-1-20 所示。

或者在"我的开发"中，选择要开发的应用，单击"打开"按钮，也可进入页面开发，如图 3-1-21 所示。

（5）开发应用也可以做重启操作，在开发时遇到冗余或者其他问题，可以选择对开发应用单击"重启"按钮进行重启，如图 3-1-22 所示。

（6）低代码工具的一个重要特点就是云协作。内置 Gitlab 版本管理工具，支持多项目、多团队在云端协作开发。单击"团队"按钮可以查看并对团队成员进行操作，如图 3-1-23 所示。

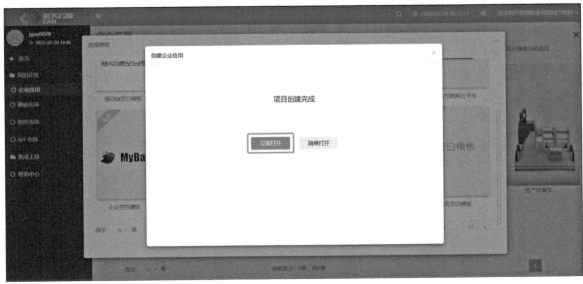

图 3-1-20　应用创建完成

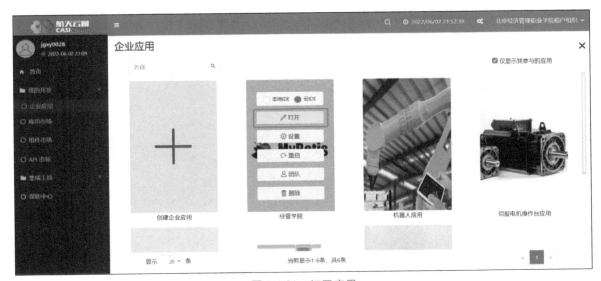

图 3-1-21　打开应用

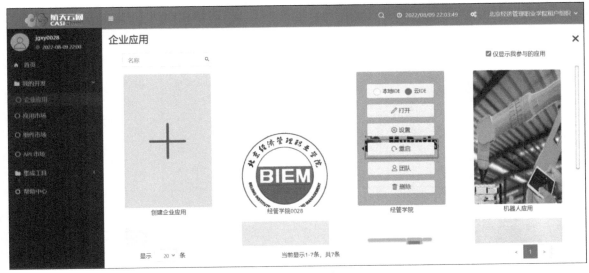

图 3-1-22　重启应用

图 3-1-23　团队管理

 评价反馈

对本任务的学习情况进行检查评分，并将相关内容填写在表 3-1-1 中。

表 3-1-1　评分表

任务名称		姓名				任务得分		
考核项目	考核内容	配分	评分标准			自评 50%	师评 50%	得分
知识技能 35 分	能仔细阅读知识材料，画出重点内容	10	优 10	良 8	合格 6			
	能借助信息化资源进行信息收集，自主学习	5	优 5	良 4	合格 3			
	能正确完成引导问题，写出完整答案	15	优 15	良 12	合格 10			
	能与老师进行交流，提出关键问题，有效互动	5	优 5	良 4	合格 3			
实操技能 50 分	能正确完成名称为"＊＊学校"开发应用的创建	20	优 20	良 15	合格 10			
	能正确完成应用市场应用模板的上传	10	优 10	良 8	合格 6			
	能正确完成组件市场组件的上传	10	优 10	良 8	合格 6			
	能正确完成 API 市场 API 的上传	10	优 10	良 8	合格 6			
素质技能 15 分	态度端正，认真参与	5	优 5	良 4	合格 3			
	主动学习和科学思维的能力	5	优 5	良 4	合格 3			
	执行 8S 管理标准	5	优 5	良 4	合格 3			

 任务小结

任务拓展

在新建应用时，选择任意应用模板创建新的应用，应用名称命名为"个人姓名+学号"。

任务二 新建页面分组和页面

任务工单

任务名称				姓名	
班级		组号		成绩	
工作任务	某高职院校，利用航天云网低代码开发工具开发实训室产线管理 APP ★ 新建页面分组和页面				
任务目标	**知识目标** ★ 了解页面的主要构成、页面生命周期等 **能力目标** ★ 会正确创建页面并分组 ★ 会正确对页面分组删除、编辑、调整前后顺序 ★ 会正确对页面复制、删除、编辑、调整前后顺序 **素质目标** ★ 培养对待工作和学习一丝不苟、精益求精的精神 ★ 培养主动学习和科学思维的能力 ★ 培养分析和解决生产实际问题的能力				
任务分配	职务	姓名		工作内容	
	组长				
	组员				
	组员				

知识学习

❓ 引导问题 1 页面的主要构成是什么？

_____

_____

_____

_____

【知识点 1】

页面由 3 部分构成，如图 3-2-1 所示。

页面展现：定义页面的展现，由若干组件构成，存储为 W 文件；

页面逻辑：定义页面逻辑功能，存储为 W 文件同名的 JS 文件；

页面样式：定义页面样式，只作用于当前 W 文件中的界面元素，存储为 W 文件同名的 CSS 文件。

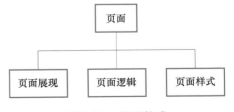

图 3-2-1 页面构成

引导问题 2 开发一个软件有软件生命周期，怎么理解页面的生命周期？

_____

_____

_____

_____

【知识点 2】

从加载页面、运行页面到卸载页面，称为页面的生命周期。在这个过程中，页面给制作者提供事件，用于实现交互。

页面共有 6 个生命周期事件，分别是页面加载、页面显示、初次渲染完成、页面加载完成、页面隐藏和页面卸载事件。

- 第一次显示页面触发页面加载、页面显示和初次渲染完成事件。
- 页面中的组件全部初始化完成后，触发页面加载完成事件，即在该事件中可以获得数据集组件中的数据。
- 页面被隐藏时触发页面隐藏事件。
- 页面隐藏后再显示触发页面显示事件。
- 页面被关闭时触发页面卸载事件。
- 页面关闭后再重新显示，如同第一次显示页面。

在哪个时刻，会产生显示页面、关闭页面和隐藏页面这 3 个动作，以及相应会触发哪些事件，情况汇总见表 3-2-1。

表 3-2-1　页面操作及触发事件

动　作	发生时	触发事件
显示页面	打开子页面时显示子页面 保留当前页跳转时显示跳转页 关闭当前页跳转时显示跳转页	页面加载事件 页面显示事件 初始渲染完成事件 页面加载完成事件
关闭页面	返回时当前页被关闭 关闭当前页时当前页被关闭 关闭当前页跳转时当前页被关闭	页面卸载事件
隐藏页面	打开子页面时父页面被隐藏 保留当前页跳转时当前页被隐藏	页面隐藏事件

技能实操

1. 新建页面分组

从开发应用进入开发页面后，默认的开发端是企业桌面端。由于工业 APP 页面一般情况下不止一个页面，所以需要页面分组来管理工业 APP 页面。可单击"添加分组"按钮新建页面分组，如图 3-2-2 所示。

例如新建名称为"经管学院"的页面分组。单击"添加分组"按钮，然后输入正确的页面分组名称即可，如图 3-2-3 所示。

页面分组有很多功能，包括删除页面分组、编辑页面分组名称、新建页面、调整页面分组的前后顺序等，如图 3-2-4 所示。

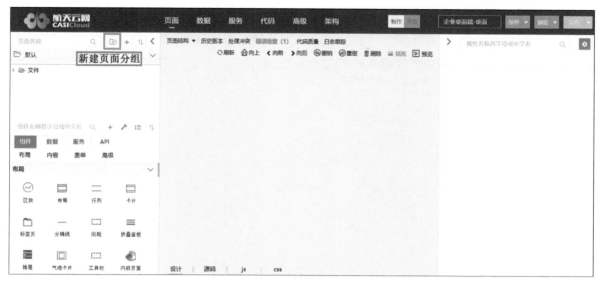

图 3-2-2　新建页面分组 1

图 3-2-3　新建页面分组 2

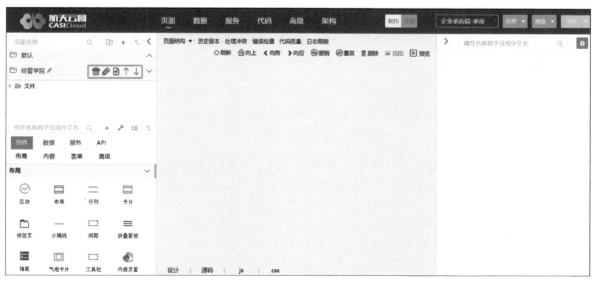

图 3-2-4　页面分组操作

2. 新建页面

（1）页面分组创建完成后，可单击"添加分组"按钮新建页面，如图 3-2-5 所示。

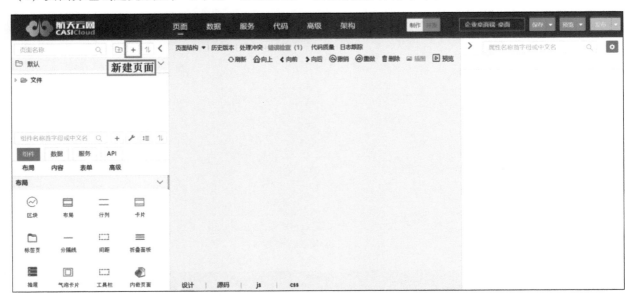

图 3-2-5　新建页面

（2）新建页面可选择新建空白页面或页面模板，页面模板为其他开发者或低代码工具管理员发布的已完成的页面，可在其基础上进行二次开发；新建页面时，需要选择新建页面所属的页面分组，并输入正确的页面显示名称，如图 3-2-6 所示。

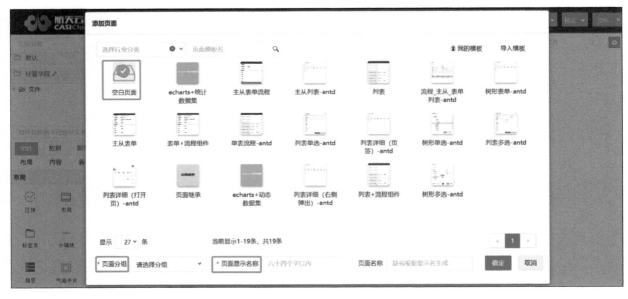

图 3-2-6　选择页面模板

（3）在页面分组下也可新建页面，并可新建多个页面。例如新建名称为"经管学院"的页面分组下，可以新建多个页面、编辑页面分组名称、删除页面分组，调整页面分组的前后顺序，如图 3-2-7 所示。

（4）例如新建"设备管理 APP"页面，单击"新建页面"按钮，然后在弹出的新建页面界面中，选择"空白模板"，选择"经管学院"设备分组，输入"设备管理 APP"项目名称，单击"确定"按钮，便可在经管学院设备分组下创建设备管理 APP 页面，如图 3-2-8 所示。

（5）页面可以被复制、删除、编辑页面名称及调整页面的前后顺序，如图 3-2-9 所示。

图 3-2-7　页面分组中新建页面

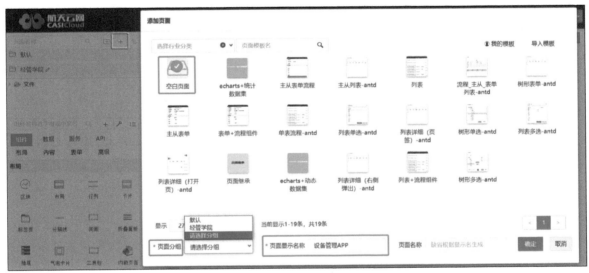

图 3-2-8　创建设备管理 APP 空白页面

图 3-2-9　页面操作

评价反馈

对本任务的学习情况进行检查评分，并将相关内容填写在表 3-2-2 中。

表 3-2-2 评分表

任务名称		姓名				任务得分		
考核项目	考核内容	配分	评分标准			自评 50%	师评 50%	得分
知识技能 35 分	能仔细阅读知识材料，画出重点内容	10	优 10	良 8	合格 6			
	能借助信息化资源进行信息收集，自主学习	5	优 5	良 4	合格 3			
	能正确完成引导问题，写出完整答案	15	优 15	良 12	合格 10			
	能与老师进行交流，提出关键问题，有效互动	5	优 5	良 4	合格 3			
实操技能 50 分	能正确创建页面分组	15	优 15	良 12	合格 10			
	能正确创建页面	10	优 10	良 8	合格 6			
	能正确对页面分组进行编辑、删除等操作	15	优 15	良 12	合格 10			
	能正确对页面进行复制、编辑、删除等操作	10	优 10	良 8	合格 6			
素质技能 15 分	态度端正，认真参与	5	优 5	良 4	合格 3			
	主动学习和科学思维的能力	5	优 5	良 4	合格 3			
	执行 8S 管理标准	5	优 5	良 4	合格 3			

 任务小结

_____
_____
_____
_____

任务拓展

在新建页面时，选择任意非空白页面的页面模板创建多个新的页面，应用名称不做要求。

任务三　开发界面基本操作

 任务工单

任务名称				姓名	
班级		组号		成绩	
工作任务	某高职院校需利用航天云网低代码开发工具开发实训室产线管理 APP ★ 在新建的空白页面中开发简易页面，包括在布局、内容、表单、高级、制作、数据组件中任意选择 1 或 2 种组件				
任务目标	知识目标 ★ 了解学习低代码工具开发界面页面列表、组件面板、全局控制、页面布局基础操作等功能 能力目标 ★ 学会正确使用组件 ★ 学会正确地在设计面板上进行多组件复制、前移、后移等 ★ 学会正确地在页面结构中调整组件位置				

（续）

任务目标	素质目标 ★ 培养对待工作和学习一丝不苟、精益求精的精神 ★ 培养主动学习和科学思维的能力 ★ 培养分析和解决生产实际问题的能力		
任务分配	职务	姓名	工作内容
	组长		
	组员		
	组员		

知识学习

❓ 引导问题 1 列出低代码开发工具开发界面功能。

_____

_____

_____

_____

【知识点 1】

开发界面主要有页面列表、组件面板、全局控制、页面布局基础操作、多端切换、属性事件设置面板等几部分，如图 3-3-1 所示。

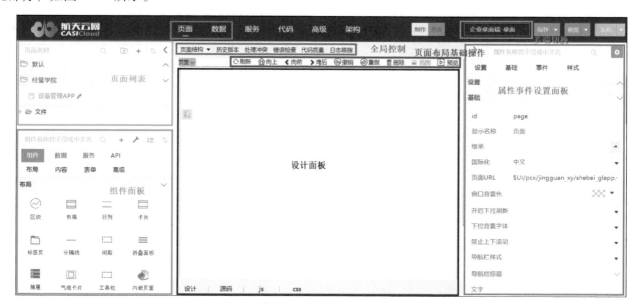

图 3-3-1 开发主界面功能模块

❓ 引导问题 2 页面和数据界面的功能是什么？

_____

_____

_____

【知识点 2】

在页面界面中开发页面，在数据界面中开发数据，如图 3-3-2 所示。

图 3-3-2　页面和数据开发界面

⍰ 引导问题 3　页面列表的功能是什么？

_____

_____

【知识点 3】

页面列表的功能是显示当前应用端的页面列表，支持页面的分组和排序，提供添加分组、新建页面等操作。

⍰ 引导问题 4　组件面板的功能是什么？

_____

_____

【知识点4】

组件面板主要提供组件的分类显示，并且支持从组件市场添加更多组件。组件面板包含组件、数据和服务等页签，其中数据和服务页签中分别显示来自数据模型和服务模型的数据组件和服务组件，在页面上通过组件的属性和事件配置即可实现页面组件的数据绑定和对后端服务的调用；组件面板除了显示常用组件以外，还支持从组件市场添加更多组件到当前组件设计面板；当市场的组件版本更新后，会提示组件需要升级，支持单个组件升级和一键批量升级。在组件市场中包含了上百个不同能力的组件，设计人员可以在设计时根据需要从组件市场选择引用到自己的设计环境中，如图 3-3-3 所示。

布局组件包括：区块、布局、行列、卡片、标签页、分隔线、间距、折叠面板、抽屉、气泡卡片、工具栏、内嵌页面等。设计时，布局组件之间可以任意嵌套组合，实现各种复杂表单的页面布局，如图 3-3-4 所示。

图 3-3-3　组件面板

图 3-3-4　布局组件

内容组件包括：文本、图片、图标、按钮、标签、表格、动态列表、树、分页、菜单、下拉菜单、按钮菜单、进度条、文字提示、徽标数、标题、段落、面包屑、对话框、弹出层等，如图 3-3-5 所示。

表单组件包括的常用组件如图 3-3-6 所示。

高级组件包括的常用组件如图 3-3-7 所示。

制作组件包括的常用组件如图 3-3-8 所示。

❓ **引导问题 5**　全局控制的功能是什么？

图 3-3-5　内容组件

图 3-3-6　表单组件

图 3-3-7　高级组件

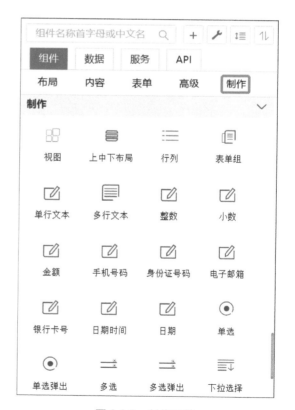

图 3-3-8　制作组件

【知识点 5】

全局控制包含页面结构、历史版本处理冲突、错误检查等。本课程只要求学会页面结构，其他功能不做要求。页面结构显示当前页面组件的树形层级结构，基于页面结构树可以快速定位组件，也可以直接在页面结构树上对组件进行拖拽位置、复制、剪切和粘贴等操作。

? 引导问题 6 页面布局基础操作的功能是什么？

_____

_____

_____

_____

【知识点 6】

页面布局基础操作主要是对组件和页面结构的操作，包含刷新、向上、向前、向后、撤销、重做、删除、插图等。当设计面板使用组件较多时，为了方便定位到要设置的组件，可单击向上、向前、向后等按钮找到要设置的组件；在设计面板的组件有误时，可单击"撤销"取消掉上一步操作；拖拽到设计面板的组件有误时，可单击"删除"取消掉组件的使用。

? 引导问题 7 设计面板的功能是什么？

_____

_____

_____

_____

【知识点 7】

开发页面时，组件面板中的组件通过拖拉拽的方式到设计面板，在设计面板中完成页面的开发。设计面板时需要注意的是，组件面板中的组件有些通过拖拉拽直接在设计面板中生效并进行设置，功能组件、数据组件和服务组件等在拖拉拽到设计面板后，是在数据及功能组件抽屉中存放并进行设置，如图 3-3-9 所示。

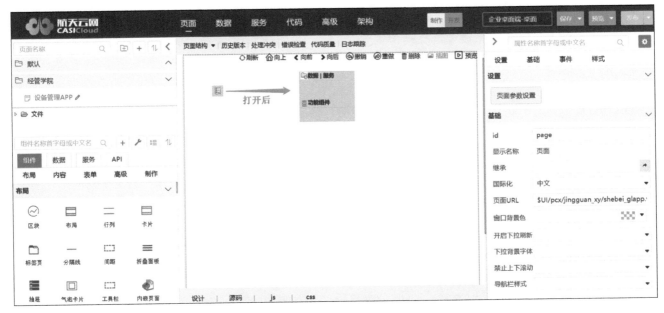

图 3-3-9 数据及功能组件存放

? **引导问题 8**　属性事件设置面板的功能是什么？

_____

_____

_____

【知识点 8】

　　属性事件设置面板主要是针对页面和组件的设置。包含基础设置、事件设置、样式设置、自定义设置、样式模板选择、新建样式、主题选择等。

? **引导问题 9**　多端切换的功能是什么？

_____

_____

_____

_____

【知识点 9】

　　通过下拉选择切换应用的移动端或桌面端设计环境。可以同时发布为 H5 App、Android APK、IOS IPA 和小程序多种应用格式，其中，H5 App：页面发布时自动编译为 React 框架的 H5 页面，可以直接基于浏览器运行，或者嵌入到钉钉、企业微信等第三方开放应用中；Android APK 和 IOS IPA：支持 Hybrid App 混合应用模式，提供丰富的 Native 跨端原生插件，包括：拍照、地理位置、扫码、支付、语音识别、文字识别等几十种插件，并允许开发者自定义扩展，支持实现移动原生体验的复杂 App 开发；提供 Android APK 和 IOS IPA 的发布向导，发布时自动编译、构建、打包；小程序：页面发布时自动编译为小程序页面格式的资源包，直接上传到小程序开发者工具，审核发布后即可使用。桌面端目前提供两套不同技术框架的桌面端组件，设计人员可以根据自己的编程经验和习惯选择使用：UI2 基于 jQuery+Bootstrap+KnockoutJS；PCX 基于 React+Ant Design。

? **引导问题 10**　开发主界面右上角的"保存""预览""发布"按钮的功能是什么？

_____

_____

_____

【知识点 10】

　　在页面设计和数据设计时，单击"保存"按钮便可将设计的页面和数据保存到低代码工具；在页面设计时单击"预览"按钮，便可查看当前设计的效果，也可以理解为在调试中使用；在一个完整页面或项目开发完成后，单击"发布"按钮便可将页面或项目发布。

⌨ **技能实施**

　1. 使用组件

　　（1）使用组件就是将组件拖拽到设计面板，将组件放进设计面板有两种方式，一种是单击组件，再单击设计区域即可，如图 3-3-10 所示。

　　另一种是用鼠标左键选中将要使用的组件，直接拖动到设计区域，如图 3-3-11 所示。

　　（2）在布局、内容、表单、高级、制作、数据组件中任意选择 1 或 2 种组件拖拽到设计面板中，如图 3-3-12 所示。

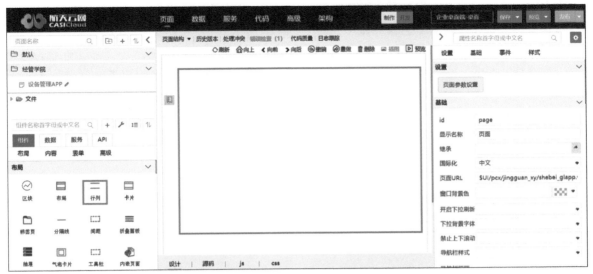

图 3-3-10 组件使用方式 1

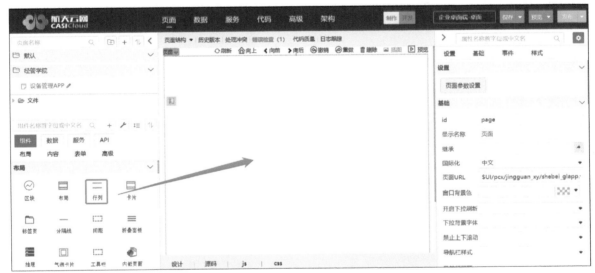

图 3-3-11 组件使用方式 2

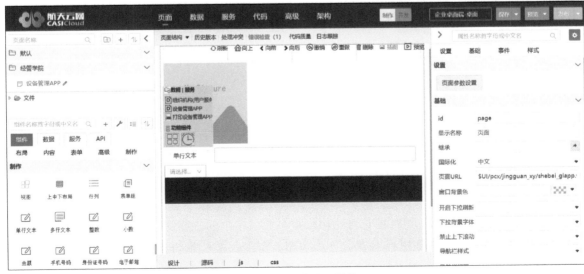

图 3-3-12 组件使用操作 1

（3）将组件拖拽到设计面板后，可单击鼠标左键选中要操作的组件，然后单击鼠标右键，可对组件做前移、后移、复制、粘贴、剪切、删除等操作，如图 3-3-13 所示。

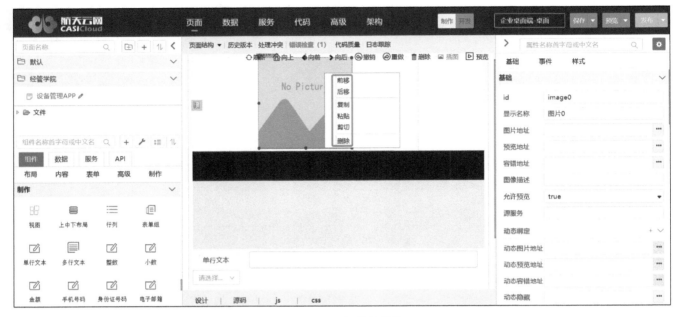

图 3-3-13　组件使用操作 2

2. 使用页面结构

（1）在页面结构中，选中某一组件可以调整组件在设计面板中的位置，包括组件的上下结构和内外结构。例如目前图片组件在布局组件上方，可选中布局组件，然后在将其拖动到图片组件上方，如图 3-3-14 所示。

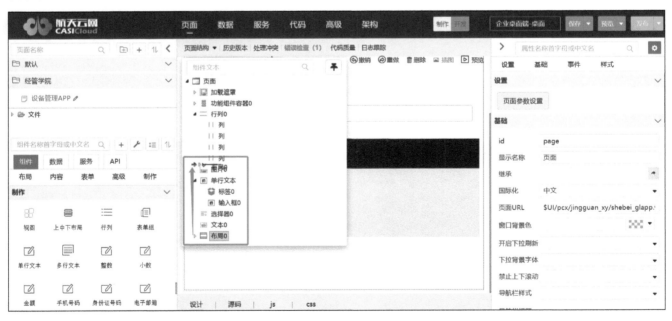

图 3-3-14　页面结构操作 1

在设计面板中图片组件和布局组件的位置也将根据页面结构中的位置发生变化，如图 3-3-15 所示。

（2）例如目前图片组件在行列组件下方，可选中图片组件，然后再将其拖动行列组件的第二列内，如图 3-3-16 所示。

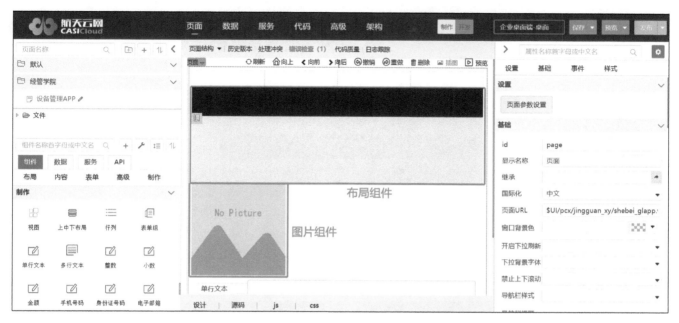

图 3-3-15 页面结构操作 2

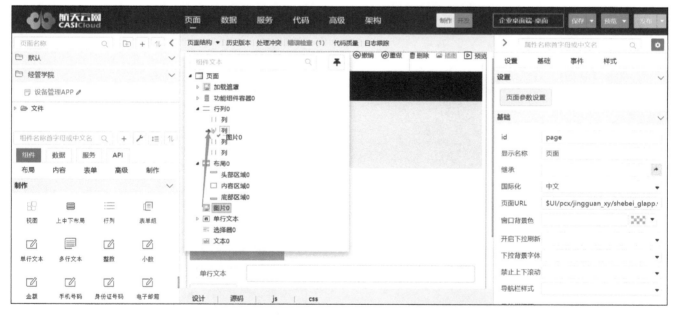

图 3-3-16 页面结构操作 3

在设计面板中图片组件位置也将根据页面结构中的位置发生变化，行列组件的第二列内的内容也将发生改变，如图 3-3-17 所示。

（3）需要注意的是在页面结构内调整组件位置时，不是所有的组件都被低代码工具允许调整。上述两个例子在调整时，被调整的组件在调整到新位置时，组件名称旁边会显示一个绿色的小对勾；如果被调整的组件都不被低代码工具允许调整时，例如选择器组件不被允许调整到文本组件中，会出现红色的禁用标志，如图 3-3-18 所示。

（4）页面结构树上对组件进行拖拽位置、复制、剪切和粘贴等操作；选中要操作的组件，单击鼠标右键，便可实现拖拽位置、复制、剪切和粘贴等操作，如图 3-3-19 所示。

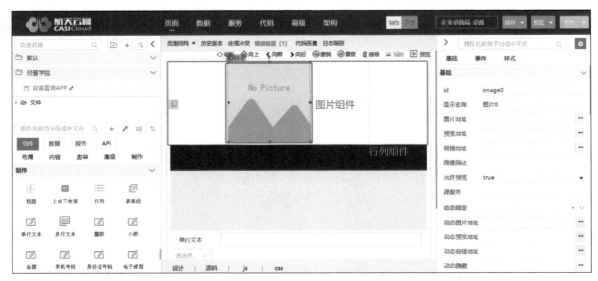

图 3-3-17　页面结构操作 4

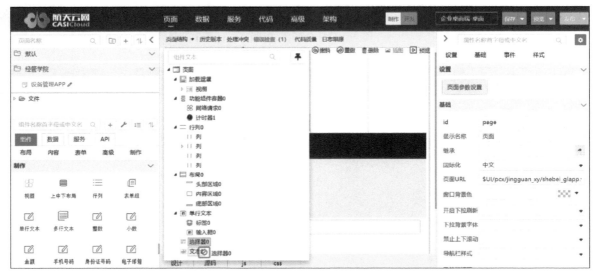

图 3-3-18　页面结构操作 5

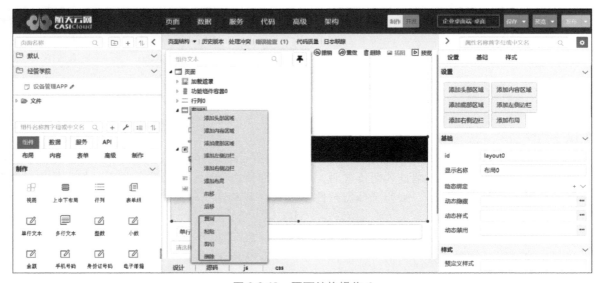

图 3-3-19　页面结构操作 6

评价反馈

对本任务的学习情况进行检查评分，并将相关内容填写在表 3-3-1 中。

表 3-3-1 评分表

任务名称			姓名			任务得分		
考核项目	考核内容	配分	评分标准			自评 50%	师评 50%	得分
知识 技能 35 分	能仔细阅读知识材料，画出重点内容	10	优 10	良 8	合格 6			
	能借助信息化资源进行信息收集，自主学习	5	优 5	良 4	合格 3			
	能正确完成引导问题，写出完整答案	15	优 15	良 12	合格 10			
	能与老师进行交流，提出关键问题，有效互动	5	优 5	良 4	合格 3			
实操 技能 50 分	能正确完成组件两种使用方式	15	优 15	良 12	合格 10			
	能正确完成在页面中对组件复制、删除等操作	10	优 10	良 8	合格 6			
	能正确完成页面结构对组件前后位置的操作	15	优 15	良 12	合格 10			
	能正确完成页面结构对组件内外位置的操作	10	优 10	良 8	合格 6			
素质 技能 15 分	态度端正，认真参与	5	优 5	良 4	合格 3			
	主动学习和科学思维的能力	5	优 5	良 4	合格 3			
	执行 8S 管理标准	5	优 5	良 4	合格 3			

 任务小结

任务拓展

自主尝试使用页面布局基础操作，主要是刷新、向上、向前、向后、撤销、重做、删除操作。

项目四 工业 APP 数据

 项目描述

在使用低代码工具开发工业 APP 时，页面开发外最重要的就是数据开发。本项目一个重要任务就是在低代码工具中开发静态数据集、临时数据和动态数据集。在实际应用中，工业 APP 应使用设备真实数据，所以需要利用设备接入采集设备真实数据，在数据采集完成后，需要将数据上传到数据平台，为了测试 MQTT、HTTP 和 HTTPS 协议传输是否正常，需要学会使用 MQTT.fx 和 Postman 两种测试工具。

任务一 低代码工具数据集开发

 **任务工单**

任务名称				姓名	
班级		组号		成绩	
工作任务	★ 在低代码工具中新建静态数据集、临时数据和动态数据集，包括数据结构的设计、数据表中添加数据、编辑数据和删除数据等 ★ 在动态数据集中进行数据的导出、导入和查询				
任务目标	**知识目标** ★ 了解数据、数据库的概念和常见的数据库类型 ★ 理解数据类型和数据表的概念 ★ 理解低代码工具数据库 ★ 理解低代码工具数据使用原理 **能力目标** ★ 会正确新建静态数据集 ★ 会正确新建临时数据 ★ 会正确新建动态数据集 ★ 会正确在动态数据集导入、导出和查询数据 **素质目标** ★ 培养对待工作和学习一丝不苟、精益求精的精神 ★ 培养主动学习和科学思维的能力 ★ 培养分析和解决生产实际问题的能力				
任务分配	职务	姓名		工作内容	
	组长				
	组员				
	组员				

知识学习

？引导问题 1　什么是数据？数据具有什么价值？

_____

_____

_____

_____

【知识点 1】

　　数据正在成为各国经济发展和产业变革的动力源泉，也是各领域、各行业、各应用的核心基础和创造价值的源泉。在使用低代码工具开发工业 APP 时，在设计界面将页面采用拖拉拽组件的方式开发时，更重要的工作就是开发工业 APP 所需要的数据。

　　数据在大多数人头脑中的第一个反应就是数字，例如 93、1000、99.5、-330.86、￥6880、$726 等。其实数字只是最简单的一种数据，是数据的一种传统和狭义的理解。广义的理解认为数据的种类很多，例如文本（txt）、图形（graph）、图像（image）、音频（audio）、视频（video）、学生的档案记录、货物的运输情况等，这些都是数据。

　　可以对数据做如下定义：描述事物的符号记录称为数据。描述事物的符号可以是数字，也可以是文字、图形、图像、音频、视频等，数据有多种表现形式，它们都可以经过数字化后存入计算机。

？引导问题 2　举例说明为什么需要数据的解释。

_____

_____

_____

_____

【知识点 2】

　　数据的表现形式还不能完全表达其内容，需要经过解释，数据和关于数据的解释是不可分的。例如，76 是一个数据，可以是某校某门课的学生的平均成绩，也可以是某校某个同学的体重，还可以是某校的教师人数。数据的解释是指对数据含义的说明，数据的含义称为数据的语义，数据与其语义是不可分的。

　　在日常生活中，人们可以直接用自然语言来描述事物。例如，某校某专业某位同学的基本情况可以这样描述：张华同学，男，2002 年 9 月生，北京市朝阳区人，2021 年入学。在计算机中常常这样来描述：

　　（张华，男，2002，北京市朝阳区，电气自动化技术系，2021）

　　即把学生的姓名、性别、出生年月、出生地、所在系、入学年份等组织在一起，构成一个记录。这里的学生记录就是描述学生的数据。这样的数据是有结构的。记录是计算机中表示和存储数据的一种格式或一种方法。

？引导问题 3　数据需要用什么来管理？为什么？

_____

_____

_____

_____

【知识点 3】

　　数据是存储在数据库中的。数据库顾名思义就是存放数据的仓库。只不过这个仓库不是常用的存放货物的仓库，而是在计算机的存储设备，存放货物的仓库一般是以一定的规则存放，在计算机存储设备中存储的数据是按一定的格式存放的。它的存储空间很大，可以存放百万条、千万条、上亿条数据。但是数据库并不是随意地将数据进行存放，而是有一定的规则的，否则查询的效率会很低。当今世界是一个充满着数据的互联网世界，充斥着大量的数据。即这个互联网世界就是数据世界。数据的来源有很多，比如出行记录、消费记录、浏览的网页、发送的消息等。除了文本类型的数据，图像、音乐、声音等都是数据。

人们收集或获取到一个应用所需要的大量数据之后，应将其保存起来，以供进一步加工处理，抽取有用信息。在科学技术飞速发展的今天，人们的视野越来越广，数据量急剧增加。过去人们把数据存放在文件柜里，现在人们借助计算机和数据库技术科学地保存和管理大量复杂的数据，以便能方便而充分地利用这些宝贵的信息资源。

数据库是数据管理的有效技术，是计算机科学的重要分支。目前信息资源已成为各行业各单位的重要财富和资源。建立一个满足信息处理要求的行之有效的信息系统也成为一个企业或组织生存和发展的重要条件。因此，作为信息系统核心和基础的数据库技术得到越来越广泛的应用。特别是随着互联网的发展，广大用户可以直接访问并使用数据库，例如通过网上订购图书、日用品、机票、火车票，通过网上银行转账存款取款、检索和管理账户等。

❓ **引导问题 4**　数据库有哪些特点？常用数据库的操作有哪些？

_____

_____

_____

_____

【知识点 4】

严格地讲，数据库是长期储存在计算机内、有组织的、可共享的大量数据的集合。数据库中的数据按一定的数据模型组织、描述和储存，具有较小的冗余度（redundancy）、较高的数据独立性（data independency）和易扩展性（scalability），并可为各种用户共享。

数据库中的数据是可以被用户操作的，数据操作是指对数据库中的数据允许执行的操作的集合，包括操作及有关操作规则，数据库主要有查询和更新（包括插入、删除、修改）两大类操作，也就是日常所说的增、删、改、查操作。

❓ **引导问题 5**　数据库分为哪两大类？为什么会出现非关系型数据库？

_____

_____

_____

_____

【知识点 5】

在数据库的发展历史中，数据库先后经历了层次数据库、网状数据库和关系数据库等各个阶段的发展，数据库技术在各个方面的快速发展。特别是关系型数据库已经成为目前数据库产品中最重要的一员，20 世纪 80 年代以来，几乎所有的数据库厂商新出的数据库产品都支持关系型数据库，即使一些非关系数据库产品也几乎都有支持关系数据库的接口。这主要是传统的关系型数据库可以比较好的解决管理和存储关系型数据的问题。

随着云计算的发展和大数据时代的到来，关系型数据库越来越无法满足需要，这主要是由于越来越多的半关系型和非关系型数据需要用数据库进行存储管理，与此同时，分布式等新技术的出现也对数据库技术提出了新的要求，于是越来越多的非关系型数据库就开始出现，这类数据库与传统的关系型数据库在设计和数据结构有了很大的不同，它们更强调数据库数据的高并发读写和存储大数据，这类数据库一般被称为 NoSQL（Not only SQL）数据库。而传统的关系型数据库在一些传统领域依然保持了强大的生命力。

❓ 引导问题 6　什么是关系型数据？列举出常见的关系型数据库？

_____

_____

_____

_____

【知识点 6】

　　关系型数据库，是指采用了关系模型来组织数据的数据库，其以行和列的形式存储数据，以便于用户理解。关系型数据库这一系列的行和列被称为表，"列"一般称为"字段"，一行就是一条记录，一组表组成了数据库。用户通过查询来检索数据库中的数据，而查询是一个用于限定数据库中某些区域的执行代码。关系模型可以简单理解为二维表格模型，而一个关系型数据库就是由二维表及其之间的关系组成的一个数据组织。

　　关系型数据库存储的格式可以直观地反映实体间的关系。关系型数据库和常见的表格比较相似，关系型数据库中表与表之间是有很多复杂的关联关系的。常见的关系型数据库有 MySQL、Sql Server 等。在轻量或者小型的应用中，使用不同的关系型数据库对系统的性能影响不大，但是在构建大型应用时，则需要根据应用的业务需求和性能需求，选择合适的关系型数据库。

　　目前，主流的关系数据库主要分为以下几类：

　　商用数据库，例如 Oracle、Sql Server、DB2 等；

　　开源数据库，例如 MySQL、PostgreSQL 等；

　　桌面数据库，以微软 Access 为代表，适合桌面应用程序使用；

　　嵌入式数据库，以 Sqlite 为代表，适合手机应用和桌面程序。

❓ 引导问题 7　什么是数据类型？列举出常见的数据类型？

_____

_____

_____

_____

【知识点 7】

　　数据类型通俗地说就是假如 A 是个字符，在将其存储到数据库时应该用其专用的数据类型，要存某一个数据，就要选择其专属的数据类型，选择数据类型的时候，要根据业务规则选择合适的类型。常用的数据类型见表 4-1-1。

表 4-1-1　常用的数据类型

名　　称	类　　型	说　　明
INT	整型	4 字节整数类型，范围约 ±21 亿
BIGINT	长整型	8 字节整数类型，范围约 ±922 亿亿
REAL	浮点型	4 字节浮点数，范围约 ±1038
DOUBLE	浮点型	8 字节浮点数，范围约 ±10308
DECIMAL（M，N）	高精度小数	由用户指定精度的小数，例如，DECIMAL（20，10）表示一共 20 位，其中小数 10 位，通常用于财务计算

（续）

名　　称	类　型	说　　明
CHAR（N）	定长字符串	存储指定长度的字符串，例如，CHAR（100）总是存储 100 个字符的字符串
VARCHAR（N）	变长字符串	存储可变长度的字符串，例如，VARCHAR（100）可以存储 0~100 个字符的字符串
BOOLEAN	布尔类型	存储 True 或者 False
DATE	日期类型	存储日期，例如，2018-06-22
TIME	时间类型	存储时间，例如，12：20：59
DATETIME	日期和时间类型	存储日期+时间，例如，2018-06-22 12：20：59

表 4-1-1 中列举了最常用的数据类型。很多数据类型还有别名，例如，REAL 又可以写成 FLOAT（24）。还有一些不常用的数据类型，例如，TINYINT（范围在 0~255）。各数据库厂商还会支持特定的数据类型，例如 JSON。通常来说，BIGINT 能满足整数存储的需求，VARCHAR（N）能满足字符串存储的需求，这两种类型是使用最广泛的。

❓ 引导问题 8 低代码工具内置的数据库是什么？支持哪几种数据类型？

_____

_____

_____

_____

_____

【知识点 8】

低代码工具目前内置的数据库是 PostgreSQL。字段的数据类型支持文本、整数、浮点数、日期、日期时间、长文本、图片、文件、富文本等（备注：图片和文件数据类型并不是将图片和文件存储到字段里，图片和文件是以文件存储的，字段里只记录文件标识）。

❓ 引导问题 9 低代码工具支持创建哪几类数据模型？每种数据模型的用途是什么？

_____

_____

_____

_____

_____

【知识点 9】

低代码工具支持动态数据（数据库表）、视图、静态数据、统计数据多种数据模型的创建。

动态数据（数据库表）：动态数据集是页面中需加载或者保存的数据，储存在数据库中，可以进行查看维护的可变数据，使用数据是需要对数据库进行操作的。用于定义数据库表的名称、列名称、列标识、类型、必须、唯一、长度、精度、索引、主从、树形等元数据；支持一对一、一对多和多对多三大范式数据关系定义；支持服务端数据校验规则定义。

视图：用于定义多表关联的数据视图，提供视图查询生成向导工具，通过配置自动生成多表关联的视图 SQL 语句，同时支持开发者自定义视图 SQL 语句。

静态数据：静态数据集储存在页面中，是页面中写死可直接读取的数据，也就是固定不变的数据或者是临时数据，用于定义一些在应用开发中需要使用，但是又不需要存储到物理数据库表的数据结构。例如：像开关、分类等一些静态枚举数据，以及在服务接口中参数和返回值的数据结构等。

统计数据：提供 SQL 聚合查询的配置工具，让开发人员快速配置统计数据模型，用于前端设计。

? 引导问题 10　什么是数据表？根据已经掌握的知识，设计一个简单的数据表。

_____

_____

_____

_____

_____

【知识点 10】

表是包含数据库中所有数据的数据库对象。在低代码工具中，数据表称为数据集。

表定义为列的集合。与电子表格相似，数据在表中是按行和列的格式组织排列的。表中的每一列都设计为存储某种类型的信息（例如日期、名称、美元金额或数字）。表中有几种控制（约束、规则、默认值和自定义用户数据类型）用于确保数据的有效性。

低代码工具内置的数据库为关系型数据库，关系数据库的数据表采用二维表格来存储数据，是一种按行与列排列的具有相关信息的逻辑组，它类似于 Excel 工作表。一个数据库可以包含任意多个数据表。表中的一行即为一条记录。数据表中的每一列称为一个字段，表是由其包含的各种字段定义的，每个字段描述了它所含有的数据的意义，数据表的设计实际上就是对字段的设计。创建数据表时，为每个字段分配一个数据类型，定义它们的数据长度和其他属性。行和列的交叉位置表示某个属性值，如"数据库原理"就是课程名称的属性值。

? 引导问题 11　低代码工具中的数据是怎么被使用的？

_____

_____

_____

_____

【知识点 11】

在数据制作中创建的动态数据集、静态数据集和统计数据集，自动在开发界面成为数据组件。数据组件负责从数据集中获取数据，在页面中展现。数据集组件提供大量的属性、操作和事件。

低代码开发工具的前端设计采用数据驱动设计模式，所有的数据显示和编辑组件只需要通过属性绑定数据组件即可实现数据的显示和编辑。数据组件对应后端的数据模型，在数据设计界面开发的数据模型都会显示在页面设计界面的数据组件中，设计人员只需要拖到页面上即可使用，数据组件和在拖拉拽到设计面板后，是在数据及功能组件抽屉中存放并进行设置。每个页面可以包含任意多个数据组件，数据之间可以是主从级联关系，或者是自定义的数据过滤关系等，如图 4-1-1 所示。

? 引导问题 12　数据属性设置、数据规则设置、数据操作和数据事件各包含哪些内容？

图 4-1-1　数据组件

_____

_____

_____

_____

_____

【知识点 12】

数据组件可以说是页面设计中最重要也是最常用的一个组件，它提供了丰富的属性、事件和操作。

数据属性设置：包含数据列、去重（distinct）、计算列、过滤、排序、分页数据大小、统计、关联查询的设置。

注意：这里的数据列、去重、过滤、排序、分页、统计和关联查询等设置是在后端服务提取数据时通过动态 SQL 语句执行的。

关联查询可用于当前表中只有 ID、需要通过关联另一张表显示名称的场景。

只有计算列是在前端的，仅用于前端的计算和交互，如图 4-1-2 所示。

属性编辑	
数据集：	产品追溯关联信息 ⌄
数据列：	全部列 •••
去重(distinct)：	☐
计算列： ❓	•••
过滤：	成品标识编码 等于 查询条件数据.条件 •••
排序：	•••
分页数据大小：	请选择... ⌄ •••
统计：	•••
关联查询： ❓	•••
	保存　关闭

图 4-1-2　数据属性编辑

数据规则设置：包含数据集的只读，列的只读、默认值、计算、必填和约束规则的设置；每个规则都支持表达式定义，例如可以定义多表之间的复杂数据计算、字段之间的约束判断、数据在某个条件需要只读和必填等；规则配置会自动施加到对应绑定的页面交互组件上，例如字段满足只读条件，输入框就会自动禁用；字段满足必填或约束规则，编辑组件会自动通过样式提醒用户，在保存时会自动提示并阻止用户将不符合规则的数据保存到后端。

数据操作：包含新增、删除、赋值、保存、刷新、过滤、排序、移动、上一页、下一页等。

数据事件：包含新增、删除、刷新、保存的前后事件；行改变事件（onIndexChange）、值改变事件（onValueChange）等。

⌨ 技能实施

1. 创建静态数据集

（1）单击开发界面导航栏中的"数据"进入数据制作页面，如图 4-1-3 所示。

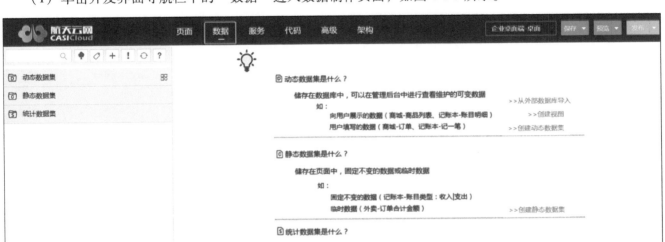

图 4-1-3　数据开发主界面

（2）单击"新增数据集"按钮，选择"静态数据集"，如图 4-1-4 所示。

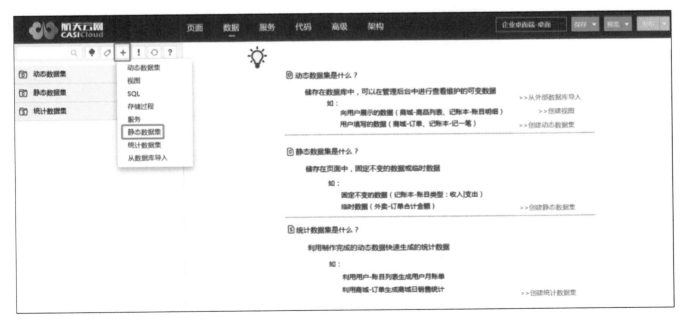

图 4-1-4　静态数据集创建 1

或者在静态数据集集合中单击"新建数据集"按钮，如图 4-1-5 所示。

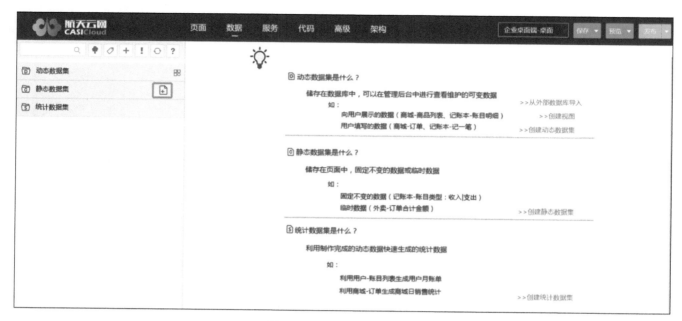

图 4-1-5　静态数据集创建 2

在弹出的创建数据集窗口输入正确的显示名称即可，名称低代码工具会自动生成，如图 4-1-6 所示。

图 4-1-6　静态数据集创建 3

静态数据集集合中，可以单击"删除"按钮删除数据集，也可以使用"上移"按钮或"下移"按钮调整数据集的前后位置，如图 4-1-7 所示。

（3）静态数据集只需设计数据集的结构，输入数据表的数据即可。单击"结构"，设计数据集的结构，然后单击"添加字段"按钮，设计数据集的字段。在设计数据结构时需要注意针对每个字段一定要选择正确的数据类型，如图 4-1-8 所示。

（4）例如设计名称为"学生信息"的静态数据集，学生信息包括学生姓名、学生班级、学生学号、学生出生日期、学生成绩等字段。单击"添加字段"按钮，添加列名称为"学生姓名"，列标识系统自动生成，然后选择数据类型为文本，如图 4-1-9 所示。

图 4-1-7　静态数据集创建 4

图 4-1-8　静态数据集结构设计

图 4-1-9　学生信息静态数据集结构设计 1

单击"添加字段"按钮，添加列名称为"学生班级"，列标识系统自动生成。班级一般是数字，所以选择数据类型为"数字"，如图 4-1-10 所示。

图 4-1-10 学生信息静态数据集结构设计 2

单击"添加字段"按钮，添加列名称为"学生学号"，列标识系统自动生成。学号一般是英文字母和数字，所以选择数据类型为文本，如图 4-1-11 所示。

图 4-1-11 学生信息静态数据集结构设计 3

单击"添加字段"按钮，添加列名称为"学生出生日期"，列标识系统自动生成。出生日期一般是年月日构成，不精确到具体的时分秒，所以选择数据类型为"日期"，如图 4-1-12 所示。

单击"添加字段"按钮，添加列名称为"学生家庭住址"，列标识系统自动生成，学生成绩可能是数字，也可能是带小数点的数字，所以选择数据类型为"含小数点数字"，如图 4-1-13 所示。

设计完学生信息数据集的结构后，单击右上方的"保存"按钮将设计的数据集进行保存。另外，每一个字段在设计时，如果对字段有特殊解释，可以在"备注"处添加。在"操作"处，也可使用"删除"按钮对某一个字段删除，也可以使用"上移""下移"按钮调整字段的前后顺序，如图 4-1-14 所示。

图 4-1-12　学生信息静态数据集结构设计 4

图 4-1-13　学生信息静态数据集结构设计 5

图 4-1-14　学生信息静态数据集结构设计 6

（5）数据集结构设计完成后的下一步就是添加数据。在学生信息静态数据集中单击"数据"，然后再单击"新增数据"按钮，在弹出的新增数据界面添加数据，如图 4-1-15 所示。

图 4-1-15　学生信息静态数据集添加数据 1

例如某校某专业某位同学的信息：张华同学，2 班，学号 JG20220233，2006 年 7 月 11 日出生，成绩 91.2 分。在计算机中这样来描述：张华，2，JG20220233，2006-07-11，91.2，将其信息添加到学生信息静态数据集中，如图 4-1-16 所示。

图 4-1-16　学生信息静态数据集添加数据 2

在弹出的新增数据界面单击"保存"按钮，便可将数据保存到学生信息静态数据集中，主键数据是系统自动生成，如图 4-1-17 所示。

按照同样的操作添加多条学生信息数据，如图 4-1-18 所示。

在添加数据时需要注意由于每个字段在设计数据结构时都选择了数据结构，在添加数据时的数据必须要遵照数据类型。例如学生成绩的数据类型是带小数点的数字，如果在新增数据时输入为文字，在输入框将不会显示输入的内容，也就是不允许被输入，如图 4-1-19 所示。

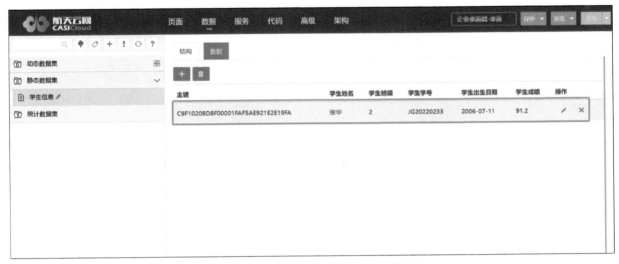

图 4-1-17　学生信息静态数据集添加数据 3

图 4-1-18　学生信息静态数据集添加数据 4

图 4-1-19　学生信息静态数据集添加数据 5

（6）每一条数据在添加完成后还可以单击"编辑"按钮，再次对数据进行编辑，如图 4-1-20、图 4-1-21、图 4-1-22 所示。

图 4-1-20　学生信息静态数据集编辑数据 1

例如将张华的成绩由目前的 91.2 分改为 99.5 分。

图 4-1-21　学生信息静态数据集编辑数据 2

在编辑数据时同样需要注意由于每个字段在设计数据结构时都选择了正确的数据结构，在编辑数据时的数据必须要遵照数据类型。例如学生成绩的数据类型是带小数点的数字，如果在编辑数据时输入为文字，在输入框将不会显示输入的内容，也就是不允许被输入，如图 4-1-23 所示。

（7）每一条数据在添加完成后还可以单击"删除"按钮删除数据，如图 4-1-24 所示。

例如将学生姓名为"袁帅"的数据删除，单击"删除"按钮，在弹出的提示界面选择"确定"，便可完成删除，如图 4-1-25 所示。

删除完成后，在学生信息静态数据集中就没有学生姓名为"袁帅"的这条数据了，如图 4-1-26 所示。

单击数据集上方的"删除"按钮，可以删除一个静态数据集中全部数据，如图 4-1-27 所示。

图 4-1-22 学生信息静态数据集编辑数据 3

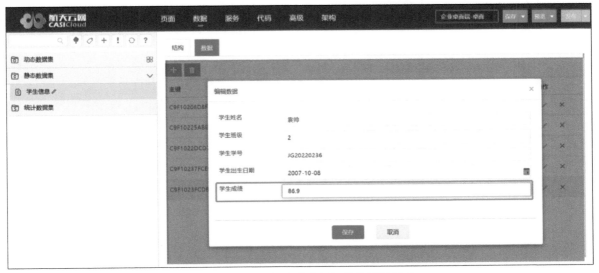

图 4-1-23 学生信息静态数据集编辑数据 4

图 4-1-24 学生信息静态数据集删除数据 1

图 4-1-25　学生信息静态数据集删除数据 2

图 4-1-26　学生信息静态数据集删除数据 3

图 4-1-27　学生信息静态数据集删除全部数据

2. 创建临时数据

（1）静态数据集中还有一种是临时数据，在设计界面创建。直接拖动临时数据组件到设计面板，会自动在数据及功能组件抽屉中存放，如图 4-1-28 所示。

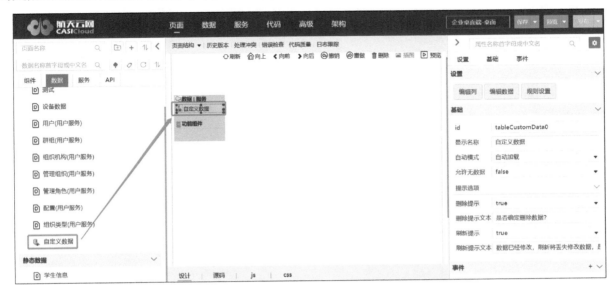

图 4-1-28 临时数据组件使用

（2）单击临时数据组件，在属性事件设置面板中可以设置临时数据名称，如图 4-1-29 所示。

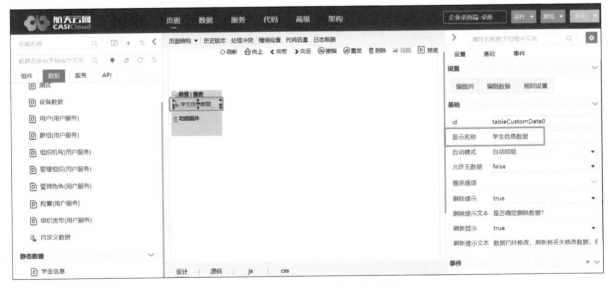

图 4-1-29 设置临时数据组件名称

（3）选择数据及功能组件抽屉中的临时数据组件，在属性事件设置面板中单击"编辑列"按钮设计数据集的结构，如图 4-1-30 所示。

在弹出的编辑列页面，和静态数据集结构设计基本一致，单击"新增"按钮，添加字段，名称即为字段名称，然后设置字段的数据类型，单击"删除"按钮，可删除字段，单击"上移"或"下移"按钮可调整字段的前后顺序。临时数据设计完成后，单击"保存"按钮保存即可。需要注意如果设置显示名称，那么在编辑临时数据时，显示的字段名称以设置的显示名称为准，如图 4-1-31 所示。

（4）临时数据结构设计完成后，在低代码工具开发界面，选择数据及功能组件抽屉中的临时数据组件，在属性事件设置面板中单击"编辑数据"按钮添加数据集的数据，如图 4-1-32 所示。

图 4-1-30　临时数据结构设计 1

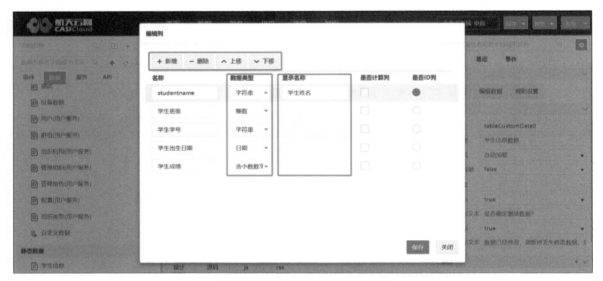

图 4-1-31　临时数据结构设计 2

图 4-1-32　临时数据添加数据 1

在弹出的编辑数据页面，和静态数据集添加数据基本一致，单击"新增"按钮添加数据，单击"删除"按钮，可删除数据，如图 4-1-33 所示。

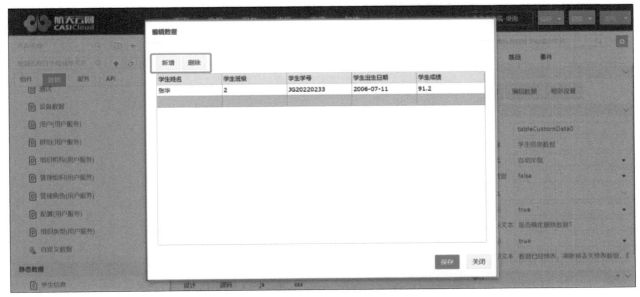

图 4-1-33　临时数据添加数据 2

在编辑列时，第一个字段的名称为"studentname"，显示名称为"学生姓名"，在编辑数据时，第一个字段名称显示的是"学生姓名"，是以设置的显示名称为准的，如图 4-1-34 所示。

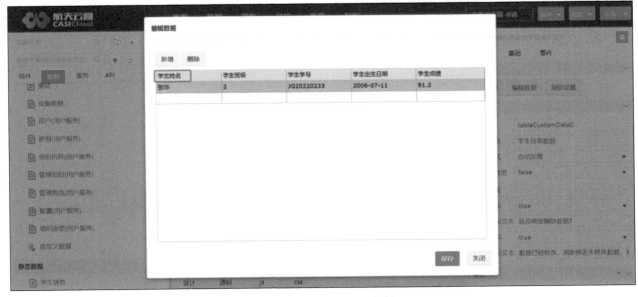

图 4-1-34　临时数据添加数据 3

3. 创建动态数据集

（1）单击开发界面导航栏中的"数据"进入数据制作页面，如图 4-1-35 所示。

（2）单击"新增数据集"按钮，选择"动态数据集"，如图 4-1-36 所示。

或者在动态数据集集合中单击"新建数据集"按钮，如图 4-1-37 所示。

在弹出的创建数据集窗口输入正确的显示名称即可，名称低代码工具会自动生成，如图 4-1-38 所示。

动态数据集集合中，可以单击"删除"按钮删除数据集，也可以使用"上移"按钮或"下移"按钮，调整数据集的前后位置，如图 4-1-39 所示。

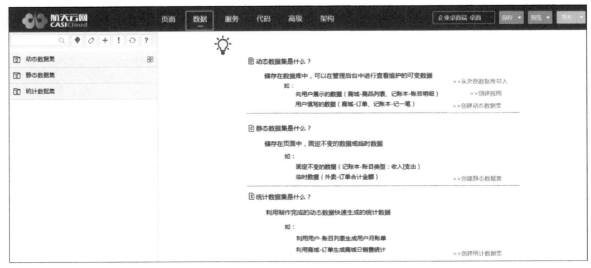

图 4-1-35　数据开发主界面

图 4-1-36　动态数据集创建 1

图 4-1-37　动态数据集创建 2

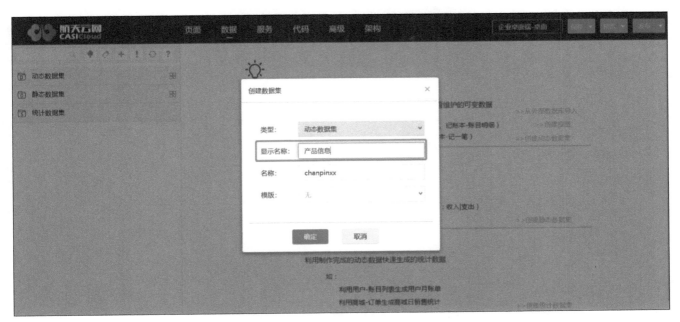

图 4-1-38　动态数据集创建 3

图 4-1-39　动态数据集创建 4

（3）动态数据集和静态数据集结构设计基本一致，只需设计数据集的结构，输入数据表的数据即可。单击"结构"按钮，设计数据集的结构，然后单击"添加字段"按钮，设计数据集的字段。在设计数据结构时同样需要注意针对每个字段一定要选择正确的数据类型，如图 4-1-40 所示。

（4）例如设计名称为"产品信息"的动态数据集，产品信息包括产品名称、产品重量、产品图片、产品生产日期、产品产地等字段。和设计静态数据集的方法一样，单击"添加字段"按钮添加列，列标识系统自动生成，然后选择正确的数据类型，如图 4-1-41 所示。

设计完产品信息数据集的结构后，单击右上方的"保存"按钮将设计的数据集进行保存。另外，每一个字段在设计时，如果对字段有特殊解释，可以在"备注"处添加。在"操作"处，也可使用"删除"按钮对某一个字段删除，也可以使用"上移"按钮或"下移"按钮调整字段的前后顺序，如图 4-1-42 所示。

图 4-1-40　动态数据集结构设计

图 4-1-41　产品信息动态数据集结构设计 1

图 4-1-42　产品信息动态数据集结构设计 2

（5）数据集结构设计完成后的下一步就是添加数据。在产品信息动态数据集中单击"数据"按钮，然后再单击"新增数据"按钮，在弹出的新增数据界面添加数据，如图 4-1-43 所示。

图 4-1-43　产品信息动态数据集添加数据 1

例如某企业生产的一种手机产品的信息：华为手机，169.3g，手机图片，2022 年 7 月 29 日生产，在中国北京生产。在计算机中这样来描述：华为手机，169.3g，手机图片，2022-07-29，中国北京。将其信息添加到产品信息动态数据集中，如图 4-1-44 所示。

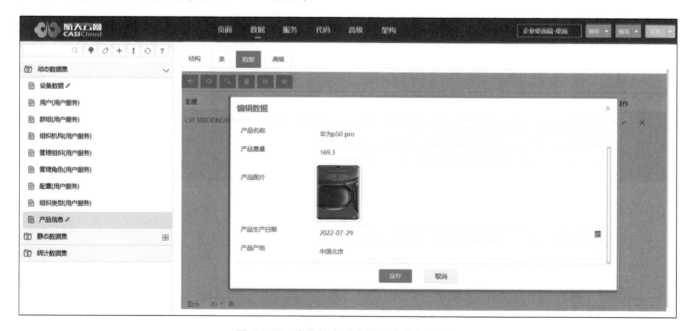

图 4-1-44　产品信息动态数据集添加数据 2

弹出的新增数据界面单击"保存"按钮便可将数据保存到产品信息动态数据集中，主键数据是系统自动生成，如图 4-1-45 所示。

按照同样的操作添加多条产品信息数据，如图 4-1-46 所示。

图 4-1-45　产品信息动态数据集添加数据 3

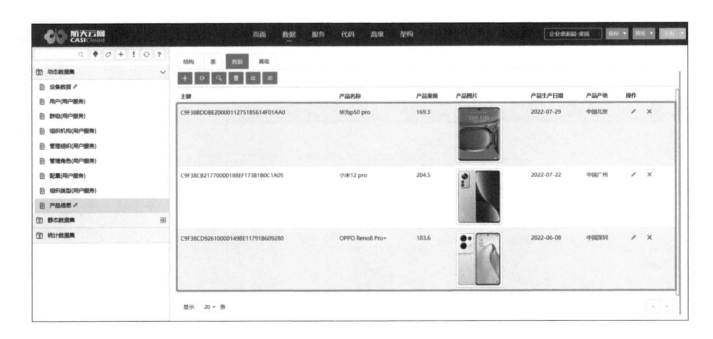

图 4-1-46　产品信息动态数据集添加数据 4

　　在添加数据时需要注意由于每个字段在设计数据结构时都选择了正确的数据结构，在添加数据时的数据必须要遵照数据类型。例如产品重量的数据类型是带小数点的数字，如果在新增数据时输入为文字，在输入框将不会显示输入的内容，也就是不允许被输入。同样，产品图片的数据类型是图片，新增数据时会访问本地资源选择图片，其他格式文件也是不允许被选择的，如图 4-1-47 所示。

　　（6）每一条数据在添加完成后还可以单击"编辑"按钮再次对数据进行编辑，如图 4-1-48、图 4-1-49、图 4-1-50 所示。

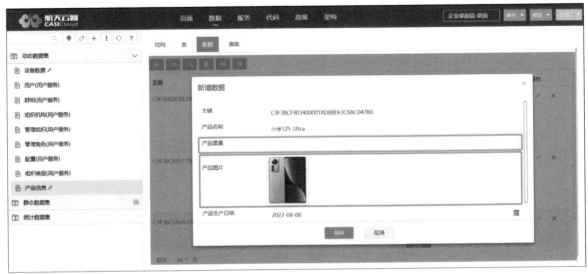

图 4-1-47　学生信息静态数据集添加数据 5

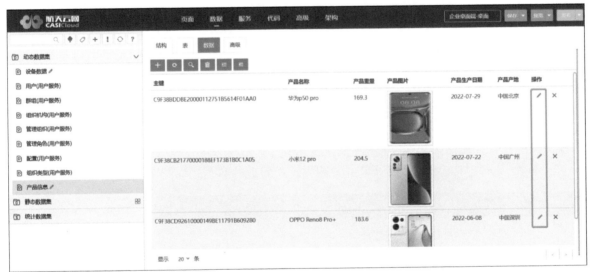

图 4-1-48　产品信息动态数据集编辑数据 1

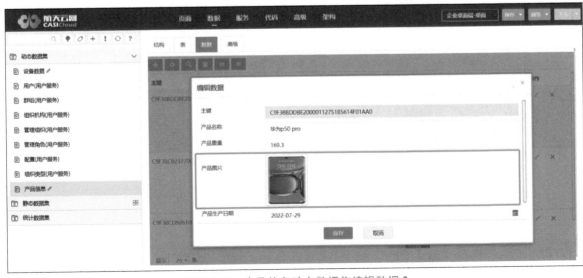

图 4-1-49　产品信息动态数据集编辑数据 2

例如将华为 p50 pro 由目前的正面图片改为侧面图片, 如图 4-1-49、图 4-1-50 所示。

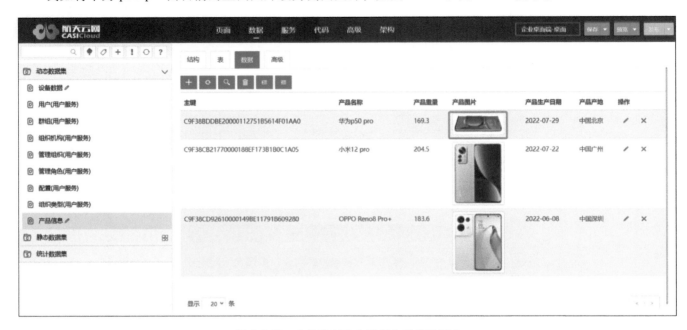

图 4-1-50　产品信息动态数据集编辑数据 3

在编辑数据时同样需要注意由于每个字段在设计数据结构时都选择了正确的数据结构, 在编辑数据时的数据必须要遵照数据类型。例如产品重量的数据类型是带小数点的数字, 如果在编辑数据时输入为文字, 在输入框将不会显示输入的内容, 也就是不允许被输入。同样, 产品图片的数据类型是图片, 编辑数据时会访问本地资源选择图片, 其他格式文件也是不允许被选择的。

(7) 每一条数据在添加完成后还可以单击"删除"按钮删除数据, 如图 4-1-51~图 4-1-54 所示。

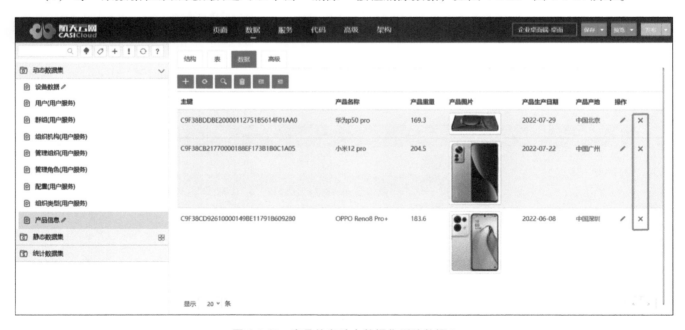

图 4-1-51　产品信息动态数据集删除数据 1

例如将产品名称为"小米 12 pro"的数据删除, 单击"删除"按钮, 在弹出的提示界面选择"确定", 便可删除, 如图 4-1-52 所示。

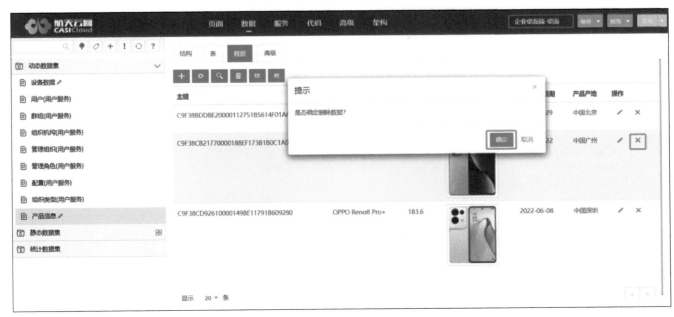

图 4-1-52　产品信息动态数据集删除数据 2

删除完成后，在产品信息动态数据集中就没有产品名称为"小米 12 pro"这条数据。

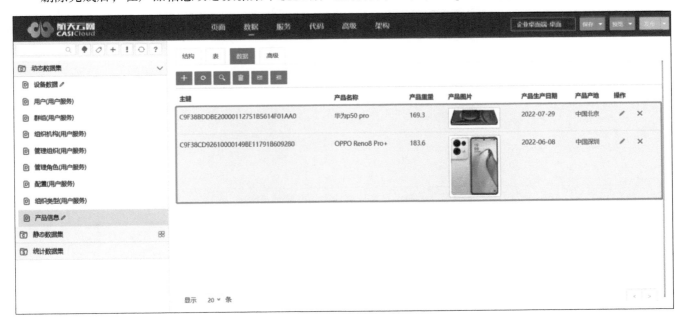

图 4-1-53　产品信息动态数据集删除数据 3

单击数据集上方的"删除"按钮，可以删除一个动态数据集中全部数据，如图 4-1-54 所示。

4. Excel 数据导出导入动态数据集

（1）动态数据集支持导出数据。单击"数据导出"按钮，即可将数据集中的数据导出，如图 4-1-55 所示。

导出的数据文件是一个 Excel 文件，目前产品信息动态数据集中有两条数据，导出的 Excel 文件是相同的两条数据，如图 4-1-56 所示。

（2）动态数据集支持从 Excel 文件中导入数据。单击"数据导入"按钮图标，即可从本地资源中选择正确的 Excel 文件，然后将数据导入到数据集，如图 4-1-57 所示。

图 4-1-54　产品信息动态数据集删除全部数据

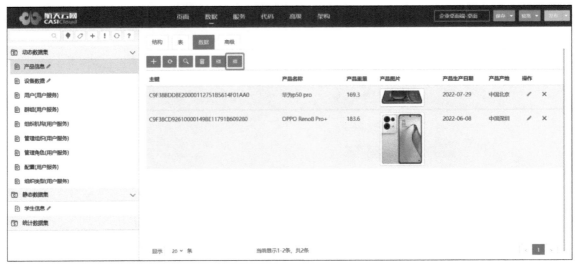

图 4-1-55　产品信息动态数据集导出数据

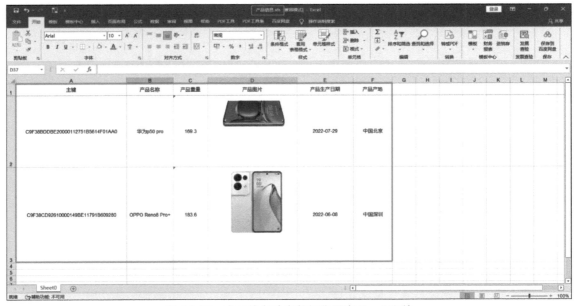

图 4-1-56　产品信息动态数据集导出 Excel 文件

图 4-1-57 产品信息动态数据集导入数据

动态数据集支持从 Excel 文件中导入数据的原理是：

a. 根据主键进行判断；

b. 数据集中如果存在该主键，将使用 Excel 中的数据更新数据集中的数据；

c. 如果不存在该主键，就在数据集中新增这条数据。

所以导入的 Excel 文件必须遵循一定的格式：

a. Excel 中每个 sheet 中的第一行为列名；

b. Excel 中每行必须包含主键列和必填列的值，否则忽略此行；

c. 在 Excel 的单元格中插入图片，可将图片导入数据集。

（3）根据动态数据集支持从 Excel 文件中导入数据的原理和导入的 Excel 文件必须遵循的格式，设计要导入产品信息数据集数据的 Excel 文件。主键可根据已有主键数据选择任意数字递增即可，产品名称、产品重量、产品图片、产品生产日期和产品产地等数据和 Excel 文件输入数据的方式一致，需要注意的是输入的数据要符合产品信息动态数据集中设置的数据类型，如图 4-1-58 所示。

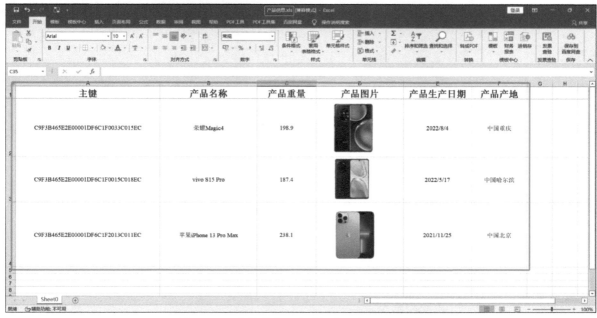

图 4-1-58 产品信息动态数据集导入 Excel 文件

（4）将 Excel 文件中的数据导入到数据集后，目前产品信息动态数据集中有两条数据，导入 Excel 文件中的三条数据后，产品信息动态数据集中就有了 5 条数据，如图 4-1-59 所示。

图 4-1-59　产品信息动态数据集导入 Excel 文件后

5. 动态数据集查询数据

（1）动态数据集支持查询数据。一个数据集一般会存储大量的数据，在逐条查找数据时耗时耗力，直接查询数据更为便捷。单击"查询"按钮，设置查询条件即可，如图 4-1-60 所示。

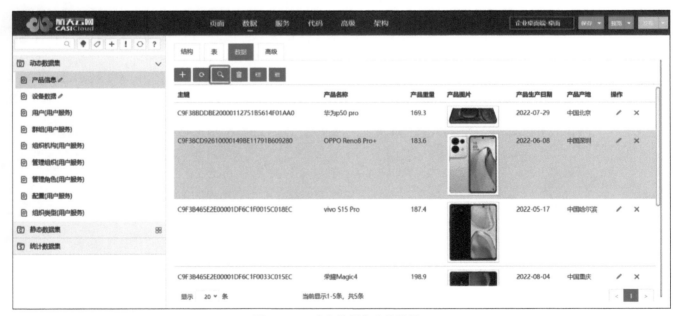

图 4-1-60　动态数据集查询数据 1

（2）在查询条件页面单击"添加查询条件"按钮，设置查询条件进行数据查询，如图 4-1-61 所示。

（3）例如查询产品生产日期为"2022-06-08"的产品信息，选择列名称，也就是字段名称为"产品生产日期"；如图 4-1-62~图 4-1-65 所示。

操作选择"等于"，如图 4-1-63 所示。

输入值为"2022-06-08"，如图 4-1-64 所示。

图 4-1-61　动态数据集查询数据 2

图 4-1-62　动态数据集查询数据 3

图 4-1-63　动态数据集查询数据 4

图 4-1-64　动态数据集查询数据 5

自此就把一个查询条件设置完毕，如图 4-1-65 所示。

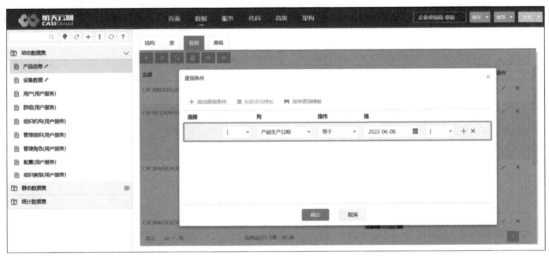

图 4-1-65　动态数据集查询数据 6

单击"确定"按钮，便可查询到产品名称为 OPPO Reno8 Pro+这条数据，如图 4-1-66 所示。

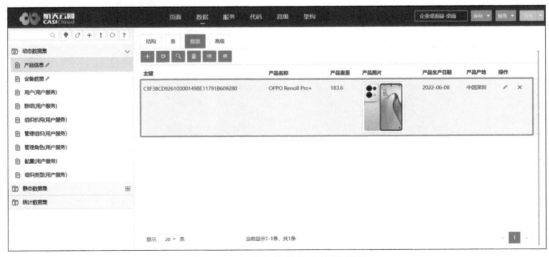

图 4-1-66　动态数据集查询数据 7

（4）一个查询中可以设置多个查询条件。例如查询产品重量大于 160，产品产地为中国北京的产品信息，首先选择列名称，也就是字段名称为"产品重量"，操作为"大于"，值为"160"；如图 4-1-67 ~ 图 4-1-73 所示。

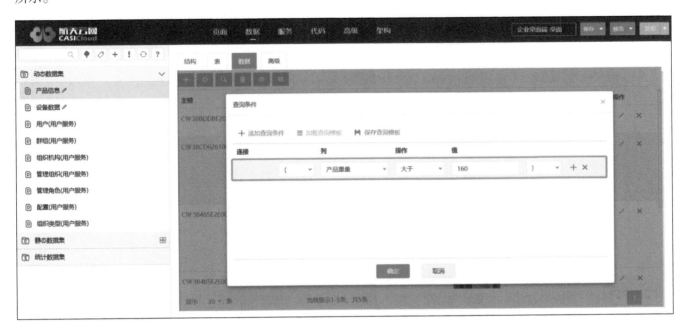

图 4-1-67　动态数据集多条件查询数据 1

然后单击"添加查询条件"按钮，或者点击查询条件后面的"+"增加查询条件，如图 4-1-68 所示。

图 4-1-68　动态数据集多条件查询数据 2

增加的查询条件，同样首先选择列名称，也就是字段名称为"产品产地"，操作为"等于"，值为"中国北京"，如图 4-1-69 所示。

单击"确定"按钮，便可查询到产品名称为"华为 p50 pro"和"苹果 iPhone 13 Pro Max"这两条数据，如图 4-1-70 所示。

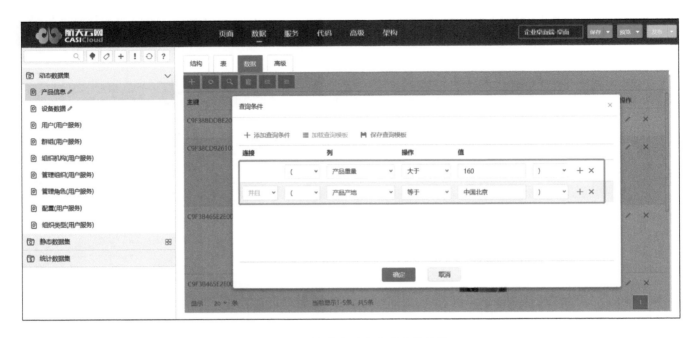

图 4-1-69 动态数据集多条件查询数据 3

图 4-1-70 动态数据集多条件查询数据 4

在多条件查询时需要注意，上述根据产品重量和产品产地两个条件在查询时，两个查询条件的关系系统默认是"并且"关系，如图 4-1-71 所示。

查询条件的关系低代码工具内置"并且"和"或者"两种关系，"并且"关系的意思是所查询的数据必须符合两个查询条件，"或者"关系的意思是所查询的数据符合两个查询条件之一即可，如果选择两个查询条件的关系为"或者"，如图 4-1-72 所示。

单击"确定"按钮，这时查询到的数据产品名称为"华为 p50 pro""OPPO Reno8 Pro+""vivo S15 Pro""荣耀 Magic4"和"苹果 iPhone 13 Pro Max"这 5 条数据，如图 4-1-73 所示。

图 4-1-71 动态数据集多条件查询数据 5

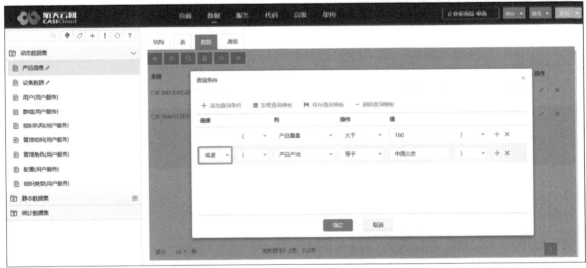

图 4-1-72 动态数据集多条件查询数据 6

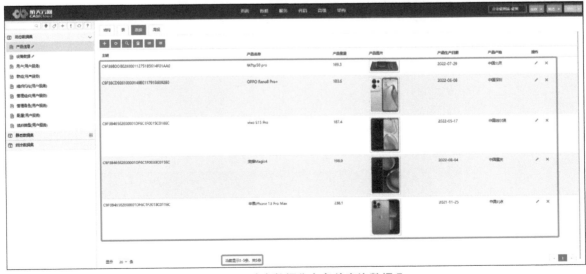

图 4-1-73 动态数据集多条件查询数据 7

（5）在查询时设置的查询条件，可以单击"保存查询模板"按钮，设置查询模板名称，将其设置为查询模板，如图 4-1-74 所示。

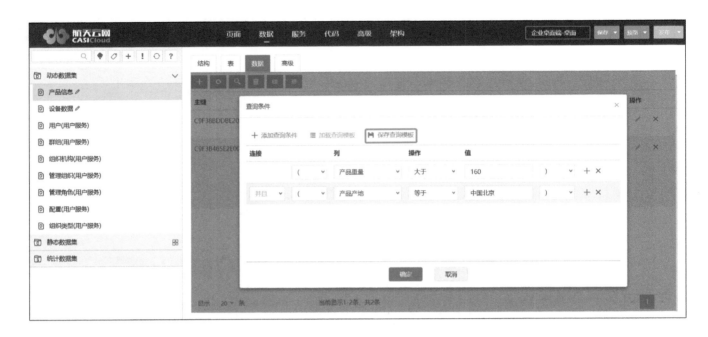

图 4-1-74　动态数据集保存查询模板

在以后的查询中单击"加载查询模板"按钮，可直接使用查询条件，单击"删除查询模板"删除查询模板，如图 4-1-75 所示。

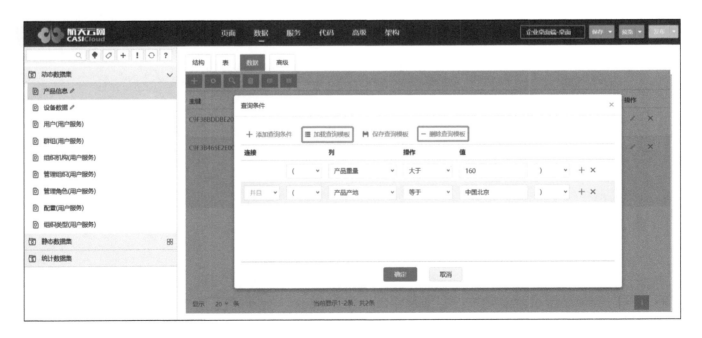

图 4-1-75　动态数据集加载、删除查询模板

评价反馈

对本任务的学习情况进行检查评分，并将相关内容填写在表 4-1-2 中。

表 4-1-2　评分表

任务名称		姓名			任务得分		
考核项目	考核内容	配分	评分标准		自评 50%	师评 50%	得分
知识技能 35 分	能仔细阅读知识材料，画出重点内容	10	优 10	良 8　合格 6			
	能借助信息化资源进行信息收集，自主学习	5	优 5	良 4　合格 3			
	能正确完成引导问题，写出完整答案	15	优 15	良 12　合格 10			
	能与老师进行交流，提出关键问题，有效互动	5	优 5	良 4　合格 3			
实操技能 50 分	能正确完成静态数据集的创建	15	优 15	良 12　合格 10			
	能正确完成临时数据的创建	10	优 10	良 8　合格 6			
	能正确完成动态数据集的创建	10	优 10	良 8　合格 6			
	能正确完成动态数据集数据导出、导入和查询	15	优 15	良 12　合格 10			
素质技能 15 分	态度端正，认真参与	5	优 5	良 4　合格 3			
	主动学习和科学的思维能力	5	优 5	良 4　合格 3			
	执行 8S 管理标准	5	优 5	良 4　合格 3			

 任务小结

_____

_____

_____

_____

任务拓展

　　自主尝试创建班级信息静态数据集和动态数据集，尽可能多的设计字段并尽可能多利用数据类型，在动态数据集查询时，设置三个以上查询条件并灵活设置查询条件间"并且"和"或者"关系。

　任务二　设备接入

任务工单

任务名称			姓名	
班级		组号	成绩	
工作任务	★ 在航天云网物接入工具中创建设备组、设备型号、设备和网关 ★ 在网关线上配置工具配置网关型号、网关端口配置、协议信息、采集点信息、设备信息、边缘处理等系统配置 ★ 用两种方法将配置信息传输到网关			

（续）

任务目标	知识目标 ★ 了解设备接入出现的背景 ★ 理解工业互联网网关、航天云网设备接入工具原理 ★ 了解航天云网设备接入工具支持的协议和设备 ★ 理解工业互联网 APP 和设备接入关系 能力目标 ★ 正确创建设备组、设备型号、创建设备、创建网关 ★ 正确对网关选型、网关端口配置 ★ 正确对网关系统配置、平台配置 ★ 会正确将网关配置传输到网关 素质目标 ★ 培养对待工作和学习一丝不苟、精益求精的精神 ★ 培养主动学习和科学思维的能力 ★ 培养分析和解决生产实际问题的能力		

任务分配	职务	姓名	工作内容
	组长		
	组员		
	组员		

知识学习

? 引导问题 1 设备接入出现的背景是什么？

_____

_____

_____

_____

_____

【知识点 1】

伴随着各领域各行业业务的不断发展和大数据时代的到来，对于产品产线数据的实时获取，数据存储，生产过程数据分析等需求日益增强。同时，通过物联网、大数据、人工智能等技术对现有产线生产过程数据的分析，找出产线的不足，完善生产方式。利用高性能网络采集传输生产现场设备数据，利用边缘计算技术在边缘侧对数据进行预处理，将有价值的数据上传至工业互联网云平台进行分析处理及可视化展示，实现设备互联与智能服务，实现对售出设备的远程监控、故障诊断和预测性维护，并指导客户在效率和能耗等方面进行提升，提升产线的生产效率，降低生产成本，为企业增产增效。

? 引导问题 2 什么是工业互联网网关？网关的主要功能有哪些？

_____

_____

_____

_____

_____

【知识点 2】

工业互联网网关作为传感网络和数据中心之间的媒介，主要提供通过丰富的接口和可配置的软件功能，接入多种设备与协议，对全面感知层的信息进行汇集、处理、存储、分析和传输等服务。工业互联网网关一方面要对传感网络中大量的静态信息和实时性动态信息进行采集、通信协议转换和数据包传输；另一方面更侧重于数据处理、整合、分析、决策和共享利用等核心服务。简单来说，网关的作用就是"承上启下"，"下"就是对设备数据进行采集，"上"就是将采集到的数据上传到数据平台。

❓ **引导问题 3**　航天云网设备接入工具的原理是什么？

_____

_____

_____

_____

_____

【知识点 3】

　　航天云网设备接入工具在航天云网 INDICS 平台中称为物联网接入工具，是基于 INDICS OS，通过主流的物联网协议（如 MQTT、HTTP、HTTPS、COAP）通信，帮助企业设备管理员和开发人员，快速建立工业设备与云端之间的安全的双向连接，实现设备连接 INDICS 平台。设备接入工具支持多种工业生产设备，包括新型智能设备、老旧设备等，并将其相关数据上传至云端，进行设备管理、远程监控、数据分析等多项功能。设备接入工具采集设备数据，可以支撑企业的个性化数据应用，利用数据对生产的支持，做到节省成本、合理排产、提高生产效率，如图 4-2-1 所示。

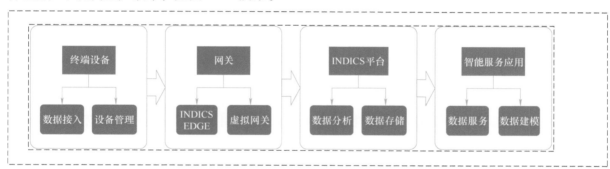

图 4-2-1　设备接入原理

　　设备接入工具主要通过虚拟网关和 INDICS EDGE 物理网关两种方式实现设备接入及数据实时采集。网关实时订阅设备数据，设备主动上传数据网关或网关通过轮询的方式主动到设备寄存器中读取数据。网关获取到数据后立即上送到物联网接入平台，实现数据实时采集、实时分析及实时展示。设备接入工具通过提供丰富的数据采集协议、强大的协议转换能力和主流的数据上传协议，可以满足覆盖机械加工、环境试验等 21 类不同工业领域设备数据采集需求。

❓ **引导问题 4**　航天云网设备接入工具支持哪些协议和设备？

_____

_____

_____

_____

_____

【知识点 4】

　　数据采集协议：OPC UA、Modbus RTU、Modbus TCP、S7，并支持 GPIO 采集模拟量和数字量数据。

　　数据上传协议：HTTP、HTTPS、MQTT、COAP，其中 MQTT 为工业主流的数据通信协议。

可接入的设备类型：机械加工、焊接技术、特种加工、仿真技术、目标特性、元器件制造、发动机试验、发射工程、工艺检测、总体技术、指挥控制、气/液动、电气系统、材料成型、清洗技术、环境试验、电器互联、电磁兼容、表面工程、装配技术、计量器具等。

？ 引导问题 5 工业互联网 APP 应用开发为什么需要设备接入？

_____

_____

_____

_____

【知识点 5】

在当前的技术条件下，在边缘层实现设备的接入和数据采集，在平台层实现对不同工业软件与工具软件的整合，通过工业互联网平台整合不同的工业软件和工业数据，让不同形态的工业软件以全新的架构为工业提供基础技术服务，结合特定领域的工业技术知识，利用低代码工具等可视化工业应用开发环境，构建面向产品研发设计、工艺设计与优化、能耗优化、运营管理、设备监控、健康管理、质量管控、供应链协同等不同种类的工业 APP。

？ 引导问题 6 低代码工具中可以创建数据集，为什么还需要设备接入？

_____

_____

_____

_____

【知识点 6】

虽然低代码工具中可以创建静态数据集、临时数据和动态数据集，静态数据集储存在页面中，是页面中写死可直接读取的数据，也就是固定不变的数据或者是临时数据，用于定义一些在应用开发中需要使用，但是又不需要存储到物理数据库表的数据结构，动态数据集是页面中需加载或者保存的数据，储存在数据库中，可以进行查看维护的可变数据，使用数据是需要对数据库进行操作的。由此可以看出，低代码工具中的数据都是基于低代码工具中内置的数据库或者是固定不变的数据和临时数据。

在工业 APP 中，如果数据是固定不变的或者只是数据库中存储的数据，完全不能够体现出工业 APP 的价值，所以工业 APP 需要数据来体现其价值，设备接入是数据的重要来源。低代码工具中也有网络请求组件和订阅组件等组件将设备接入的数据接入在低代码工具中开发的工业 APP。

⌨ 技能实施

1. 创建设备组（可选）

（1）在航天云网 INDICS 工业互联网平台中进入物联网接入工具后，一般需要创建设备组，设备组是企业对设备的分组与层级管理，可以按照设备对生产、质量、成本、安全等方面影响的重要程度进行分组，也可以按照设备的车间、产线等维度进行分组管理。在左侧导航栏中选择"物管理"中的"设备组列表"，然后在设备组列表页面单击"设备组列表"创建设备组，如图 4-2-2 所示。

（2）在弹出的对话框中，选择设备组路径，输入设备组的名称和描述，单击"确定"按钮即可创建设备组，如图 4-2-3 所示。

2. 创建设备型号

（1）在左侧导航栏中选择"物管理"中的"设备型号"，然后在设备型号列表页面单击"设备型号"创建设备型号，如图 4-2-4 所示。

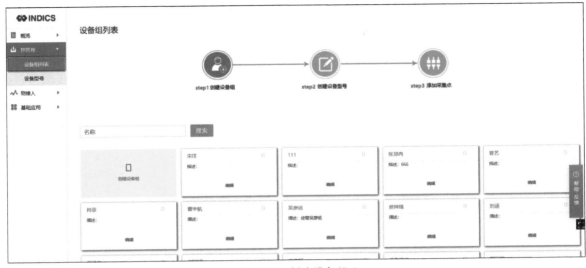

图 4-2-2　创建设备组 1

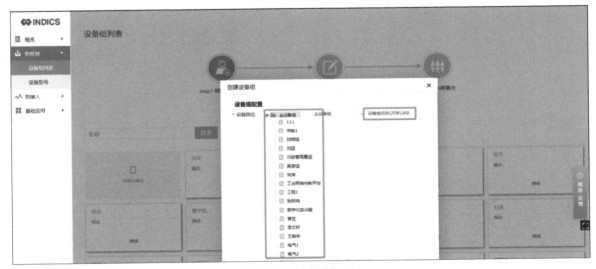

图 4-2-3　创建设备组 2

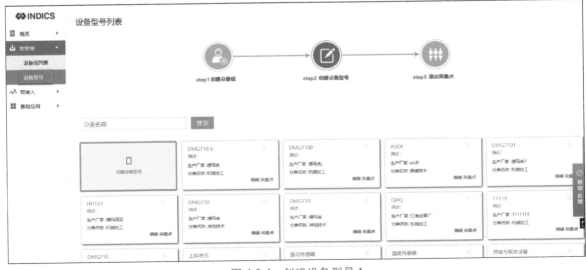

图 4-2-4　创建设备型号 1

（2）在弹出的对话框中选择设备型号，物接入工具内置了 22 种设备型号，设备型号中主要包括设备分类、设备型号、生产厂家、设备型号描述和采集点信息等，如图 4-2-5 所示。

图 4-2-5　创建设备型号 2

（3）选择设备型号后，在弹出的对话框中配置设备型号信息，单击"确定"按钮即可成功创建设备型号，如图 4-2-6 所示。

图 4-2-6　创建设备型号 3

（4）在创建设备型号时，选择物接入工具内置的设备型号当做模板创建，所以采集点信息是所选择的设备新号采集点信息，在实际进行数据采集时，设备型号中的采集点并不一定完全符合实际需求，在创建的设备模板处单击"采集点"可编辑采集点信息，如图 4-2-7 所示。

编辑采集点信息包括添加采集点、删除采集点、编辑采集点信息等，如图 4-2-8 所示。

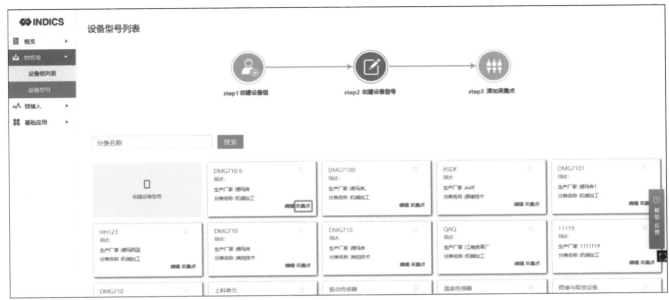

图 4-2-7　创建设备型号 4

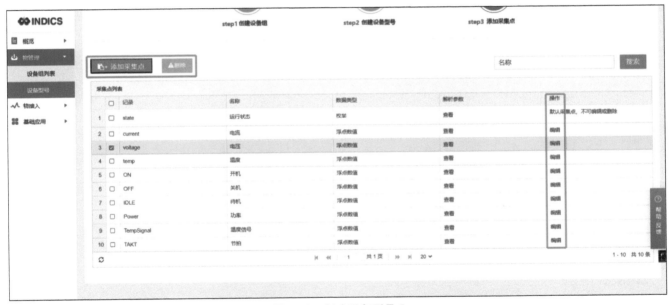

图 4-2-8　创建设备型号 5

3. 创建设备

（1）在左侧导航栏中选择"物接入"中的"设备列表"，然后在设备列表页面单击"创建设备"按钮创建设备，如图 4-2-9 所示。

（2）创建设备时，需输入设备名称、选择设备型号、输入设备编号、输入设备安装地点、选择设备所属设备组、添加设备标签等设备信息，如图 4-2-10 所示。

设备信息输入完成后，单击"下一步"按钮，在"确认配置"页面确认设备信息后，单击"保存"按钮即可成功创建设备，如图 4-2-11 所示。

4. 创建网关

（1）在左侧导航栏中选择"物接入"中的"网关列表"，然后在网关列表页面单击"创建网关"按钮创建网关，如图 4-2-12 所示。

图 4-2-9　创建设备 1

图 4-2-10　创建设备 2

图 4-2-11　创建设备 3

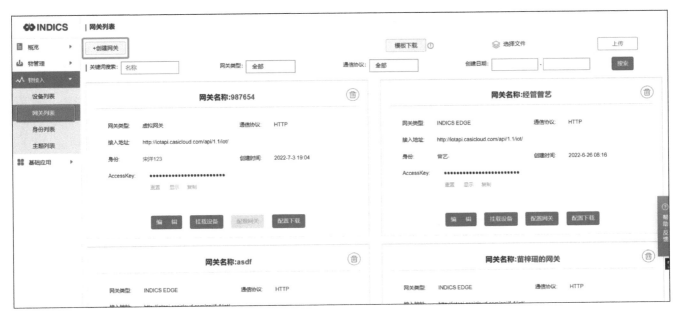

图 4-2-12 创建网关 1

（2）创建网关时主要有创建网关、创建身份、挂载设备和配置确认四步，第一步是创建网关，配置网关相关的参数，主要是输入网关名称、选择通信协议、选择网关类型、输入网关描述等，如图 4-2-13 所示。

图 4-2-13 创建网关 2

（3）第二步是创建身份，通过设置身份为网关增加一层安全防护，http（s）协议相关的身份将作为系统为网关生成 AccessKey 时的一个必要条件，用户后续更改网关的关联身份，会重新生成 AccessKey，接入项目中需同步更改 AccessKey；MQTT 协议相关的身份会作为消息订阅发布主题时的身份认证凭证。创建身份单击"创建"即可，如果身份已经创建，在身份列表下直接选择即可，如图 4-2-14 所示。

（4）第三步是挂载设备，一个网关可挂载多个设备，单击"挂载设备"按钮挂载网关，如图 4-2-15 所示。

弹出的选择挂载设备页面左侧是未挂载到网关的设备，右侧是已挂载到网关上的设备，在左侧单击要挂载的设备后的"→"按钮，即可将设备挂载到网关，如图 4-2-16 所示。

图 4-2-14　创建身份

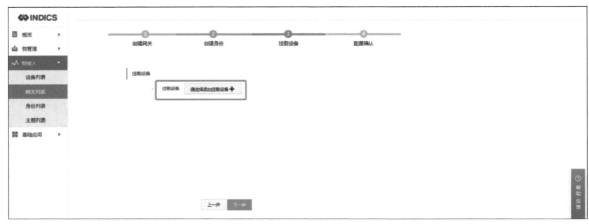

图 4-2-15　挂载设备 1

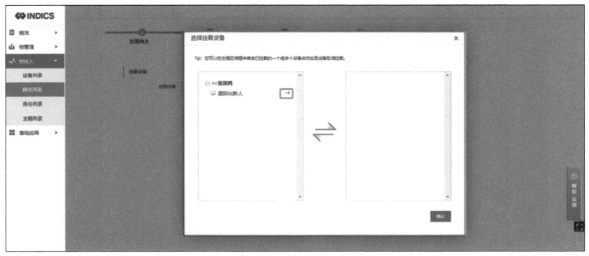

图 4-2-16　挂载设备 2

　　挂载设备后，如果挂载的设备错误或者要将挂载在网关上的设备撤销掉，在左侧区域框中单击已挂载的一个或多个设备名称实现设备取消挂载，如图 4-2-17 所示。

　　挂载设备后，在挂载设备页面，会显示已挂载在网关上的设备，如图 4-2-18 所示。

　　（5）第四步是配置确认，确认配置无误后，单击"保存"按钮即可，如果配置有误，单击"上一步"按钮，返回前三步修改配置，如图 4-2-19 所示。

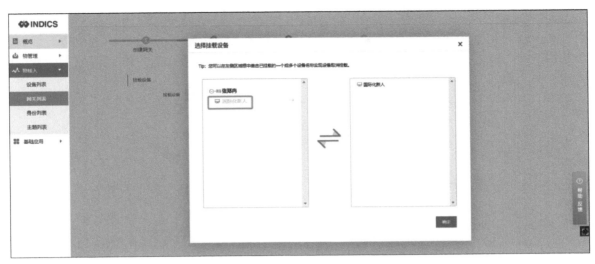

图 4-2-17　挂载设备 3

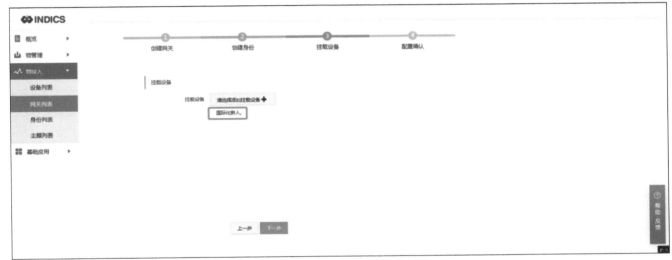

图 4-2-18　挂载设备 4

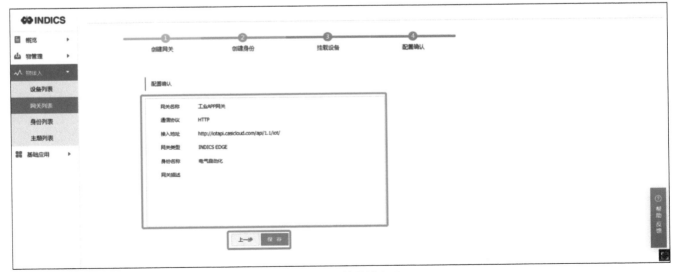

图 4-2-19　挂载设备 5

5. 配置网关

（1）上述步骤只是创建设备组、设备和网关，在实际采集设备数据时，需要对网关进行配置以实现网关采集设备数据并上传到数据平台。在左侧导航栏中选择"物接入"中的"网关列表"，在要使用的网关下单击"配置网关"按钮，进入网关线上配置工具进行网关配置，如图 4-2-20 所示。

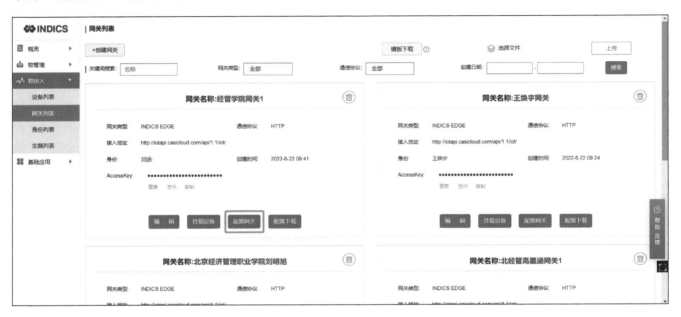

图 4-2-20　配置网关 1

（2）在网关线上配置工具中首先对网关进行系统配置，选择网关型号，然后输入网关序列号 SN，网关序列号 SN 在网关硬件上都有标注，然后单击"保存选型"按钮，如图 4-2-21 所示。

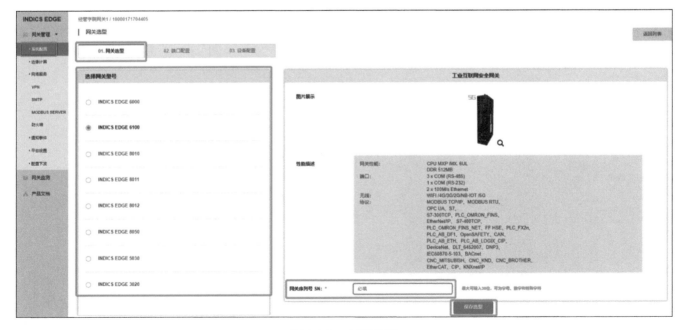

图 4-2-21　网关选型

（3）对网关端口进行配置，单击"端口配置"，根据实际采集需求配置串口 COM 口信息、网口 ETH 信息以及扩展端口信息，如图 4-2-22 所示。

图 4-2-22 网关端口配置

（4）单击"设备配置"对挂载到网关上的设备进行配置，如图 4-2-23 所示。

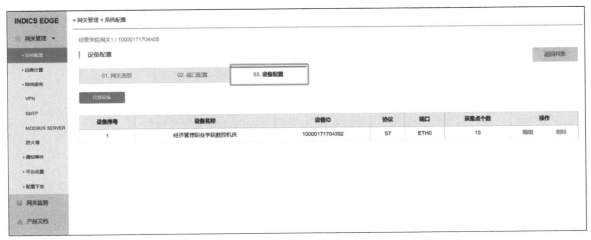

图 4-2-23 网关挂载设备配置 1

单击"挂载设备"按钮，选择设备挂在网关上的端口和设备协议。此处的挂载设备和在物接入工具中的设备挂载有区别，此处挂载设备是设置设备挂载到网关的具体端口，如图 4-2-24 所示。

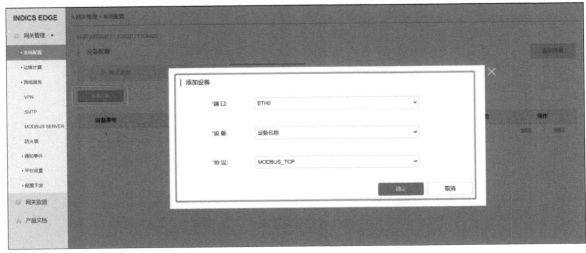

图 4-2-24 网关挂载设备配置 2

109

（5）设备挂载到网关上后，在设备配置下便自动生成挂在网关上的设备列表，如图 4-2-25 所示。

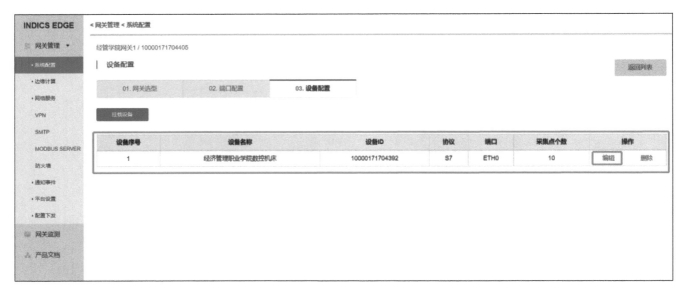

图 4-2-25　网关挂载设备列表

在设备列表中单击"编辑"按钮，进行协议信息、采集点信息、设备信息、边缘处理等配置。首先单击"协议信息"配置协议信息，主要包括网关地址、端口号、槽架号等，此处根据设备协议的不同，位置的具体协议信息也不同，如图 4-2-26 所示。

图 4-2-26　网关挂载设备协议信息配置

单击"采集点信息"配置采集点信息，主要是配置采集点地址，如图 4-2-27 所示。

单击"设备信息"配置设备信息，主要是配置采集周期、延迟时间、超时时间等，如图 4-2-28 所示。

单击"边缘处理"，配置在网关处需要处理的数据信息，主要是量程变换、裸数据上限、裸数据下限、量程上限、量程下限等，如图 4-2-29 所示。

（6）可根据实际采集设备数据的情况，配置边缘计算、网络服务（VPN、SMTP、MODBUS SERVER、防火墙和通知时间等）、平台设置等，如图 4-2-30 所示。

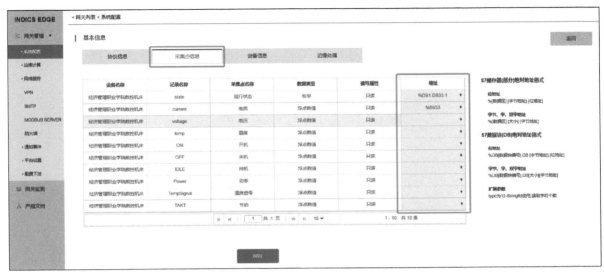

图 4-2-27 网关挂载设备采集点信息配置

图 4-2-28 网关挂载设备信息配置

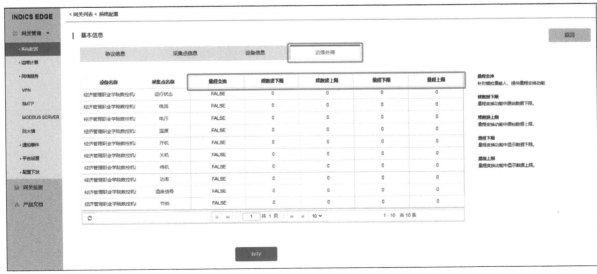

图 4-2-29 网关挂载设备边缘处理

图 4-2-30　网关起其他配置

在实际应用中更为重要的是平台配置，主要是配置上传周期、变化上传、上传网络、协议、数据上传接口和 Accesskey 等，如图 4-2-31 所示。

图 4-2-31　平台配置

（7）所有在网关线上配置工具中配置的信息需要传输到网关中才会生效，传输方法主要有两种，第一种方法是在配置下发页面，单击"配置下发"按钮，将配置的信息下发到网关，配置下发通过 MQTT 协议下发到网关，也就是通信协议是 MQTT 时适用配置下发，如图 4-2-32 所示。

（8）另一种方法是在配置下发页面，单击"生成配置"按钮，会将配置信息下载到本地，然后 U 盘根目录下创建 iot_ config 文件夹，把全部配置文件放入文件夹内，U 盘插入网关 USB 接口，等待 10s，配置文件会自动导入网关内，拔掉网关的电源线断电、从网关上拔掉 U 盘、插上电源线重启网关，配置文件便会自动生效，如图 4-2-33 所示。

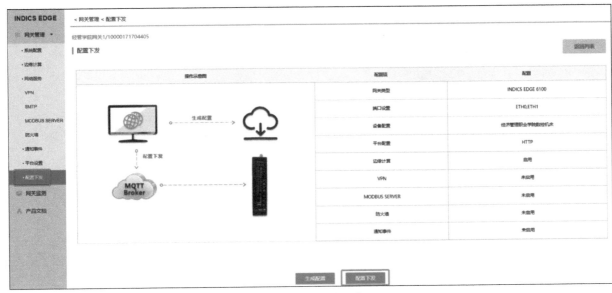

图 4-2-32 配置下发

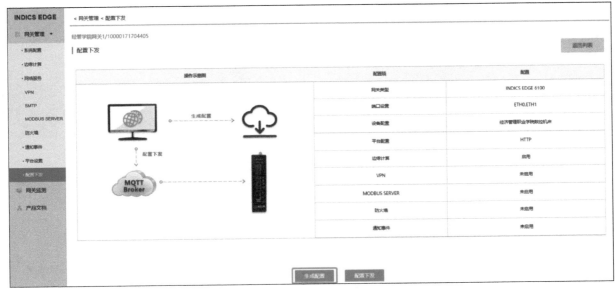

图 4-2-33 生成配置

 评价反馈

对本任务的学习情况进行检查评分，并将相关内容填写在表 4-2-1 中。

表 4-2-1 评分表

任务名称		姓名			任务得分		
考核项目	考核内容	配分	评分标准		自评 50%	师评 50%	得分
知识技能35分	能仔细阅读知识材料，画出重点内容	10	优 10	良 8 合格 6			
	能借助信息化资源进行信息收集，自主学习	5	优 5	良 4 合格 3			
	能正确完成引导问题，写出完整答案	15	优 15	良 12 合格 10			
	能与老师进行交流，提出关键问题，有效互动	5	优 5	良 4 合格 3			

（续）

实操技能50分	能正确完成设备组、设备型号、设备和网关的创建	15	优 15	良 12	合格 10		
	能正确完成网关选型、网关端口配置	10	优 10	良 8	合格 6		
	能正确完成网关系统配置、平台配置	15	优 15	良 12	合格 10		
	能正确将网关配置传输到网关	10	优 10	良 8	合格 6		
素质技能15分	态度端正，认真参与	5	优 5	良 4	合格 3		
	主动学习和科学思维的能力	5	优 5	良 4	合格 3		
	执行 8S 管理标准	5	优 5	良 4	合格 3		

任务小结

_____

_____

_____

_____

任务拓展

自主尝试利用物接入工具和网关线上配置工具将学校实训室任意设备数据采集并上传到数据平台；或者利用模拟设备，采集模拟设备数据并上传到数据平台。

任务三　MQTT.fx 的使用

 任务工单

任务名称				姓名	
班级		组号		成绩	
工作任务	★ 熟悉 MQTT.fx 主要功能 ★ 运用 MQTT.fx 连接 MQTT Broker、设置发布和订阅主题、发布和订阅消息				
任务目标	**知识目标** ★ 了解 MQTT 通信协议及 MQTT 协议特性 ★ 理解 MQTT 协议的原理及 MQTT 协议发布/订阅的特性 ★ 理解 MQTT 的主题设置要求 ★ 了解 MQTT.fx 工具及其作用 **能力目标** ★ 会使用 MQTT.fx 主要功能 ★ 会正确使用 MQTT.fx 连接 MQTT Broker ★ 会正确对设置发布和订阅主题 ★ 会正确发布和订阅消息 **素质目标** ★ 培养对待工作和学习一丝不苟、精益求精的精神 ★ 培养主动学习和科学思维的能力 ★ 培养对待工作和学习一丝不苟、精益求精的精神				

（续）

任务分配	职务	姓名	工作内容
	组长		
	组员		
	组员		

知识学习

② 引导问题 1 网关在采集数据后，将数据传到工业互联网平台或其他数据平台有哪几种通信协议？

_____

_____

_____

_____

【知识点 1】

在任务二中，在网关线上配置工具中平台配置时，设置通信协议主要有 3 个选项，分别是 HTTP、HTTPS、MQTT，所以将数据传到工业互联网平台或其他数据平台主要有 HTTP、HTTPS、MQTT 三种方式。

② 引导问题 2 什么是 MQTT 通信协议？适用范围是什么？

_____

_____

_____

_____

【知识点 2】

MQTT（Message Queuing Telemetry Transport，消息队列遥测传输协议），是一种基于发布/订阅（publish/subscribe）模式的"轻量级"通信协议，该协议构建于 TCP/IP 协议上，由 IBM 在 1999 年发布。

MQTT 协议是一个基于客户端-服务器的消息发布/订阅传输协议，是轻量、简单、开放和易于实现的，非常适合在物联网领域，传感器与服务器的通信，信息的收集，作为一种低开销、低带宽占用的即时通信协议适用于很多情况下，包括受限的环境中，如：机器与机器（M2M）通信、物联网（IoT）通信、通过卫星链路通信传感器、偶尔拨号的医疗设备、智能家居、移动应用及一些小型化设备中已广泛使用。

② 引导问题 3 MQTT 协议具有哪些特性？

_____

_____

_____

_____

【知识点 3】

MQTT 协议是为工作在低带宽、不可靠的网络的远程传感器和控制设备通信而设计的协议，它具有以下主要的几项特性：

（1）使用发布/订阅消息模式，提供一对多的消息发布，解除应用程序耦合。

这一点很类似于 XMPP，但是 MQTT 的信息冗余远小于 XMPP，因为 XMPP 使用 XML 格式文本来传递数据。

（2）对负载内容屏蔽的消息传输。

（3）使用 TCP/IP 提供网络连接。

主流的 MQTT 是基于 TCP 连接进行数据推送的，但是同样有基于 UDP 的版本，叫做 MQTT-SN。这两种版本由于基于不同的连接方式，优缺点自然也就各有不同了。

（4）有三种消息发布服务质量。

"至多一次"消息发布完全依赖底层 TCP/IP 网络。会发生消息丢失或重复。这一级别可用于如下情况，环境传感器数据，丢失一次读记录无所谓，因为不久后还会有第二次发送。这一种方式应用在普通 APP 的推送，倘若智能设备在消息推送时未联网，推送过去没收到，再次联网也就收不到了。

"至少一次"，确保消息到达，但消息重复可能会发生。

"只有一次"，确保消息到达一次。在一些要求比较严格的计费系统中，可以使用此级别。在计费系统中，消息重复或丢失会导致不正确的结果。这种最高质量的消息发布服务还可以用于即时通信类的 APP 的推送，确保用户收到且只会收到一次。

（5）小型传输，开销很小（固定长度的头部是 2 字节），协议交换最小化，以降低网络流量。

这就是为什么在介绍里说它非常适合"在物联网领域，传感器与服务器的通信，信息的收集"，要知道嵌入式设备的运算能力和带宽都相对薄弱，使用这种协议来传递消息再适合不过了。

（6）使用 Last Will 和 Testament 特性通知有关各方客户端异常中断的机制

Last Will：即遗言机制，用于通知同一主题下的其他设备发送遗言的设备已经断开了连接。

Testament：遗嘱机制，功能类似于 Last Will。

❓ **引导问题 4** MQTT 协议的原理是什么？

_____

_____

_____

_____

【知识点 4】

实现 MQTT 协议需要客户端和服务器端通信完成，在通信过程中，MQTT 协议中有三种身份：发布者（Publish）、代理（Broker）（服务器）、订阅者（Subscribe）。其中，消息的发布者和订阅者都是客户端，消息代理是服务器，消息发布者可以同时是订阅者。

（1）Topic，可以理解为消息的类型，订阅者订阅（Subscribe）后，就会收到该主题的消息内容（payload），payload 可以理解为消息的内容，是指订阅者具体要使用的内容，如图 4-3-1 所示。

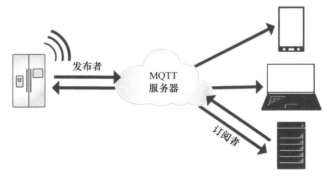

图 4-3-1 MQTT 原理图

（2）MQTT 服务器

MQTT 服务器也称为"消息代理"（Broker），可以是一个应用程序或一台设备。它是位于消息发布者和订阅者之间，它可以：

a. 接受来自客户的网络连接；

　　b. 接受客户发布的应用信息；

　　c. 处理来自客户端的订阅和退订请求；

　　d. 向订阅的客户转发应用程序消息。

　　（3）订阅（Subscription）

　　订阅包含主题筛选器（Topic Filter）和最大服务质量（QoS）。订阅会与一个会话（Session）关联。一个会话可以包含多个订阅。每一个会话中的每个订阅都有一个不同的主题筛选器。

　　（4）会话（Session）

　　每个客户端与服务器建立连接后就是一个会话，客户端和服务器之间有状态交互。会话存在于一个网络之间，也可能在客户端和服务器之间跨越多个连续的网络连接。

　　（5）主题名（Topic Name）

　　连接到一个应用程序消息的标签，该标签与服务器的订阅相匹配。服务器会将消息发送给订阅所匹配标签的每个客户端。

　　❓ **引导问题 5**　如何更直观地理解 MQTT 协议的原理？

_____

_____

_____

_____

【知识点 5】

　　在 MQTT 协议通信中，有两个最为重要的角色。它们分别是服务端和客户端。

　　MQTT 服务端：

　　MQTT 服务端通常是一台服务器。它是 MQTT 信息传输的枢纽，负责将 MQTT 客户端发送来的信息传递给 MQTT 客户端。MQTT 服务端还负责管理 MQTT 客户端。确保客户端之间的通信顺畅，保证 MQTT 消息得以正确接收和准确投递。

　　MQTT 客户端：

　　MQTT 客户端可以向服务端发布信息，也可以从服务端收取信息。我们把客户端发送信息的行为称为"发布"信息。而客户端要想从服务端收取信息，则首先要向服务端"订阅"信息。"订阅"信息这一操作很像我们在视频网站订阅某一部电视剧。当这部电视剧上新后，视频网站会向订阅了该剧的用户发送信息，告诉他们有新剧上线了。

　　MQTT 主题：

　　刚刚在说明 MQTT 客户端订阅信息时，使用了用户在视频网站订阅电视剧这个例子。在 MQTT 通信中，客户端所订阅的肯定不是一部部电视剧，而是一个个"主题"。MQTT 服务端在管理 MQTT 信息通信时，就是使用"主题"来控制的。

　　为了便于更好理解服务端是如何通过主题来控制客户端之间的信息通信，利用一个实例更直观的说明，如图 4-3-2 所示。

　　在以图 4-3-2 中一共有三个 MQTT 客户端，它们分别是汽车，手机和计算机。MQTT 服务端在管理 MQTT 通信时使用了"主题"来对信息进行管理的。比如图 4-3-2 所示，假设我们需要利用手机和计算机获取汽车的速度，那么我们首先要利用计算机和手机向 MQTT 服务器订阅主题"汽车速度"。接下来，当汽车客户端向服务端的"汽车速度"主题发布信息后，服务端就会首先检查以下都有哪些客户端订阅了"汽车速度"这一主题的信息。当它发现订阅了该主题的客户端有一个手机和一个计算机，于是服务端就会将刚刚收到的"汽车速度"信息转发给订阅了该主题的手机和计算机客户端。

　　在以上实例中，汽车是"汽车速度"主题的发布者，而手机和计算机则是该主题的订阅者。

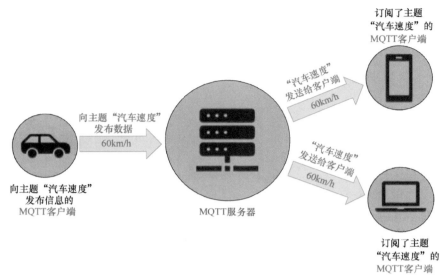

图 4-3-2　MQTT 通信实例 1

值得注意的是，MQTT 客户端在通信时，往往角色不是单一的。它既可以作为信息发布者也可以同时作为信息订阅者。如图 4-3-3 所示。

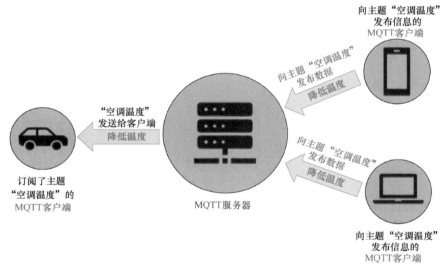

图 4-3-3　MQTT 通信实例 2

图 4-3-3 中的所有客户端都是围绕"空调温度"这一主题进行通信的。对于"空调温度"这一主题，手机和计算机客户端成为了 MQTT 信息的发布者而汽车则成为了 MQTT 信息的订阅者（接收者）。

可以看到，针对不同的主题，MQTT 客户端可以切换自己的角色。它们可能对主题 A 来说是信息发布者，但是对于主题 B 就成了信息订阅者。这也正是 MQTT 协议可用在设备反控的原理。

❓ **引导问题 6**　MQTT 协议发布/订阅有哪些特性？

_____

_____

_____

_____

【知识点 6】

从以上实例可以看到，MQTT 通信的核心枢纽是 MQTT 服务端。有了服务端对 MQTT 信息的接收、储存、处理和发送，客户端在发布和订阅信息时，可以相互独立，且在空间上可以分离，时间上可以异步。这里所说的相互独立、空间和时间分离具体指的是什么呢？

相互可独立：MQTT 客户端是一个个独立的个体。它们无需了解彼此的存在，依然可以实现信息交流。比如以上实例中汽车客户端在发布"汽车速度"信息时，汽车客户端本身可以完全不知道有多少个 MQTT 客户端订阅了"汽车速度"这一主题。而订阅了"汽车速度"主题的手机和计算机客户端也完全不知道彼此的存在。大家只要订阅了"汽车速度"主题，MQTT 服务端就会在每次收到新信息时，将信息发送给订阅了"汽车速度"主题的客户端。

空间可分离：空间分离相对容易理解，MQTT 客户端在通信必要条件是连接到了同一个 MQTT 通信网络。这个网络可以是互联网或者局域网。只要客户端联网，无论它们远在天边还是近在眼前，都可以实现彼此间的通信交流。

时间可异步：MQTT 客户端在发送和接收信息时无需同步。这一特点对物联网设备尤为重要。有时物联网设备会发生意外离线的情况。我们使用图 4-3-3 的场景来作为示例。当我们的汽车在行驶过程中，可能会突然进入隧道，这时汽车可能会断开与 MQTT 服务端的连接。假设在此时我们的手机客户端向汽车客户端所订阅的"空调温度"主题发布了信息，而汽车恰恰不在线。这时，MQTT 服务端可以将"空调温度"主题的新信息保存，待汽车再次上线后，服务端再将"空调温度"信息推送给汽车。

以上几点概括了 MQTT 通信时客户端的相互关系以及服务端在其中所起的作用。以上总结的几个特点中都有一个"可"字。这个"可"字意味着客户端彼此之间可以独立，空间可以分离，时间可以异步。在我们实际应用中，客户端之间的关系既可以独立也可以相互依存。在空间上，既可以相距甚远，也可以彼此相邻。在时间上，既可以异步也可以同步。这个"可"字所体现的是 MQTT 通信的灵活性。

❓ 引导问题 7 MQTT 的主题设置有什么要求？

_____

_____

_____

【知识点 7】

如前所述，MQTT 协议中用于消息分发的中心概念是"主题"，主题区分大小写，主题可以使用空格，大部分 MQTT 服务器不支持中文主题。"主题"是一个字符串，可以具有多层次结构级别，并用斜杠"/"分隔。以下是一个主题示例。

MQTT 主题示例：jgxy/student/zhanghua。

当 MQTT 客户端订阅了以上主题后，每当有 MQTT 客户端向该主题发布信息，MQTT 服务器将会把该信息发布到订阅了该主题的客户端。

❓ 引导问题 8 什么是 MQTT.fx 工具？具有什么作用？

_____

_____

_____

【知识点 8】

MQTT.fx 工具是一款基于 Eclipse Paho，使用 Java 语言编写的 MQTT 客户端工具。支持通过 Topic 订阅和发布消息，用来前期和物联网云平台调试非常方便。

在云端创建产品后，一般都不会直接使用 SDK 对接，而是先测试一下对接接口是否可以正常使用，

MQTT. fx 目前可以测试百度云、华为云、航天云网云平台等绝大多数云平台以及个人使用 EMQ-X 搭建的 MQTT 服务器。

⌨ 技能实施

1. MQTT. fx 主要功能

（1）登录 http://www.jensd.de/apps/mqttfx/下载安装 MQTT. fx 后打开，进入主页面如图 4-3-4 所示。

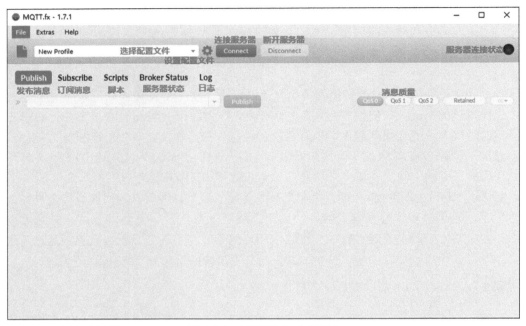

图 4-3-4　MQTT. fx 主页面 1

　　（2）单击"齿轮"按钮，进入连接配置页面对配置文件进行配置，一般只需要配置配置文件名称、服务器 IP 和服务器端口即可，如图 4-3-5 所示。

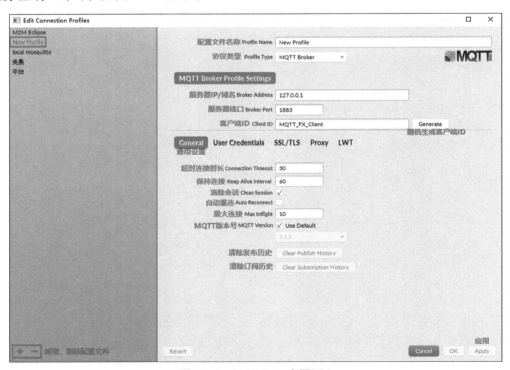

图 4-3-5　MQTT. fx 主页面 2

（3）单击"User Credentials"按钮进行用户信息设置，大多数情况连接的 Broker 需要设置验证用户信息，也有部分情况不需要设置，如图 4-3-6 所示。

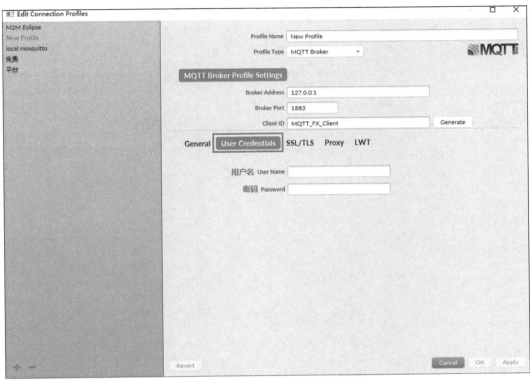

图 4-3-6　MQTT. fx 用户信息设置

（4）根据要连接的 Broker 的要求可进行 SSL 安全证书设置、网络代理设置和遗嘱设置，如图 4-3-7 所示。

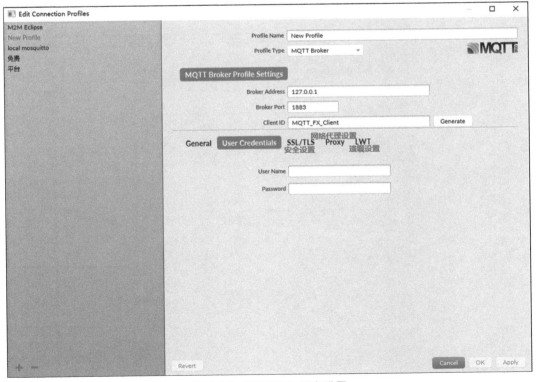

图 4-3-7　MQTT. fx 更多设置

2. MQTT. fx 连接 MQTT Broker

（1）百度查找公共的 MQTT Broker，如果有兴趣可查找教程搭建自己的 MQTT Broker，本任务在百度查找公共的 MQTT Broker，使用然也物联公共免费的 MQTT 服务，服务端地址为 test. ranye-iot. net，MQTT 端口为 1883，无需设置用户名和密码。

（2）单击"齿轮"按钮进入连接配置页面，如图 4-3-8 所示。

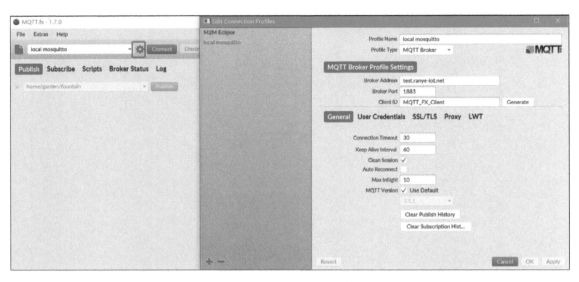

图 4-3-8　MQTT. fx 进入连接配置

（3）单击"+"按钮新建配置，配置文件名称为"然也物联"，服务器 IP 为 test. ranye-iot. net 和服务器端口为 1883，然后单击"Apply"应用按钮回到主页面，如图 4-3-9 所示。

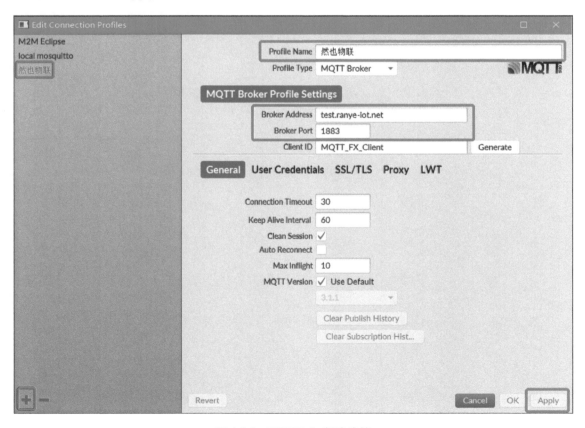

图 4-3-9　MQTT. fx 新建连接

（4）在主页面单击"Connect"连接按钮，如果服务器连接状态指示灯变为绿色即表示连接成功，如果是红色则表示连接失败，需要检查连接配置，如图 4-3-10 所示。

图 4-3-10　MQTT. fx 连接服务器

3. 设置发布和订阅主题

（1）设置发布主题，发布主题也要遵守 MQTT 服务器的要求，然也物联 MQTT 服务器对发布主题没有要求，所以设置发布设置为 jgxy/student/zhanghua，如图 4-3-11 所示。

图 4-3-11　MQTT. fx 设置发布主题

（2）设置订阅主题，同样为 jgxy/student/zhanghua，然后单击"Subscribe"订阅按钮订阅该主题，如图 4-3-12 所示。

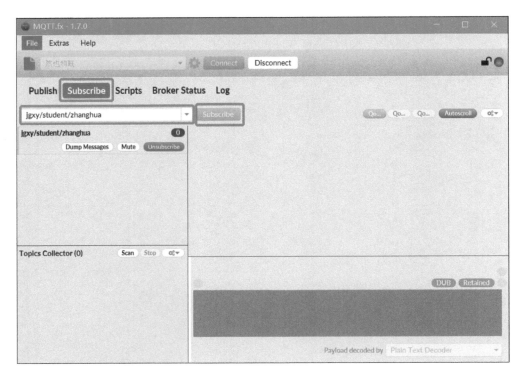

图 4-3-12　MQTT. fx 设置订阅主题

4. 发布和订阅消息

（1）发布下次的内容要遵守 MQTT 服务器的要求，然也物联 MQTT 服务器的要求是 MQTT 信息体（Payload）大小不超过 100B，否则服务器会拒绝接收，客户端信息发布频率不要过高，向同一主题发布信息的频率不要高于 1 次/s。例如发布内容为"gongyehulianwangAPPwonenggouqudehaochengjishi100fen"，单击"Public"发布按钮即可发布，如图 4-3-13 所示。

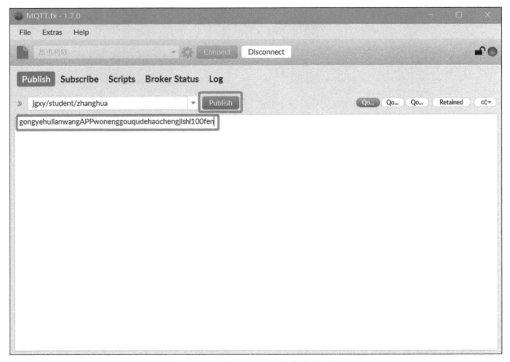

图 4-3-13　MQTT. fx 发布消息

（2）发布消息后，在订阅页面即可收到消息内容，如图 4-3-14 所示。

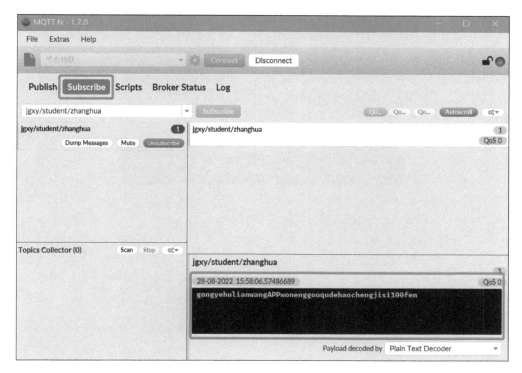

图 4-3-14 MQTT. fx 订阅消息

评价反馈

对本任务的学习情况进行检查评分，并将相关内容填写在表 4-3-1 中。

表 4-3-1 评分表

任务名称			姓名			任务得分		
考核项目	考核内容		配分	评分标准		自评 50%	师评 50%	得分
知识技能 35 分	能仔细阅读知识材料，画出重点内容		10	优 10　良 8	合格 6			
	能借助信息化资源进行信息收集，自主学习		5	优 5　良 4	合格 3			
	能正确完成引导问题，写出完整答案		15	优 15　良 12	合格 10			
	能与老师进行交流，提出关键问题，有效互动		5	优 5　良 4	合格 3			
实操技能 50 分	能正确认识并熟练 MQTT. fx 主要功能		15	优 15　良 12	合格 10			
	能正确使用 MQTT. fx 连接 MQTT Broker		10	优 10　良 8	合格 6			
	能正确设置发布和订阅主题		15	优 15　良 12	合格 10			
	能正确发布和订阅消息		10	优 10　良 8	合格 6			
素质技能 15 分	态度端正，认真参与		5	优 5　良 4	合格 3			
	主动学习和科学思维的能力		5	优 5　良 4	合格 3			
	执行 8S 管理标准		5	优 5　良 4	合格 3			

 任务小结

任务拓展

　　本任务中使用了 MQTT.fx 的部分功能，还有一部分功能没有使用，可自主尝试使用本任务中没有涉及的功能，诸如消息质量、用户信息设置、安全设置和日志查看等，尝试设置多个主题发布、订阅消息。查找材料探索发布诸如数字、图片、文本等不同内容类型的消息。

任务四　Postman 的使用

💻 **任务工单**

任务名称				姓名	
班级		组号		成绩	
工作任务	★ 熟悉 Postman 主要功能 ★ 在 Postman 创建测试集和 HTTP 请求、发送 GET 请求、发送 POST 请求和发送 PUT 请求				
任务目标	**知识目标** ★ 了解 HTTP 协议和 HTTPS 协议的概念 ★ 理解 HTTP 协议的原理及其特性 ★ 了解 HTTP 协议的请求方法 ★ 了解 HTTP 协议状态码 ★ 理解 Postman 作用和优点 **能力目标** ★ 会正确使用 Postman 主要功能 ★ 会正确利用 Postman 创建测试集和 HTTP 请求 ★ 会正确发送 GET 请求 ★ 学会正确发送 POST 请求 ★ 会正确发送 PUT 请求 **素质目标** ★ 培养对待工作和学习一丝不苟、精益求精的精神 ★ 培养主动学习和科学思维的能力 ★ 培养分析和解决生产实际问题的能力				
任务分配	职务	姓名		工作内容	
	组长				
	组员				
	组员				

📖 **知识学习**

❓ **引导问题 1**　什么是 HTTP 协议？

_____

_____

_____

【知识点 1】

　　HTTP 协议是 Hyper Text Transfer Protocol（超文本传输协议）的缩写，是用于从万维网（WWW：World Wide Web）服务器传输超文本到本地浏览器的传送协议。是一种通过计算机网络进行安全通信的传输协议。HTTP 基于 TCP/IP 通信协议来传递数据（HTML 文件、图片文件、查询结果等）。

　　?　引导问题 2　什么是 HTTPS 协议？

_____

_____

_____

_____

【知识点 2】

　　HTTPS 协议是 Hyper Text Transfer Protocol Secure（超文本传输安全协议）的缩写，是一种通过计算机网络进行安全通信的传输协议。

　　HTTPS 经由 HTTP 进行通信，但利用 SSL/TLS 来加密数据包，HTTPS 开发的主要目的，是提供对网站服务器的身份认证，保护交换资料的隐私与完整性。

　　?　引导问题 3　HTTP 协议的原理是什么？

_____

_____

_____

_____

【知识点 3】

　　HTTP 协议工作于客户端-服务端架构上。浏览器作为 HTTP 客户端通过 URL 向 HTTP 服务端即 Web 服务器发送所有请求。Web 服务器有：Apache 服务器，IIS 服务器（Internet Information Services）等。Web 服务器根据接收到的请求后，向客户端发送响应信息。HTTP 默认端口号为 80，但是也可以改为 8080 或者其他端口。

　　?　引导问题 4　HTTP 协议有哪些特性？

_____

_____

_____

_____

【知识点 4】

　　HTTP 是无连接：无连接的含义是限制每次连接只处理一个请求，服务器处理完客户的请求，并收到客户的应答后，即断开连接，采用这种方式可以节省传输时间。

　　HTTP 是媒体独立的：这意味着，只要客户端和服务器知道如何处理的数据内容，任何类型的数据都可以通过 HTTP 发送，客户端以及服务器指定使用适合的 MIME-type 内容类型。

　　HTTP 是无状态：HTTP 协议是无状态协议，无状态是指协议对于事务处理没有记忆能力，缺少状态意味着如果后续处理需要前面的信息，则它必须重传，这样可能导致每次连接传送的数据量增大，另一方面，在服务器不需要先前信息时它的应答就较快。

❓ 引导问题 5 HTTP 协议有哪些请求方法？

_____

_____

_____

_____

【知识点 5】

根据 HTTP 标准，HTTP 请求可以使用多种请求方法。HTTP1.0 定义了三种请求方法：GET、HEAD 和 POST 方法；HTTP1.1 新增了六种请求方法：PUT、DELETE、CONNECT、OPTIONS、TRACE 和 PATCH 方法。见表 4-4-1。

表 4-4-1　HTTP 请求方法

方法	描述
GET	请求指定的页面信息，并返回实体主体
HEAD	类似于 GET 请求，只不过返回的响应中没有具体的内容，用于获取报头
POST	向指定资源提交数据进行处理请求（例如提交表单或者上传文件）。数据被包含在请求体中。POST 请求可能会导致新的资源的建立和/或已有资源的修改
PUT	从客户端向服务器传送的数据取代指定的文档的内容
DELETE	请求服务器删除指定的页面
CONNECT	HTTP/1.1 协议中预留给能够将连接改为管道方式的代理服务器
OPTIONS	允许客户端查看服务器的性能
TRACE	回显服务器收到的请求，主要用于测试或诊断
PATCH	是对 PUT 方法的补充，用来对已知资源进行局部更新

❓ 引导问题 6 HTTP 有哪些状态码？

_____

_____

_____

_____

【知识点 6】

当浏览者访问一个网页时，浏览者的浏览器会向网页所在服务器发出请求。当浏览器接收并显示网页前，此网页所在的服务器会返回一个包含 HTTP 状态码的信息头（server header）用以响应浏览器的请求。

HTTP 状态码的英文为 HTTP Status Code。

下面是常见的 HTTP 状态码：

200——请求成功；

301——资源（网页等）被永久转移到其他 URL；

404——请求的资源（网页等）不存在；

500——内部服务器错误。

HTTP 状态码由 3 个十进制数字组成，第一个十进制数字定义了状态码的类型。响应分为 5 类：信息响应（100 ~ 199），成功响应（200 ~ 299），重定向（300 ~ 399），客户端错误（400 ~ 499）和服务器错误（500～599），见表 4-4-2。

表 4-4-2 HTTP 状态码分类

方法	描述
1＊＊	信息，服务器收到请求，需要请求者继续执行操作
2＊＊	成功，操作被成功接收并处理
3＊＊	重定向，需要进一步的操作以完成请求
4＊＊	客户端错误，请求包含语法错误或无法完成请求
5＊＊	服务器错误，服务器在处理请求的过程中发生了错误

引导问题 7 什么是 Postman？有哪些作用？

_____

_____

_____

_____

【知识点 7】

Postman 是一个接口测试工具，在做接口测试的时候，Postman 相当于一个客户端，它可以模拟用户发起的各类 HTTP 请求，将请求数据发送至服务端，获取对应的响应结果，从而验证响应中的结果数据是否和预期值相匹配；并确保开发人员能够及时处理接口中的 bug，进而保证产品上线之后的稳定性和安全性。它主要是用来模拟各种 HTTP 请求的（如：get/post/delete/put 等），Postman 与浏览器的区别在于有的浏览器不能输出 Json 格式，而 Postman 更直观接口返回的结果。

引导问题 8 Postman 有哪些优点？

_____

_____

_____

_____

【知识点 8】

Postman 是一个接口测试工具，在做接口测试的时候，Postman 支持各种的请求类型：get、post、put、patch、delete 等；支持在线存储数据，通过账号就可以进行迁移数据；很方便地支持请求 header 和请求参数的设置；支持不同的认证机制，包括 Basic Auth，Digest Auth，OAuth 1.0，OAuth 2.0 等；响应数据是自动按照语法格式高亮的，包括 HTML，JSON 和 XML。

技能实施

1. 创建接口集

（1）在 Postman 官网 https：//www. postman. com/downloads/下载安装 Postman 后打开，进入主页面如下。"Collections" 是接口集，可根据不同的项目自定义保存接口请求集合，方便日后的测试记录，可单击 "+" 创建接口集，如图 4-4-1 所示。

（2）例如创建名称为 "工业 APP 测试接口"，单击 "+" 创建接口集，然后在新建的接口集单击右键选择 "rename"，修改接口集名称为 "工业 APP 测试接口"，如图 4-4-2 所示。

2. 创建 HTTP 请求

（1）在接口集下单击 "Add a request" 或单击接口集后的 "…" 按钮，然后选择 "Add request" 创建

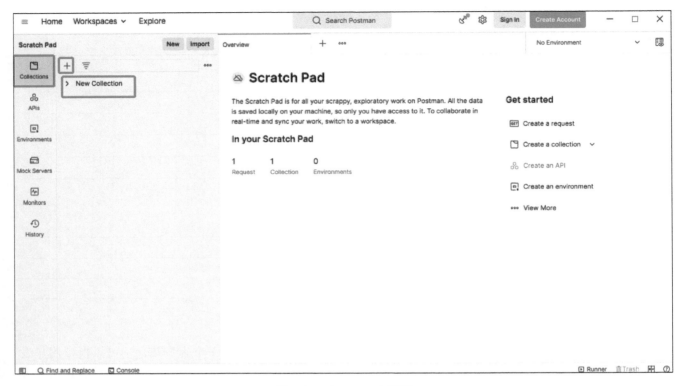

图 4-4-1   Postman 主页面

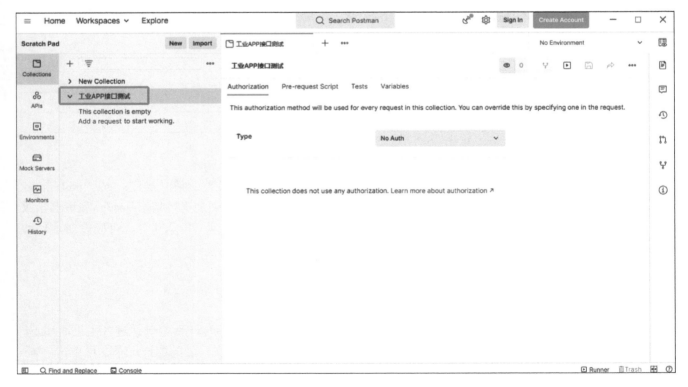

图 4-4-2   Postman 创建接口集

HTTP 请求，如图 4-4-3 所示。

（2）例如创建名称为"学习 1"的 HTTP 请求，创建 HTTP 请求后系统会生成请求名称，单击新建请求

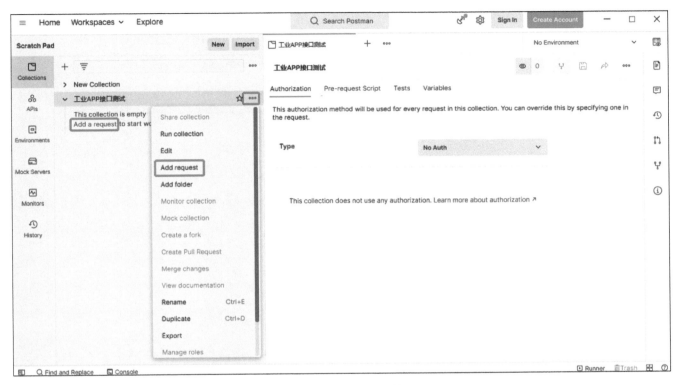

图 4-4-3 Postman 创建接口

的"···"按钮，然后选择"rename"修改请求名称为"学习1"，如图 4-4-4 所示。

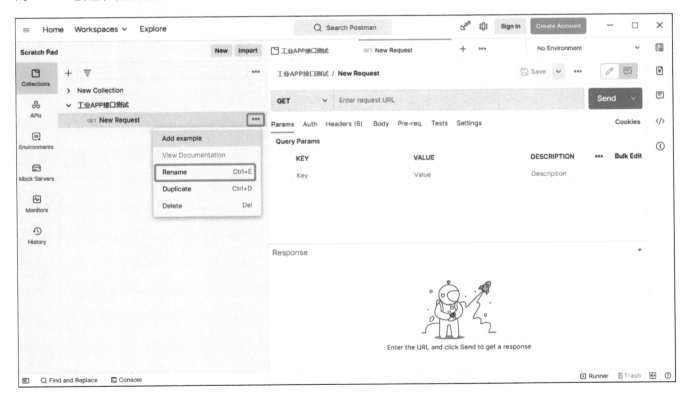

图 4-4-4 Postman 创建接口名称

（3）创建完 HTTP 请求后，就是对要测试的 HTTP 请求进行设置，页面各设置项都在图 4-4-5 中标注。

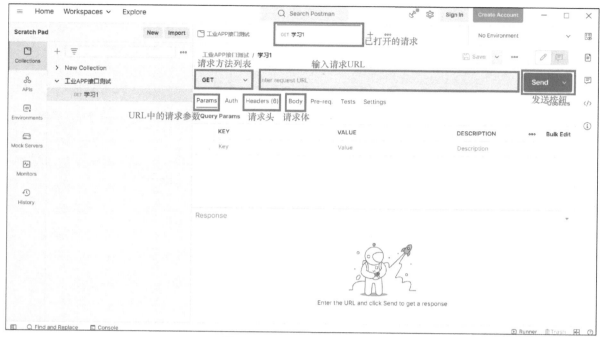

图 4-4-5　HTTP 请求重要设置

3. 发送 GET 请求

（1）GET 请求是用来获取数据的。数据由唯一的 URL（统一资源标识符）标识。GET 请求可以使用"Query String Parameters"将参数传递给服务器，"Query String Parameters"就是 URL 后面要带的参数。例如，在下面的请求中，

```
https://postman-echo.com/get? param1=51zxw&param2=66666,
```

param1 和 param2 表示发送的参数,? 后面接参数, & 连接多个参数，如图 4-4-6 所示。

图 4-4-6　Postman 创建 HTTP 请求设置

（2）请求方法选择"GET"，输入请求 URL 为"https：//postman-echo. com/get？ param1 = 51zxw&param2 = 66666"，单击"Params"按钮，Postman 可以自动帮我们解析出对应参数。如果想要暂时不传参数，可以方便地通过不勾选的方式去实现，如果想要批量地编辑参数，可以单击右上角的"Bulk Edit"，去实现批量编辑，如图 4-4-7 所示。

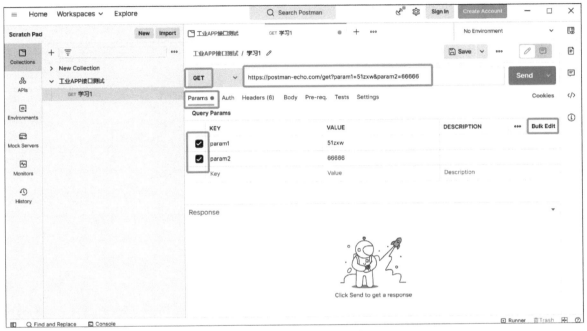

图 4-4-7　GET 方法参数编辑

（3）单击"Send"发送按钮，在主界面下方一栏菜单为响应菜单栏，可以查看响应内容，Cookie、Headers、响应状态码、响应时间、响应大小等信息，如图 4-4-8 所示。

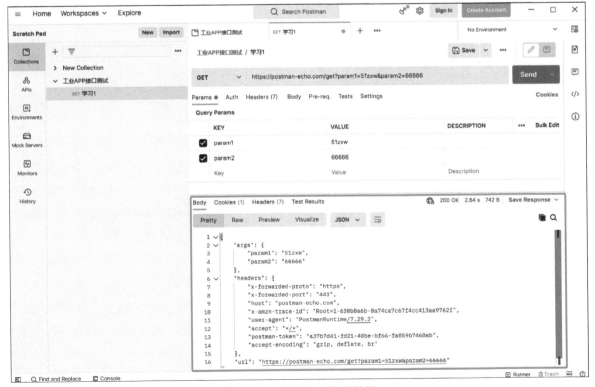

图 4-4-8　GET 方法响应数据

4. 发送 POST 请求

（1）POST 请求是用来发送数据的，旨在将数据传输到服务器，返回的数据取决于服务器的实现。POST 请求可以使用 Query String Parameters 以及 Body 将参数传递给服务器。例如，在下面的请求中，使用 Query String Parameters 将参数传递给服务器。

https://postman-echo.com/post? param＝51zxw，请求方法选择"POST"，输入请求 URL 为"https://postman-echo.com/post? param＝51zxw"，如图 4-4-9 所示。

图 4-4-9　POST 方法 Query String Parameters 传参数

（2）点击"Send"发送按钮，可在响应数据中看到参数成功传递；如图 4-4-10 所示。

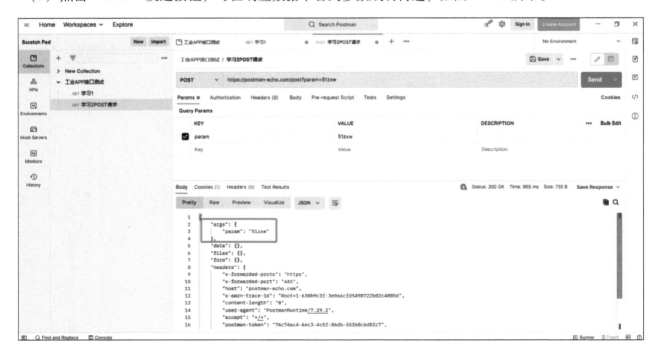

图 4-4-10　POST 方法 Query String Parameters 传参数响应数据

（3）使用 Body 将参数传递给服务器，请求方法选择 "POST"，输入请求 URL 为 "https：//postman-echo.com/post"，如图 4-4-11 所示。

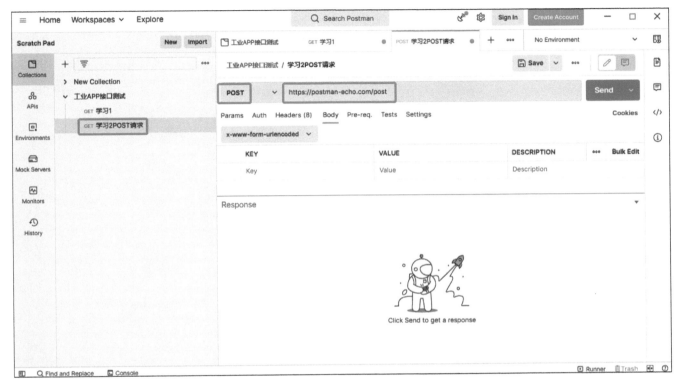

图 4-4-11　POST 方法 Body 传参数

（4）其中 Body 为 application/x-www-form-urlencoded 类型，参数分别为 param1 = zxw 和 param2 = 888，单击 "Send" 发送按钮，可在响应数据中看到参数成功传递，如图 4-4-12 所示。

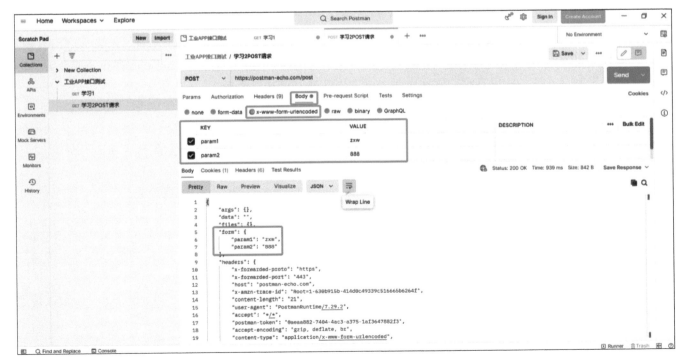

图 4-4-12　POST 方法 Body 传参数响应数据

（5）Postman Body 数据类型说明

如图 4-4-13 所示。

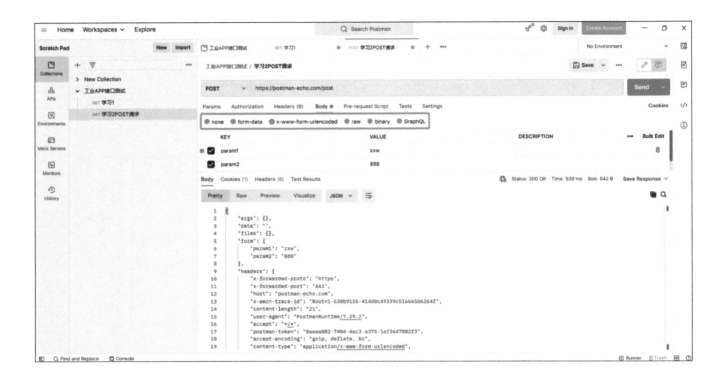

图 4-4-13 POST 方法 Body 数据类型

form-data multipart/form-data 是 Web 表单用于传输数据的默认编码。这模拟了在网站上填写表单并提交它。表单数据编辑器允许我们为数据设置键-值对。我们也可以为文件设置一个键，文件本身作为值进行设置。

x-www-form-urlencoded 该编码与 URL 参数中使用的编码相同。我们只需输入键-值对，Postman 会正确编码键和值。请注意，我们无法通过此编码模式上传文件。表单数据和 urlencoded 之间可能存在一些差异，因此请务必首先检查 API 的编码实现，确定是否可以使用这种方式发送请求。

raw 请求可以包含任何内容。除了替换环境变量之外，Postman 不触碰在编辑器中输入的字符串。无论你在编辑区输入什么内容，都会随请求一起发送到服务器。编辑器允许我们设置格式类型以及使用原始主体发送的正确请求头。我们也可以手动设置 Content-Type 标题，这将覆盖 Postman 定义的设置。

binary 二进制数据可实现发送 Postman 中无法输入的内容，例如图像、音频或视频文件。

5. 发送 PUT 请求

（1）PUT 请求主要是从客户端向服务器传送的数据取代指定文档的内容。PUT 请求可以使用 Query String Parameters 以及 Body 请求体将参数传递给服务器。例如，在下面的请求中，Body 请求体将参数传递给服务器。

请求方法选择"POST"，输入请求 URL 为"https://postman-echo.com/put"，在 Body 下 row 中输入传递字符参数"hello 51zxw"；如图 4-4-14 所示。

（2）单击"Send"发送按钮，可在响应数据中看到参数成功传递，如图 4-4-15 所示。

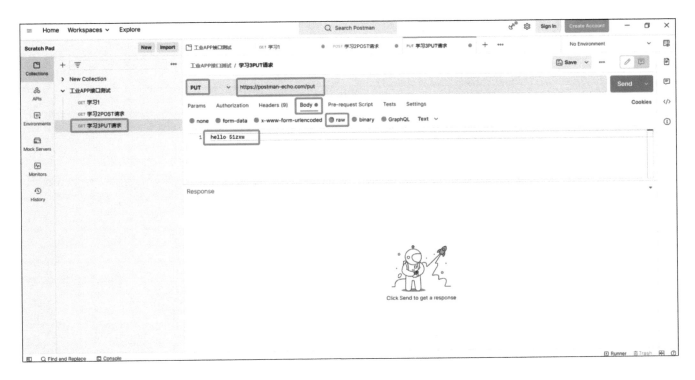

图 4-4-14　PUT 方法 Body 传参数

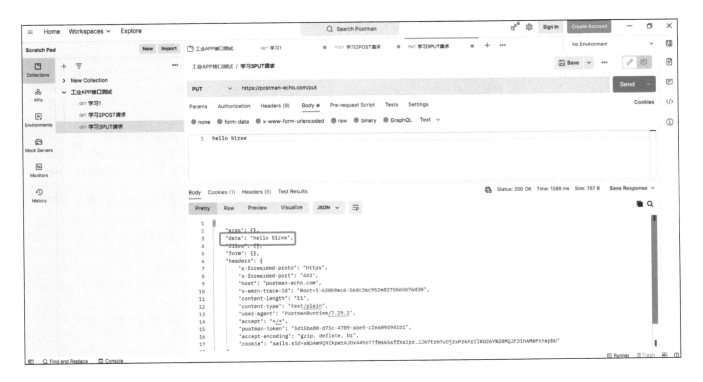

图 4-4-15　PUT 方法 Body 传参数响应数据

评价反馈

对本任务的学习情况进行检查评分，并将相关内容填写在表 4-4-3 中。

表 4-4-3　评分表

任务名称			姓名			任务得分		
考核项目	考核内容		配分	评分标准		自评 50%	师评 50%	得分
知识技能 35 分	能仔细阅读知识材料，画出重点内容		10	优 10　良 8	合格 6			
	能借助信息化资源进行信息收集，自主学习		5	优 5　良 4	合格 3			
	能正确完成引导问题，写出完整答案		15	优 15　良 12	合格 10			
	能与老师进行交流，提出关键问题，有效互动		5	优 5　良 4	合格 3			
实操技能 50 分	能正确认识并熟练 Postman 主要功能，Postman 创建测试集和 HTTP 请求		15	优 15　良 12	合格 10			
	能正确发送 GET 请求		10	优 10　良 8	合格 6			
	能正确发送 POST 请求		15	优 15　良 12	合格 10			
	能正确发送 PUT 请求		10	优 10　良 8	合格 6			
素质技能 15 分	态度端正，认真参与		5	优 5　良 4	合格 3			
	主动学习和科学思维的能力		5	优 5　良 4	合格 3			
	执行 8S 管理标准		5	优 5　良 4	合格 3			

📝 任务小结

_____

_____

_____

_____

💻 任务拓展

本任务中使用了 Postman 的部分功能，还有一部分功能没有使用，可自主尝试使用本任务中没有涉及的功能。尝试修改本任务请求方法中的参数，查看响应数据是否请求成功。在知识学习中介绍了 HTTP 协议有 9 种请求方法，本任务介绍了其中 3 种，请查阅资料，在剩余 6 种请求方法中任意选择 3 种，创建请求，并在响应数据中查看请求是否成功。

项目五 设备管理

 项目描述

    针对某离散行业企业数字化、智能化转型升级过程中，需要开发设备管理 APP 对工厂堆垛机、加工台、机械手、传送带 4 台产线设备的运行状态进行监控；实时检测产线加工台主轴转速和加工台主轴温度等重要参数的数据变化。本项目在创建应用时选择"学习案例"应用模板，利用低代码开发工具开发设备管理 APP。

任务一　标题和设备状态开发

 **任务工单**

任务名称				姓名	
班级		组号		成绩	
工作任务	★ 利用航天云网低代码开发工具开发某高职院校实训室设备管理 APP 的标题 ★ 监控实训室堆垛机、加工台、机械手和传送带的实时状态				
任务目标	**知识目标** ★ 区块组件的使用场景和使用方法 ★ 文本组件的使用场景和使用方法 ★ 行列组件的使用场景和使用方法 ★ 图片组件的使用场景和使用方法 **能力目标** ★ 会正确使用区块组件 ★ 会正确使用文本组 ★ 会正确使用行列组件 ★ 学会正确使用图片组 ★ 会正确开发动态文本 **素质目标** ★ 培养对待工作和学习一丝不苟、精益求精的精神 ★ 培养主动学习和科学思维的能力 ★ 培养分析和解决生产实际问题的能力				

139

（续）

任务分配	职务	姓名	工作内容
	组长		
	组员		
	组员		

📖 知识学习

❓ 引导问题 1 区块组件的使用场景和使用方法是什么？

_____

_____

_____

_____

【知识点 1】

使用场景：区块组件是容器组件，如果不设置样式，在页面上显示不出来。但是它是最常用的组件之一，因为它经常用于以下 3 种场景。设置文字对齐方式，居中或靠右显示图片或文本；设置为相对定位，作为绝对定位组件的参照物；给一组组件，设置统一的边框、边距、背景色。

使用方法：添加 div 标签，做成想要的布局，把布局下的内容放到 div。

❓ 引导问题 2 文本组件的使用场景和使用方法是什么？

_____

_____

_____

_____

【知识点 2】

使用场景：展示文本内容，可以显示静态文本，可以显示数据集中的文本数据，可以将几个文本数据拼接，也可以对要显示的文本进行格式化。文本作为行内元素，不能控制水平对齐方式，放在视图组件中可以通过设置视图组件的文字对齐，设置文本组件的水平对齐，运行效果。

使用方法：基础属性文本组件提供两个基础属性，即文本属性和动态文本属性。文本属性用于显示静态文本，动态文本属性用于显示动态文本，动态文本包括数据集中的文本数据、根据情景显示不同的文本。事件文本组件提供 1 个事件，即单击事件，在单击文本组件时触发。

❓ 引导问题 3 行列组件的使用场景和使用方法是什么？

_____

_____

_____

_____

【知识点 3】

使用场景：主要是对指定区域进行分块。一行显示两个及两个以上内容时使用行列组件，可以设置列内容的水平对齐方式、垂直对齐方式。可以设置百分比列宽、自适应列宽和固定列宽。通过行、列组合形成页面格局，行中必须有列，内容必须放在列里面，可以在行上添加列，也可以在列里面添加行。可以设置列宽度。对没有设置列宽的列，将均分剩余的宽度。

一个区域中如果需要显示很多信息，可以使用行组件，采用多行多列的方式显示信息，形成复杂的界面效果。行列组件有 3 种效果：设置水平对齐及列宽、设置垂直对齐、列中有行。

使用方法：

1. 添加/删除行、列

选择行后，在设置区域有"添加列""在上边添加行""在下边添加行"按钮，用来添加列和添加行。选择列后，在设置区域有"添加行""在左边插入列""在右边插入列"按钮，用来添加列和添加行。用鼠标右键单击行或列，在弹出的菜单中，选择"删除"命令，删除行或列。

2. 样式

行列组件提供 1 个特有样式：垂直对齐样式，设置所有列的垂直对齐方式。可选项为顶部对齐、居中对齐和底部对齐。

列提供 4 个特有样式：垂直对齐、flex 弹性布局、尺寸样式和偏移样式。垂直对齐可设置某个列的垂直对齐方式，可选项为顶端对齐、垂直居中和底端对齐；flex 弹性布局可每列设置自己的 flex 值，这个值会作为列宽的比例。例如：共两列，都设置为 1，表示列宽比例为 1∶1；一列设置为 1，另一列设置为 2，表示列宽比例为 1∶2。尺寸样式可设置列宽占总宽度的百分比，默认表示和其他没有设置尺寸样式的列平分宽度，固定表示列的宽度由列内容决定；偏移样式可设置列的缩进，即向右偏移的百分比。

3. 事件

行列组件和列都提供了两个事件：单击事件和长按事件。在列中添加其他组件后，在这些组件上单击或长按，都会触发行列组件和列的相应事件。

4. 示例

在一行显示两个内容：商品名称和加入购物车按钮。如果一行中有两列，且没有设置尺寸样式，那么这两列将平分宽度，也就是商品名称和加入购物车按钮所占宽度相同，这样是不合理的，因为商品名称可能很长，而加入购物车按钮的宽度不变。因此设置加入购物车按钮所在列的尺寸样式为固定，可以看到商品名称所在列的宽度占满了剩下的宽度。这样的效果是最理想的。

❓ **引导问题 4** 图片组件的使用场景和使用方法是什么？

_____

_____

_____

_____

【知识点 4】

使用场景：图片组件用于显示图片，可以显示静态图片，可以显示数据集中的图片数据，可以将图片缩放显示，可以将图片进行裁剪，可以设置水平对齐方式，也可以设置图片的形状。

使用方法：图片组件提供 4 个基础属性：

图片地址：从上传图片对话框中选择一个图片显示。

动态图片地址：显示数据集中的图片数据。数据集中可以直接存储图片地址路径，也可以将列类型设置为图片或文件，上传图片到数据列中就可以显示。

图片链接保护：可防止图片被盗用，图片链接保护后，图片 URL 有效期为 7 天。该功能只用于存储在数据集图片类型列和文件类型列中的图片。

单击预览图片：单击图片是否放大预览。图片组件提供 3 个事件，即单击事件在单击图片组件时触发；加载完成事件在图片加载后触发；加载失败事件在图片加载不成功时触发。在对齐方式中可设置图片水平对齐方式，可选项为居左、居中和居右。其中图片设置了宽度，才能设置居中对齐。

技能实操

1. 创建"设备管理 APP"页面

在某校页面分组下创建名称为"设备管理"页面，如图 5-1-1 所示。

图 5-1-1　创建设备管理 APP 页面

2. 区块组件的使用

将区块组件拖拽到设计面板。单击绿色小圆点并拖拽可调整区块的大小，如图 5-1-2 所示。

图 5-1-2　区块组件使用

3. 文本组件的使用

（1）将文本组件拖拽到区块组件中，并在属性事件设置面板中输入文本内容，如图 5-1-3 所示。

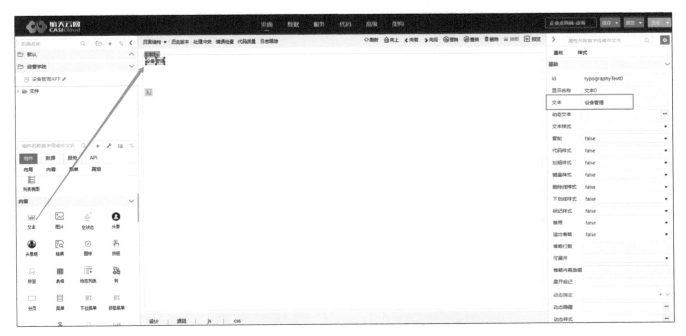

图 5-1-3　文本组件的使用 1

（2）输入的文本内容可在属性事件设置面板中调整文字字体、大小、样式等。将文本内容大小设置为 32px，样式加粗，如图 5-1-4 所示。

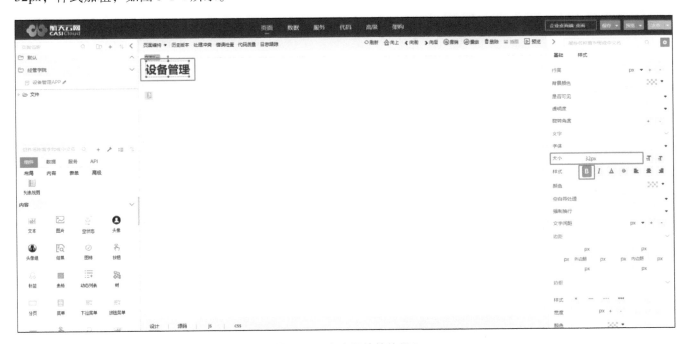

图 5-1-4　文本组件的使用 2

4. 区块组件设置

（1）目前文本内容显示在区块内左侧，如果想要将其显示为居中，选中区块组件，在属性事件设置面板中设置文本居中，如图 5-1-5 所示。

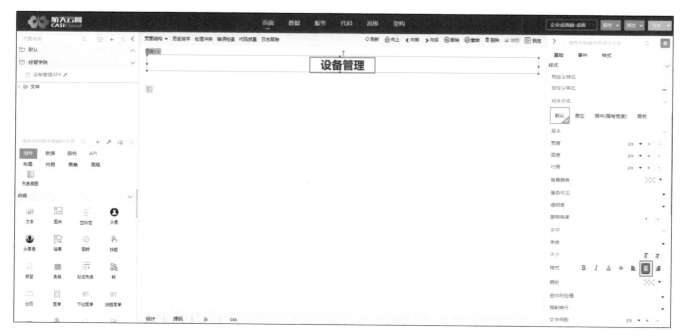

图 5-1-5　文本居中设置

（2）在属性事件设置面板中还可以设置边距，例如设置内边距，是区块组件相对于文本组件的距离，设置上下边距为 10px，如图 5-1-6 所示。

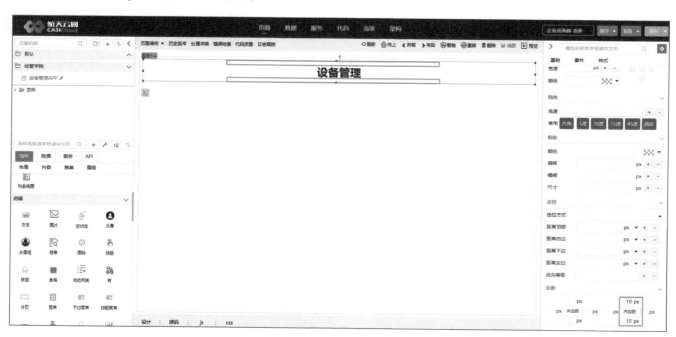

图 5-1-6　区块边距设置

（3）保存并预览，可查看标题开发完成后的显示效果。如果不符合要求，可返回开发页面重新修改相关设置，如图 5-1-7 所示。

5. 行列组件的使用

拖拽区块组件和行列组件到设计面板，将行列组件拖拽到区块组件内，为了后续方便开发，调整区块和行列的大小，如图 5-1-8 所示。

图 5-1-7　创建设备管理 APP 页面

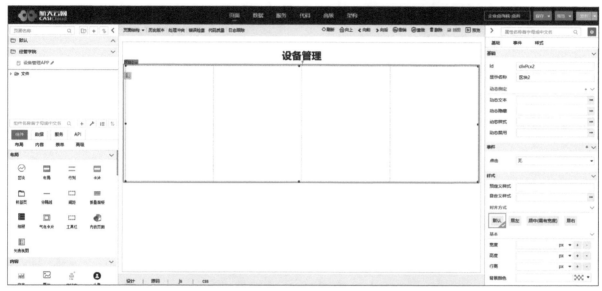

图 5-1-8　行列组件使用

6. 设备名称开发

单击要拖入文本组件的行列的某一列，然后拖拽文本组件到行列组件的列内。单击第一个列，拖入文本组件，输入文本为"堆垛机"，并在属性事件设置面板中设置字号为 18px 和样式加粗。同样的方法开发剩余加工台、机械手和传送带 3 个设备的设备名称，如图 5-1-9 所示。

图 5-1-9　设备名称开发

7. 设备图片开发

（1）单击要拖入图片组件的行列的某一列，然后拖拽图片组件到行列组件的每一列内。单击第一个列，拖入图片组件。同样的方法将图片组件拖入加工台、机械手和传送带 3 个设备所属的列内，如图 5-1-10 所示。

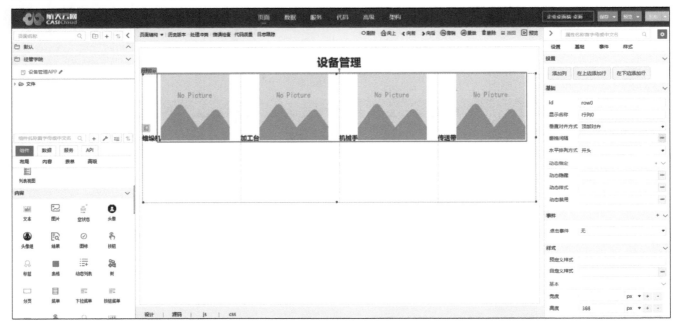

图 5-1-10　图片组件使用 1

（2）图片组件拖拽完成后，需要设置具体要显示的图片，鼠标左键选中图片组件，在基础设置中的"图片地址"单击"…"，在弹出的属性编辑页面中选择合适的图片即可，如图 5-1-11 所示。

图 5-1-11　图片组件使用 2

（3）此处的属性编辑页面其实就是开发界面右上角设置中的"素材库"，如图 5-1-12 所示。

如果素材库中没有图片或者没有符合要求的照片，可单击"上传至当前目录"按钮，从本地资源上传图片到素材库，如图 5-1-13 所示。

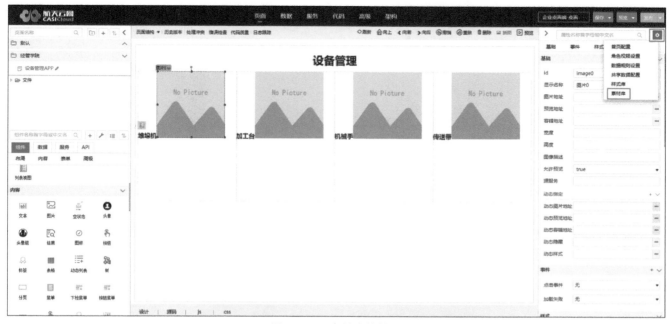

图 5-1-12　素材库的使用

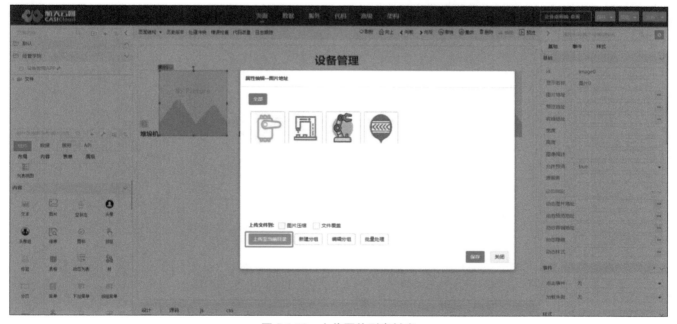

图 5-1-13　上传图片到素材库

8. 设备状态临时数据开发

（1）根据需求，在设备图片下显示设备状态，设备状态有"运行"和"停止"两种文本，所以应使用文本组件，但是设备状态不是固定的文本，是根据实时数据变化的动态数据，而文本组件可显示数据集中的文本数据，本任务暂时使用临时数据，创建堆垛机状态临时数据，设置临时数据名称为"堆垛机状态数据"，编辑列为"ID"和"data"两列，如图 5-1-14 所示。

（2）同样的方法创建"加工台状态数据""机械手状态数据"和"传送带临时数据"，编辑列同样为"ID"和"data"两列，如图 5-1-15 所示。

9. 设备运行状态动态文本

（1）单击要拖入文本组件的行列的某一列，然后拖拽文本组件到行列组件的列内，单击堆垛机所属的列，

147

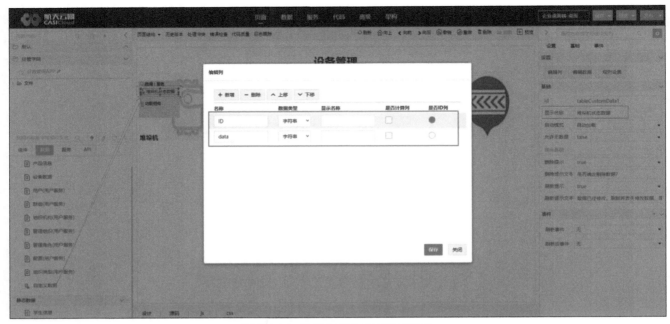

图 5-1-14　堆垛机状态临时数据开发

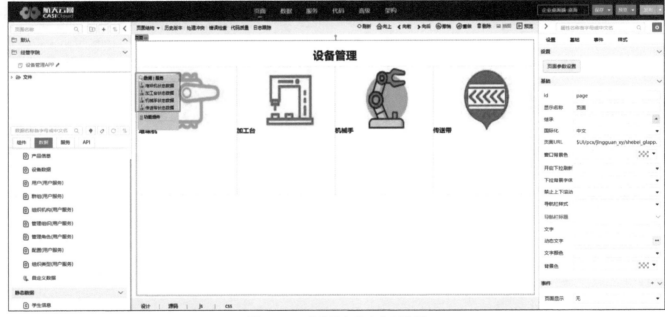

图 5-1-15　其他设备状态临时数据

拖入文本组件，作为堆垛机设备状态显示文本，依次开发 4 个设备的设备状态显示文本，如图 5-1-16 所示。

（2）设置堆垛机的动态文本，在堆垛机设备图片下拖拽文本组件，设置动态文本，在文本基础属性中的动态文本中单击"…"，在弹出的属性编辑-动态文本页面设置动态文本，如图 5-1-17 所示。

这一步也可以直接单击右上角的"切换为高级模式"直接进入到组件的表达式属性编辑器，对动态文本绑定数据，如图 5-1-18 所示。

（3）单击默认情景后的"…"，在弹出的页面中，选择堆垛机状态数据中的 data 列，双击 data，选择的数据列名出现在下方的输入框，然后单击"保存"按钮保存即可；该页面也是组件的表达式属性编辑器，这里的表达式采用 JS 表达式，除了系统提供的常用函数以外，可以直接使用页面中右侧自定义的 JS 函数，如图 5-1-19 所示。

图 5-1-16 堆垛机设备状态文本组件的使用

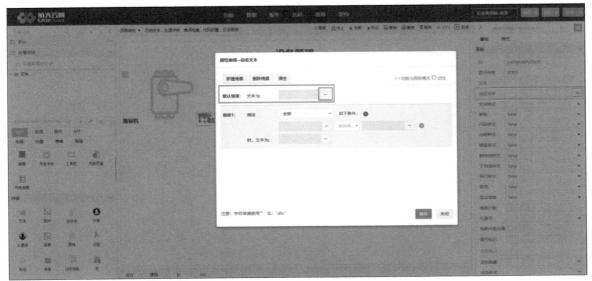

图 5-1-17 堆垛机状态动态文本 1

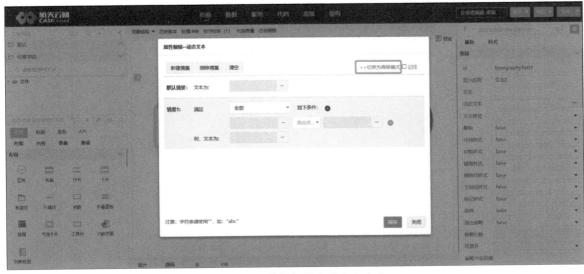

图 5-1-18 堆垛机状态动态文本 2

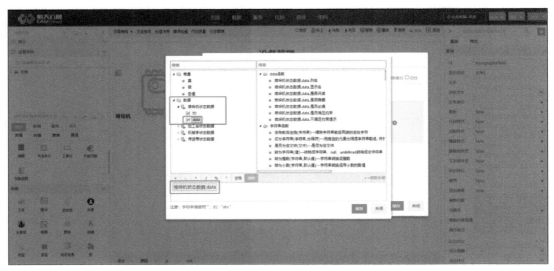

图 5-1-19　堆垛机状态动态文本 3

（4）同样的方法将加工台、机械手和传送带 3 个设备的临时状态数据与文本关联；如图 5-1-20、图 5-1-21、图 5-1-22 所示。

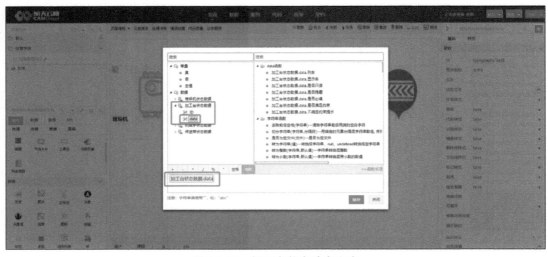

图 5-1-20　加工台状态动态文本

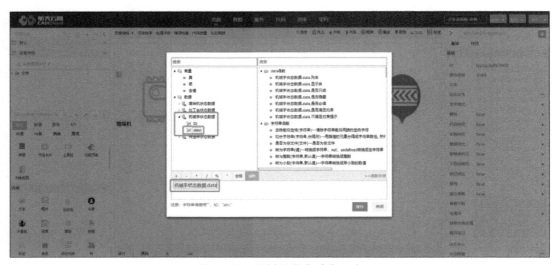

图 5-1-21　机械手状态动态文本

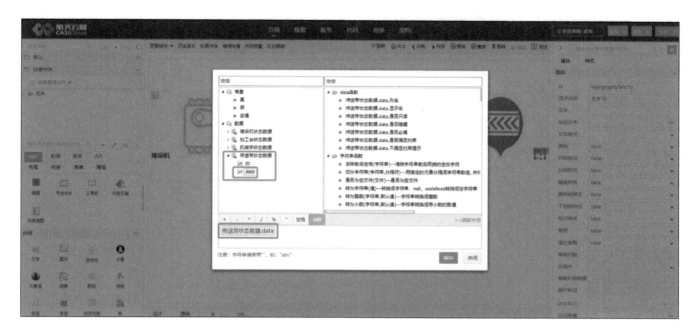

图 5-1-22 传送带状态动态文本

10. 调试已完成开发

（1）保存已完成开发的开发内容，然后单击"预览"按钮，在预览页面查看目前已完成的开发，如图 5-1-23 所示。

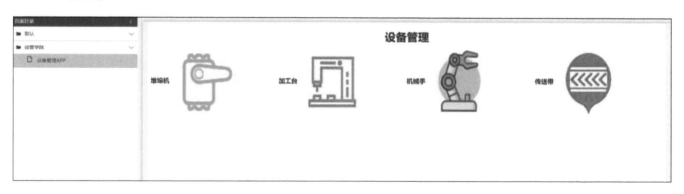

图 5-1-23 页面预览

（2）可以看到目前的开发不符合需求，设备图片应在设备名称下方，而不是在设备名称右侧，在开发页面，选中设备名称文本组件，在属性面板下是否可见选择"block"，选中图片组件，在属性面板下是否可见同样选择"block"，选中设备状态文本组件，在属性面板下是否可见选择"block"。

说明：

block，元素会独占一行，多个 block 元素会各自新起一行。默认情况下，block 元素宽度自动填满其父元素宽度。

inline，元素不会独占一行，多个相邻的行内元素会排列在同一行里，直到一行排列不下，才会新换一行，其宽度随元素的内容而变化。

inline-block，简单来说就是将对象呈现为 inline 对象，但是对象的内容作为 block 对象呈现。之后的内联对象会被排列在同一行内。比如我们可以给一个 link（a 元素）inline-block 属性值，使其既具有 block 的宽度高度特性又具有 inline 的同行特性，如图 5-1-24 所示。

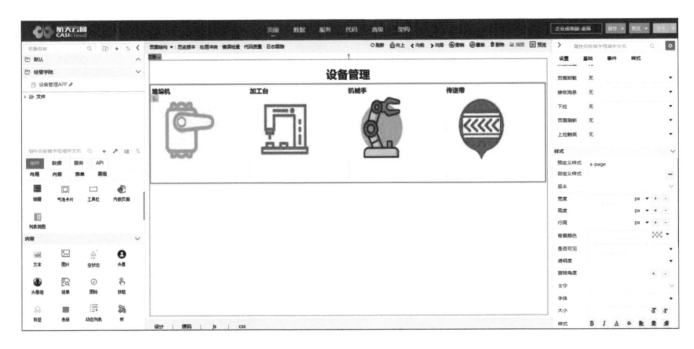

图 5-1-24 文本和图片位置

（3）现在设备名称和设备图片的位置从左右位置关系变成了上下关系，下一步就需要让文本和图片都居中。选中行列中的每一列，在属性事件设置面板中文字下选择"居中"即可，如图 5-1-25 所示。

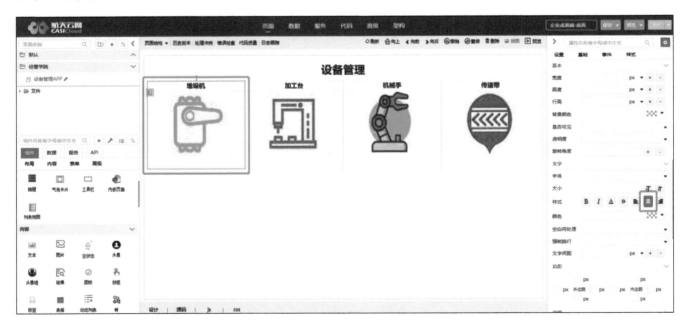

图 5-1-25 文字图片居中设置

（4）在选中行列中的某一列时，可以单击某一列的边框选择；另一种方法是单击选择列中的某一组件，使用"↑"键和"↓"键选择列；还有一种方法就是在页面结构中点击要选择的列，如图 5-1-26 所示。

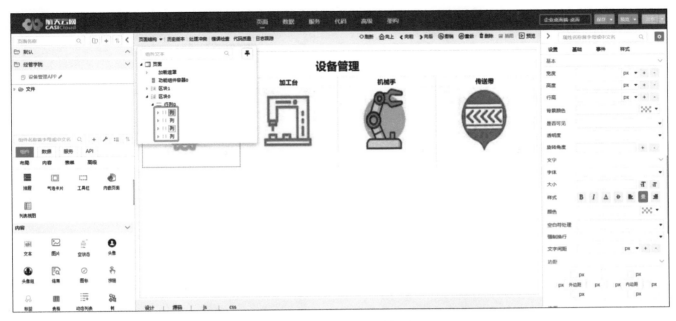

图 5-1-26　页面结构选择列

评价反馈

对本任务的学习情况进行检查评分，并将相关内容填写在表 5-1-1 中。

表 5-1-1　评分表

任务名称		姓名				任务得分		
考核项目	考核内容	配分	评分标准			自评 50%	师评 50%	得分
知识技能 35 分	能仔细阅读知识材料，画出重点内容	10	优 10	良 8	合格 6			
	能借助信息化资源进行信息收集，自主学习	5	优 5	良 4	合格 3			
	能正确完成引导问题，写出完整答案	15	优 15	良 12	合格 10			
	能与老师进行交流，提出关键问题，有效互动	5	优 5	良 4	合格 3			
实操技能 50 分	能正确完成名称为"设备管理"标题开发	15	优 15	良 12	合格 10			
	能正确完成行列组件的使用	10	优 10	良 8	合格 6			
	能正确完成图片组件的实验	10	优 10	良 8	合格 6			
	能正确完成动态文本开发	15	优 15	良 12	合格 10			
素质技能 15 分	态度端正，认真参与	5	优 5	良 4	合格 3			
	主动学习和科学思维的能力	5	优 5	良 4	合格 3			
	执行 8S 管理标准	5	优 5	良 4	合格 3			

任务小结

_____

_____

_____

_____

任务拓展

新建一个页面，选择常见的 5 种设备，开发 5 种设备的实时运行状态。

任务二　折线图开发

🖥 **任务工单**

任务名称			姓名	
班级		组号	成绩	
工作任务	在设备管理页面开发加工台主轴转速折线图和加工台主轴温度折线图 			
任务目标	**知识目标** ★ 页面的主要构成 ★ 页面的生命周期 **能力目标** ★ 会正确使用图表组件 ★ 会正确创建图表数据 ★ 会正确对图表进行设置 ★ 会正确设置页面事件 **素质目标** ★ 培养对待工作和学习一丝不苟、精益求精的精神 ★ 培养主动学习和科学思维的能力 ★ 培养分析和解决生产实际问题的能力			
任务分配	职务	姓名	工作内容	
	组长			
	组员			
	组员			

📖 **知识学习**

❓ **引导问题 1**　页面的主要构成是什么？

_____

_____

【知识点 1】

页面由 3 部分构成：

页面展现：定义页面的展现，由若干组件构成，存储为 W 文件；

页面逻辑：定义页面逻辑功能，存储为 W 文件同名的 JS 文件；

页面样式：定义页面样式，只作用于当前 W 文件中的界面元素，存储为 W 文件同名的 CSS 文件。

❓ **引导问题 2**　开发一个软件有软件生命周期，那么页面的生命周期是什么？

【知识点 2】

从加载页面、运行页面到卸载页面，称为页面的生命周期。在这个过程中，页面给制作者提供事件，用于实现交互。页面共有 6 个生命周期事件，分别是页面加载、页面显示、初次渲染完成、页面加载完成、页面隐藏和页面卸载事件。

📟 技能实操

1. 图表组件的使用

（1）根据设备管理 APP 需求，需要开发加工台主轴转速折线图和加工台主轴温度折线图，两个折线图以左右结构分布，所以使用行列组件。将行列组件拖入设计面板，行列组件默认是一行 4 列，根据需求只需要两列，所以需要删除掉两列，单击选择任意列，单击右键删除，或者选择任意列，使用"delete"键直接删除，如图 5-2-1 所示。

图 5-2-1　删除行列中的列

155

（2）删除后的行列变为 1 行两列，将图表组件分别拖入列内，如图 5-2-2 所示。

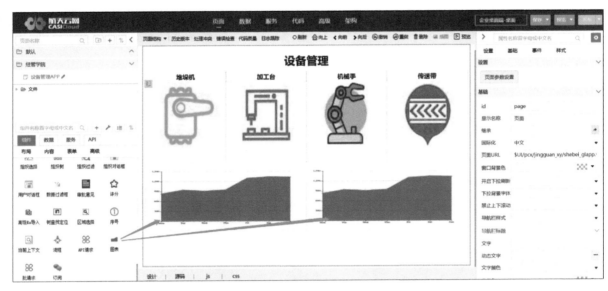

图 5-2-2　图表组件使用

2. 图表临时数据开发

（1）加工台主轴转速折线图和加工台主轴温度折线图暂时使用临时数据。所以需要开发加工台主轴转速临时数据，将临时数据组件拖入设计面板，数据集名称为"加工台主轴转速"，如图 5-2-3 所示。

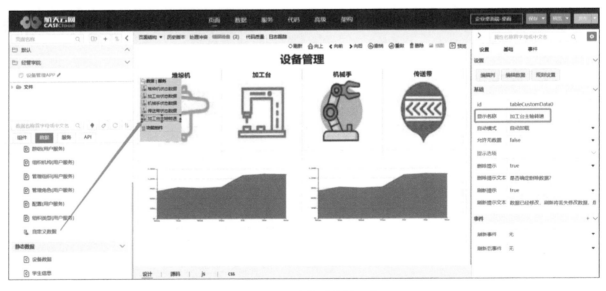

图 5-2-3　图表临时数据开发

（2）加工台主轴转速折线图是根据时间的变化显示主轴转速，所以选中"加工台主轴转速"临时数据，单击编辑列，设计加工台主轴转速临时数据结构，加工台主轴转速的数据集结构由时间 time 和转速 data 构成，需要注意 data 的数据类型是日期时间，如图 5-2-4 所示。

（3）数据集结构设计完成后，单击编辑数据，输入符合数据类型的临时数据，如图 5-2-5 所示。

3. 加工台主轴转速图表设置

（1）单击要开发的图表，在属性事件设置面板中的数据选项下选择已开发的数据集，也就是给图表绑定数据集，如图 5-2-6 所示。

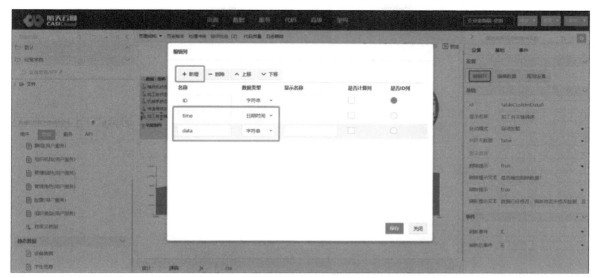

图 5-2-4　加工台主轴转速临时数据结构

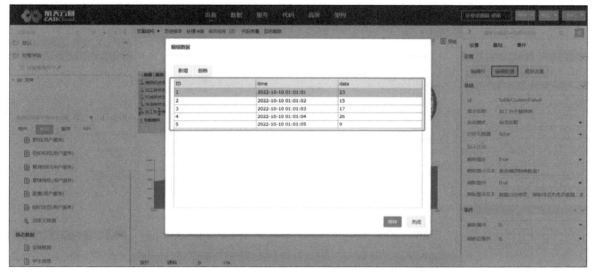

图 5-2-5　加工台主轴转速临时数据编辑

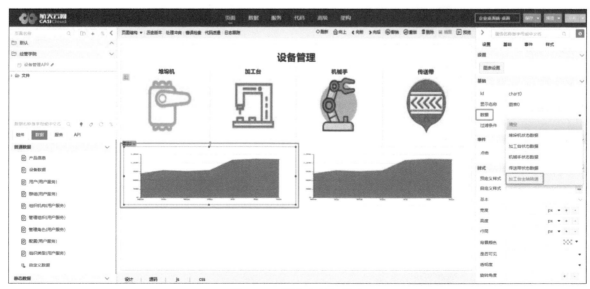

图 5-2-6　图表和数据绑定

（2）在属性事件设置面板单击图片设置，对图表进行配置，如图 5-2-7 所示。

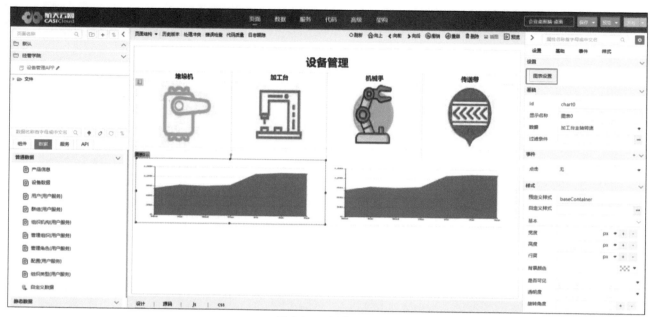

图 5-2-7　图表配置

（3）在图表类型中选择图表类型为"折线图"，单击即可完成选择，如图 5-2-8 所示。

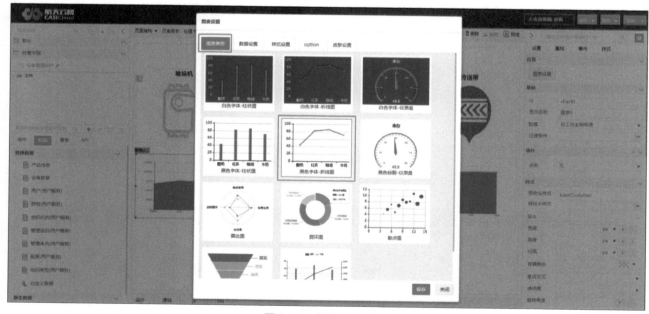

图 5-2-8　图表类型选择

（4）在数据设置中设置 time 为维度，data 为指标，简单理解，data 是随着 time 来变化的，维度是折线图的横轴，指标是折线图的纵轴，如图 5-2-9 所示。

（5）现在图表的数据设置已经开发完成，保存预览会发现，在页面上没有显示图表，图表在页面上显示需要选择页面，单击设计面板空白处即可选择页面，在页面上的属性事件设置面板中的事件中设置页面加载完成显示图表，如图 5-2-10 所示。

在目标对象中选择"图表 0"，如果不确定要显示的图表，单击图表，在图表左上方可查看到图表名称，或者在页面结构中也可以查看到图表名称，如图 5-2-11 所示。

图 5-2-9 加工台主轴转速折线图数据设置

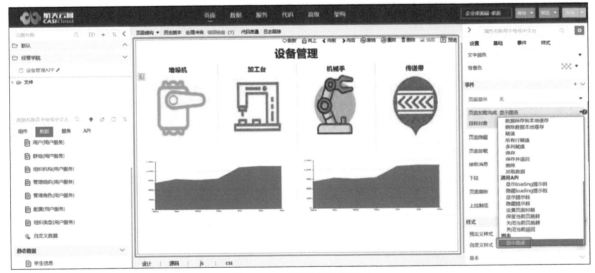

图 5-2-10 页面事件设置 1

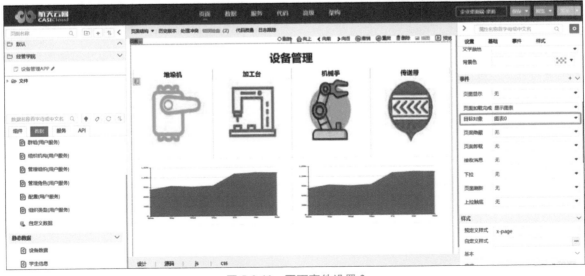

图 5-2-11 页面事件设置 2

（6）然后再保存预览，在页面中便可正常显示图表，如图 5-2-12 所示。

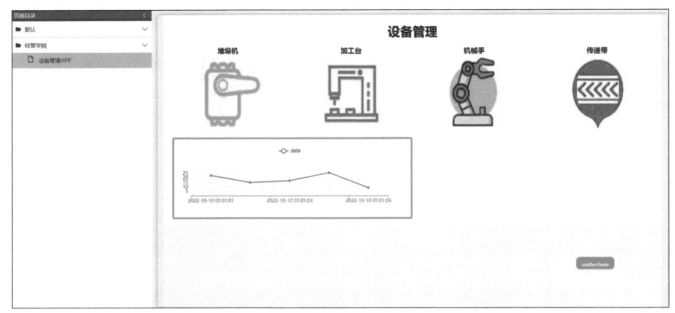

图 5-2-12　加工台主轴转速折线图预览

4. 加工台主轴转速折线图样式设置

（1）在开发页面，选中图表，单击图表设置，在弹出的图表设置页面，单击"样式设置"，可对图表的背景色、标题、X 轴、Y 轴等进行设置。在标题下的主标题文本后单击，会出现输入框，在输入框中输入文本为"加工台主轴转速"，如图 5-2-13 所示。

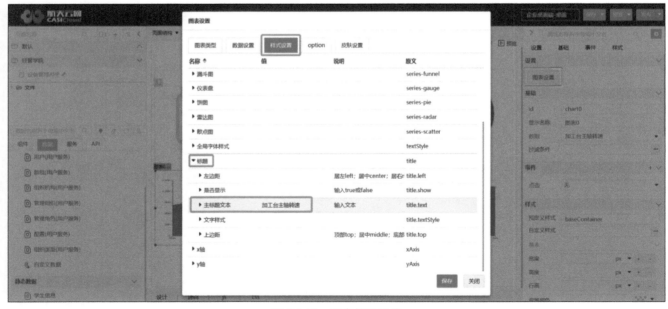

图 5-2-13　图表标题设置

保存预览后可看到折线图左上方出现了标题，如图 5-2-14 所示。

（2）在样式设置中还可设置标题的位置，例如将文本设置在图表下方居中的位置，左边距输入"center"，上边距输入"bottom"，具体设置需要输入的内容在说明中都有提示，如图 5-2-15 所示。

保存预览后可看到标题出现在折线图下方居中的位置，如图 5-2-16 所示。

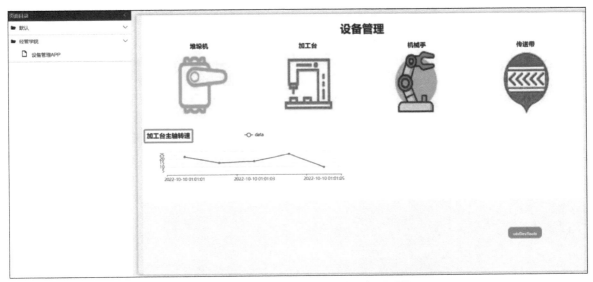

图 5-2-14 加工台主轴转速折线图标题预览

图 5-2-15 加工台主轴转速折线图标题位置设置

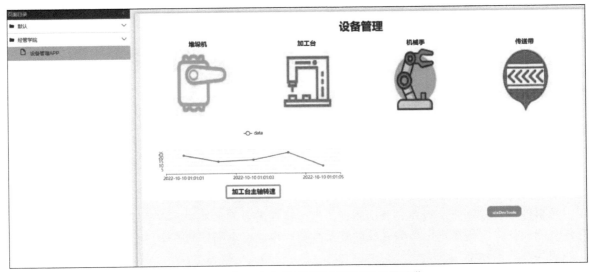

图 5-2-16 加工台主轴转速折线图标题位置预览

（3）在样式设置中还可设置坐标轴名称，例如 X 轴名称，也就是折线图横轴名称为"时间"，Y 轴名称，也就是折线图纵轴名称为"数据"，如图 5-2-17 所示。

图 5-2-17　加工台主轴转速折线图坐标轴名称设置

保存预览后可看到折线图横轴出现"时间"，折线图纵轴出现"数据"，如图 5-2-18 所示。

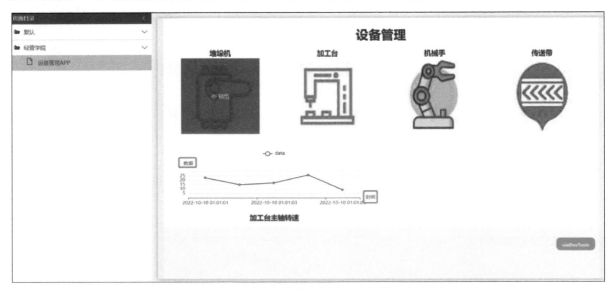

图 5-2-18　加工台主轴转速折线图坐标轴名称预览

5. 加工台主轴温度折线图开发

（1）和开发加工台主轴转速折线图一样，开发名称为"加工台主轴温度"临时数据集，加工台主轴温度的数据集结构由时间 time 和转速 data 构成，输入符合数据类型的临时数据的数据，如图 5-2-19 所示。

（2）将数据和图表绑定，同样在图表类型中选择图表类型为"折线图"，单击即可完成选择，在数据设置中设置 time 为维度，data 为指标，如图 5-2-20 所示。

（3）保存预览会发现，在页面上没有显示图表，在开发加工台主轴转速折线图时，在页面的属性事件设置面板中的事件中设置页面加载完成显示图表，但是现在需要显示加工台主轴转速折线图和加工台主轴温度折线图两个图表，也就是在页面加载完成后要发生两件事，在页面的属性事件设置面板中的事件中设置操作组合，如图 5-2-21 所示。

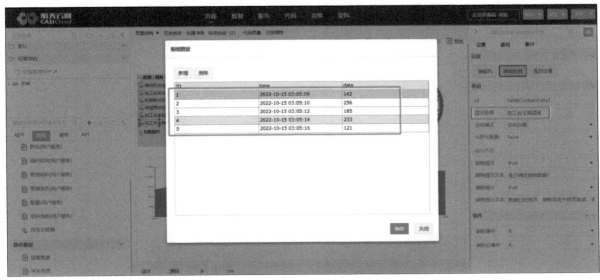

图 5-2-19　加工台主轴温度临时数据开发

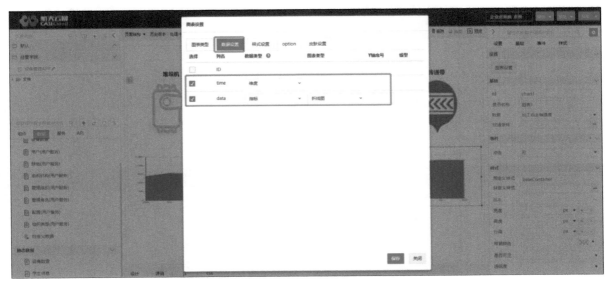

图 5-2-20　加工台主轴温度折线图数据设置

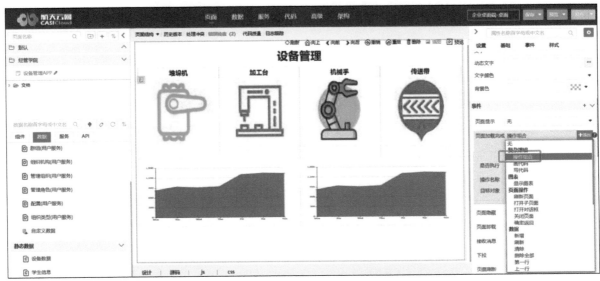

图 5-2-21　页面操作组合设置 1

单击"添加"按钮，添加一个页面加载完成后的操作事件，如图 5-2-22 所示。

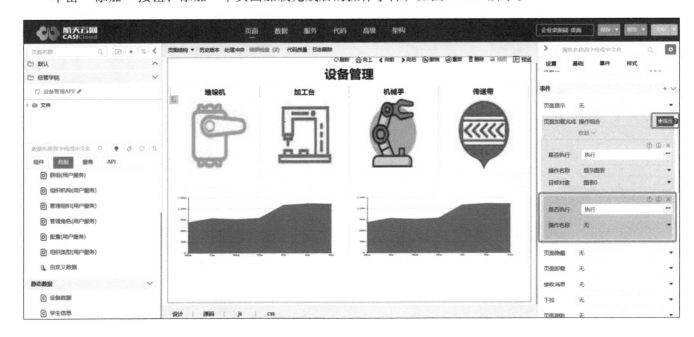

图 5-2-22 页面操作组合设置 2

由于在开发加工台主轴转速时已经设置过一个操作事件，所以只需要在新添加的操作事件中设置操作名称为"显示图表"，目标对象选择"图表 1"，如果不确定要显示的图表，单击图表，在图表左上方查看到图表名称，或者在页面结构中也可以查看到图表名称，如图 5-2-23 所示。

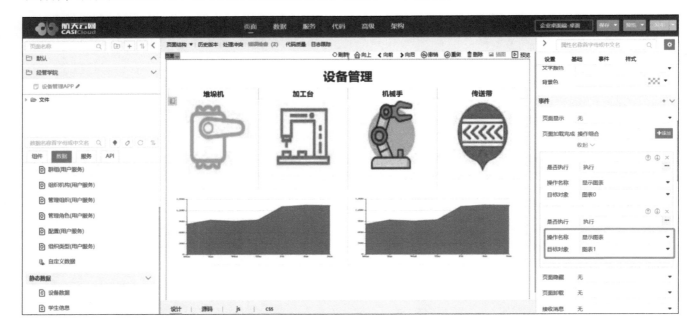

图 5-2-23 页面操作组合设置 3

保存预览后可看到加工台主轴转速折线图和加工台主轴温度折线图同时显示。加工台主轴温度折线图同样可进行样式设置，和加工台主轴转速折线图样式设置完全一致，这里就不再赘述，如图 5-2-24 所示。

自此，设备管理 APP 开发完成，页面所用数据均为临时数据。

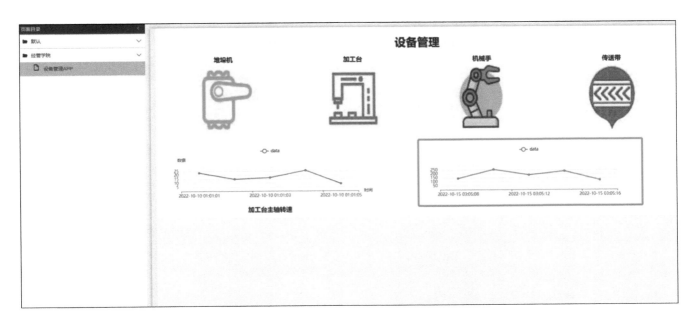

图 5-2-24　加工台主轴温度折线图预览

 评价反馈

对本任务的学习情况进行检查评分，并将相关内容填写在表 5-2-1 中。

表 5-2-1　评分表

任务名称		姓名			任务得分		
考核项目	考核内容	配分	评分标准		自评 50%	师评 50%	得分
知识技能 35 分	能仔细阅读知识材料，画出重点内容	10	优 10　良 8　合格 6				
	能借助信息化资源进行信息收集，自主学习	5	优 5　良 4　合格 3				
	能正确完成引导问题，写出完整答案	15	优 15　良 12　合格 10				
	能与老师进行交流，提出关键问题，有效互动	5	优 5　良 4　合格 3				
实操技能 50 分	能正确使用图表组件	10	优 10　良 8　合格 6				
	能正确创建图表数据	10	优 10　良 8　合格 6				
	能正确对图表进行设置	20	优 20　良 15　合格 10				
	能正确设置页面事件	10	优 10　良 8　合格 6				
素质技能 15 分	态度端正，认真参与	5	优 5　良 4　合格 3				
	主动学习和科学思维的能力	5	优 5　良 4　合格 3				
	执行 8S 管理标准	5	优 5　良 4　合格 3				

任务小结

_____

_____

_____

_____

任务拓展

在页面中尝试开发加工台振幅折线图，包括开发数据、折线图的设置以及页面事件的设置。

任务三　订阅组件的使用

任务工单

任务名称				姓名	
班级		组号		成绩	
工作任务	使用服务和订阅组件，并简单修改代码，利用 MQTT.fx 发送数据将临时数据替换为真实数据				
任务目标	**知识目标** ★ 数据订阅的过程 ★ switch 语句 **能力目标** ★ 会正确使用服务组件 ★ 会正确使用订阅组件并设置主题和样式 ★ 会正确设置文本的动态样式 ★ 会正确利用 MQTT.fx 将临时数据替换为真实数据 **素质目标** ★ 培养对待工作和学习一丝不苟、精益求精的精神 ★ 培养主动学习和科学思维的能力 ★ 培养分析和解决生产实际问题的能力				
任务分配	职务	姓名	工作内容		
	组长				
	组员				
	组员				

知识学习

? 引导问题 1　设备管理数据订阅过程是什么？

_____

_____

_____

_____

【知识点 1】

（1）定义获取设备数据服务，该服务的功能是判断平台是否连接上 MQTT 服务器，如果没连上则进行服务器连接，如果已经连上，则订阅 MQTT 的消息。

（2）在设备管理页面设置加载完成事件，发送上面定义的请求，此时 MQTT 与平台的消息通道已经连通。

（3）当 MQTT 服务器发布对应主题的消息，此时平台的后端就会接收到。

（4）在页面中拖入订阅组件，设置自动连接和匿名连接，后端接收到消息后，把消息推送给订阅组件。

（5）此时，订阅组件的消息接收事件里就会接收到 MQTT 服务发布过来的消息。

（6）在消息接收事件里对消息进行分类处理，把该消息数据赋值给对应的设备状态数据集。

（7）给页面的状态文本组件和图表组件绑定对应的数据集，当数据集感知到数据被赋值的时候，会自动修改文本和图表上的值。

? 引导问题 2 什么是 switch 语句？

_____

_____

_____

_____

【知识点 2】

switch 语句用于基于不同的条件来执行不同的动作。

switch 语句的语法是：

```
switch(n)
{
case1:
        执行代码块1
break;
case2:
        执行代码块2
break;
default:
        与case1和case 2不同时执行的代码
}
```

工作原理：首先设置表达式 n（通常是一个变量）。随后表达式的值会与结构中的每个 case 的值做比较。如果存在匹配，则与该 case 关联的代码块会被执行。break 不是向下一个 case 执行，是这一轮执行结束，跳出 switch。

例如显示今天的星期名称实例。

```
var d=new Date().getDay();
switch(d)
{
        case 0:x="今天是星期日";
        break;
        case 1:x="今天是星期一";
        break;
        case 2:x="今天是星期二";
        break;
        case 3:x="今天是星期三";
        break;
        case 4:x="今天是星期四";
        break;
        case 5:x="今天是星期五";
```

```
        break;
        case 6:x="今天是星期六";
        break;
    }
```

如果输入 d 为 3，就会显示"今天是星期三"。

 技能实施

1. 服务组件使用

（1）在服务组件中将"推送设备数据"服务拖拽到设计面板，这里需要注意，虽然在服务组件中有很多服务，但是这些服务都是在创建应用时应用模板中的服务或者是应用中其他页面使用的服务，所有正在开发的页面将要使用的服务必须拖拽到页面中才可以被使用，如图 5-3-1 所示。

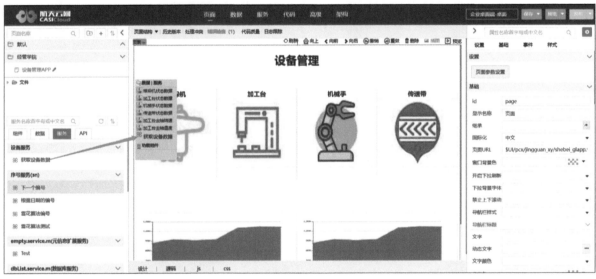

图 5-3-1　服务组件的使用

（2）在属性事件设置面板中再增加一个事件，操作名称为"发送服务请求"，目标对象为"推送设备数据"，并使用"↑"按钮，将新增的事件设置为第一个，如图 5-3-2 所示。

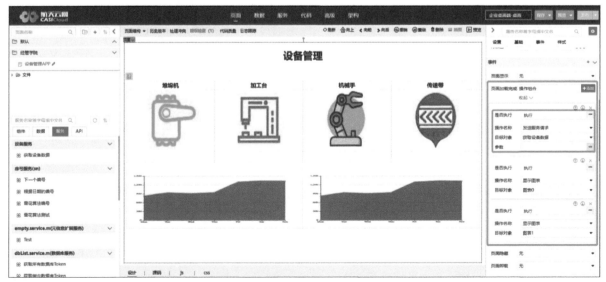

图 5-3-2　页面事件中增加服务

2. 订阅组件使用

（1）在高级组件中将订阅组件拖拽到设计面板，如图 5-3-3 所示。

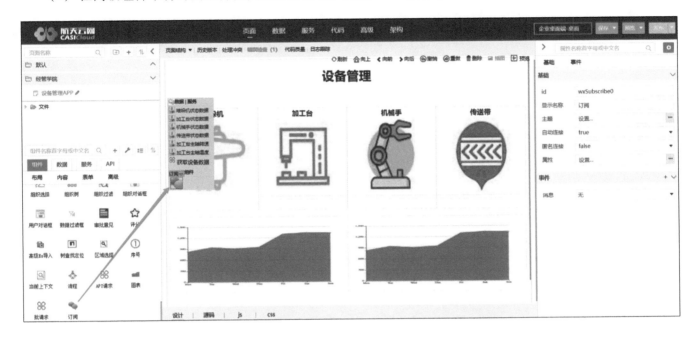

图 5-3-3 订阅组件的使用

在属性事件设置面板中设置主题为"设备即时数据"，如图 5-3-4 所示。

图 5-3-4 订阅组件主题设置

在属性事件设置面板中设置自动连接为"true"，设置匿名连接为"true"；如图 5-3-5 所示。

（2）在属性事件设置面板中设置事件为"写代码"，事件方法自动生成，如图 5-3-6 所示。

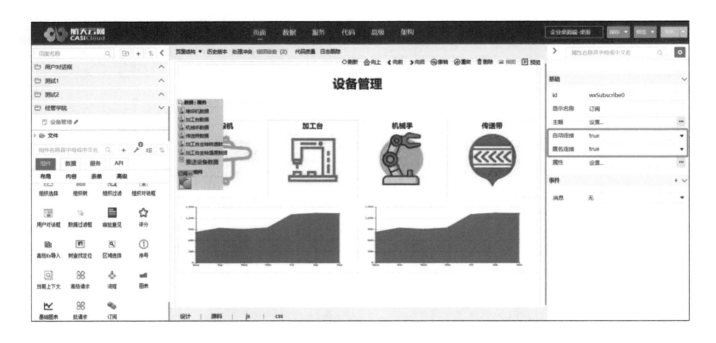

图 5-3-5　订阅组件连接设置

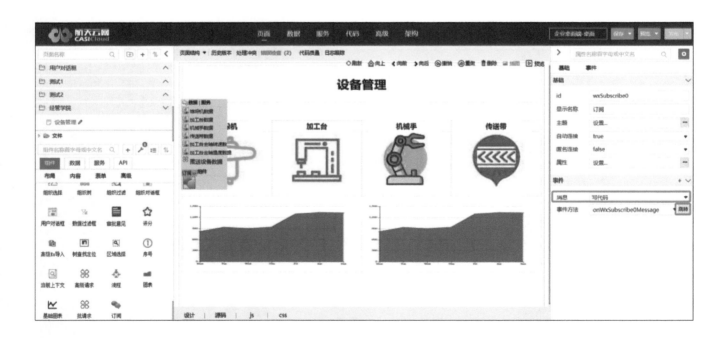

图 5-3-6　订阅组件事件设置

　　单击跳转，进入 JS 源码开发界面，在设计面板下方有设计、源码、JS 和 CSS 四个页签，分别对应显示页面的样式设计、HTML 源码、JS 源码和 CSS 源码，开发者可以直接基于源码编辑。低代码开发工具在应用层采用前后端分离的技术架构，后端代码在应用模板中由专业开发人员已经开发完成，只需要对前端代码学会简单的编程即可，如图 5-3-7 所示。

图 5-3-7 订阅组件事件写代码

详细的代码是：

```
switch(device){
    case"zhuzhouzhuansu":
        var sData=this.comp("speedData");
        let size=sData.getCount();
        if(size>7){
        sData.remove(sData.getFirstRow());
        }
        let time=event.message.data.time;
        event.message.data.time=new Date(time);
        sData.loadData([event.message.data],true);//参数为 Json 数组
        break;
    case "zhuzhouwendu":
        var data=this.comp("temperatureData");
        let count=data.getCount();
        if (count>7){
        data.remove(data.getFirstRow());
        }
        let t=event.message.data.time;
        event.message.data.time=new Date(t);
        data.loadData([event.message.data],true);//参数为 Json 数组
        break;
    case "duiduoji":
        var pData=this.comp("pilerData");
        console.log(event.message.data.data)
        pData.setValue("data",event.message.data.data);
```

```
            break;
        case "jiagongtai":
            var mData=this.comp("machineData");
            mData.setValue("data",event.message.data.data);
            break;
        case "jixieshou":
            var maData=this.comp("manipulatorData");
            maData.setValue("data",event.message.data.data);
            break;
        case "chuansongdai":
            var cData=this.comp("conveyorData");
            cData.setValue("data",event.message.data.data);
            break;
    }
```

这段代码的意思是：由于 MQTT 服务发布过来的消息一般很多，所以需要在消息事件中在消息接收事件里对消息进行分类处理，把该消息数据赋值给对应的设备状态数据集和图表数据集；由于在使用 MQTT.fx 发布数据时，发送中文会乱码，所以例如设备名称等使用英文发送。

（3）具体设置 MQTT 服务信息是在代码中如下目录 model/service/main/src/main/java/main/constant 中的 TopicConst.java 文件中，可以设置 MQTT 服务的用户名、密码、订阅主题等信息，如图 5-3-8 所示。

图 5-3-8　MQTT 服务后端代码

3. 设备运行状态动态文本样式设置

（1）在本项目任务一中设备状态文本绑定了数据，而设备状态一般有运行和停止两种，在网关采集设备状态数据时，0 是停止，1 是运行。需要对文本绑定的数据设置，为了方便学习，设置为 1 是运行，其他数据为停止。例如堆垛机状态数据设置为当数据为 1 时显示为运行，其他数据时为停止，在任务一动态文本绑定数据的基础上将绑定的数据设置为：堆垛机状态数据.data==1？"运行"："停止"，如图 5-3-9 所示。

图 5-3-9　堆垛机动态文本数据设置

（2）为了文本在页面中显示对用户更有好，对显示文本的样式更是进行设置，单击文本组件，在动态样式中设置，单击动态样式后的"…"，在弹出的属性编辑-动态样式页面中设置；单击"+"按钮，新增一个样式，如图 5-3-10 所示。

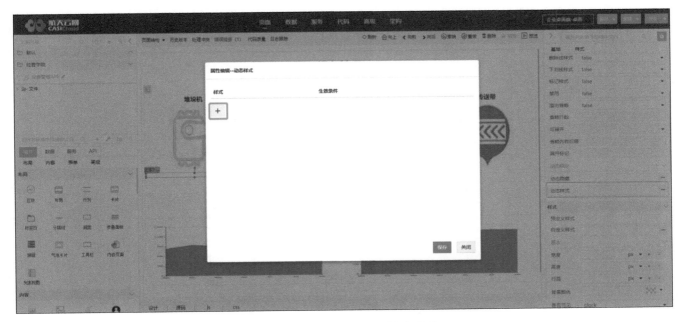

图 5-3-10　堆垛机动态文本样式设置 1

再单击"+"按钮，新增一个样式，如图 5-3-11 所示。

单击样式后的"…"，在弹出的自定义样式编辑页面单击"添加"按钮增加一个当前页面样式，设置样式名称为 yunxing，文字大小为 18px，字体加粗，颜色为绿色，设置完成后要选择该样式，如图 5-3-12 所示。

（3）保存后在属性编辑-动态样式页面，单击生效条件后的"…"，进入样式生效条件设置页面，单击进入高级模式，如图 5-3-13 所示。

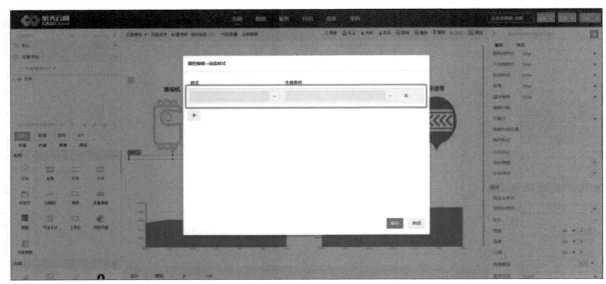

图 5-3-11　堆垛机动态文本样式设置 2

图 5-3-12　堆垛机动态文本样式设置 3

图 5-3-13　堆垛机动态文本样式设置 4

在高级模式中设置堆垛机状态数据 . data = = 1 时生效该样式，如图 5-3-14 所示。

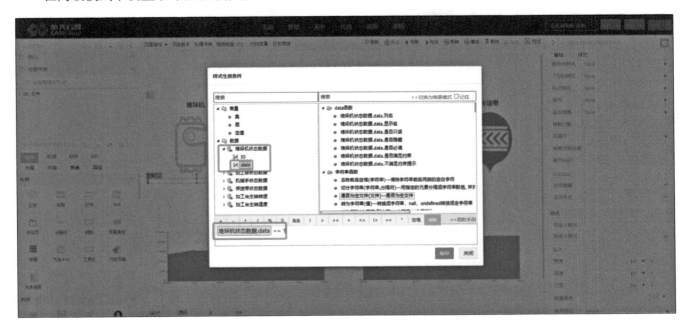

图 5-3-14 堆垛机动态文本样式设置 5

保存后完成了堆垛机设备状态在运行时的文本样式，如图 5-3-15 所示。

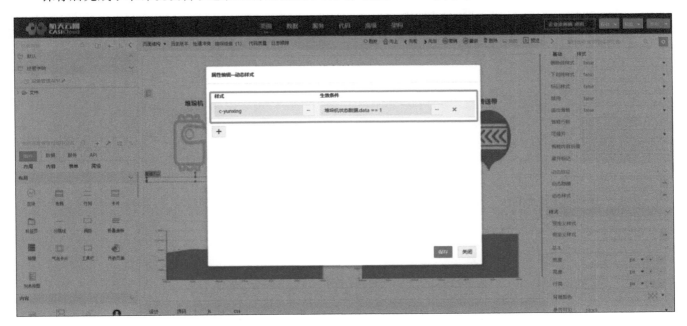

图 5-3-15 堆垛机动态文本样式设置 6

（4）同样的方法，在属性编辑-动态样式页面单击"+"按钮，新增一个样式，设置样式名称为 tingzhi，文字大小为 18px，字体加粗，颜色为红色，设置完成后要选择该样式，如图 5-3-16 所示。

保存后在属性编辑-动态样式页面，单击生效条件后的"…"，进入样式生效条件设置页面，单击进入高级模式，在高级模式中设置堆垛机状态数据 . data! = 1 时生效该样式，如图 5-3-17 所示。

保存后完成了堆垛机设备状态在运行和停止时的文本样式，如图 5-3-18 所示。

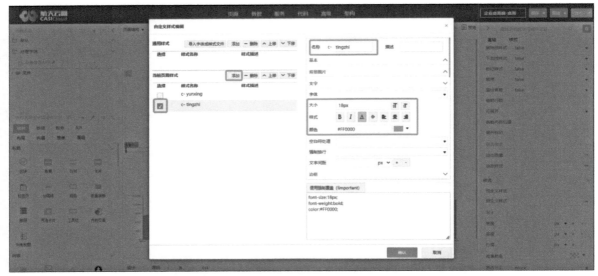

图 5-3-16　堆垛机动态文本样式设置 7

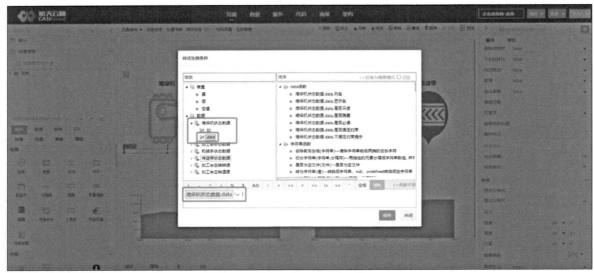

图 5-3-17　堆垛机动态文本样式设置 8

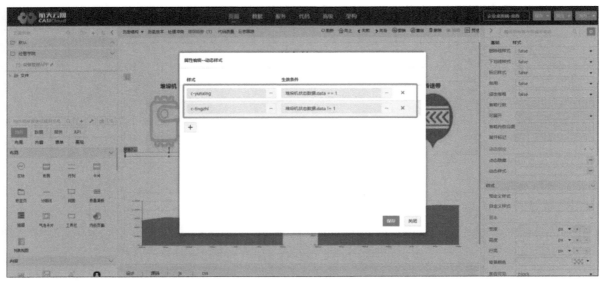

图 5-3-18　堆垛机动态文本样式设置 9

同样的方法设置加工台、机械手和传送带设备状态在运行和停止时的文本样式，由于在堆垛机文本样式设置时，设置的是当前页面样式，所以样式直接勾选即可，只需要设置生效条件。

4. 真实数据替换临时数据

（1）由于堆垛机状态数据临时数据中没有数据，在真实数据替换临时数据时需要新增一个存放搜索数据的列，所以自动模式需要选择自动新增，如果自动模式选择自动新增，则需要在数据集中增加一个空列。对加工台状态数据、机械手状态数据和传送带状态数据做同样设置，如图 5-3-19 所示。

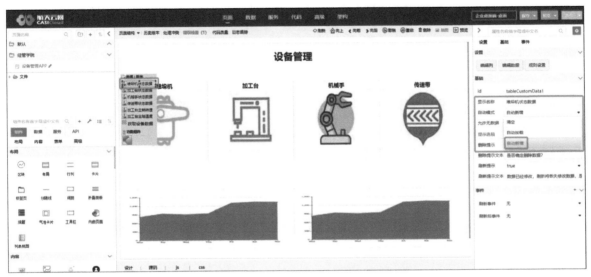

图 5-3-19　堆垛机状态数据临时数据自动模式设置

（2）在实际操作中，可以使用设备接入网关，利用 MQTT 通信协议上传的数据，此任务选择公共 MQTT 服务器 broker-cn. emqx. io 模拟发送数据，在 MQTT. fx 工具中设置 MQTT 服务器的连接信息，如图 5-3-20 所示。

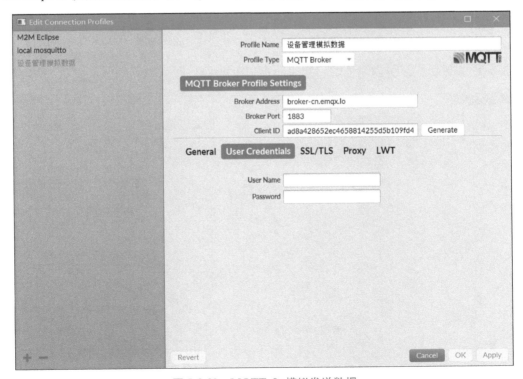

图 5-3-20　MQTT. fx 模拟发送数据

（3）发布主题设置为 SO/MsgUpStream2，TopicConst. java 文件中保持一样的设置，发布数据的格式为：{"msgType":"1","sendType":"1","name":"设备名称","data":"数据"}，数据格式中主要是 name 和 data，name 是设备名称，data 是数据，需要注意的是由于在使用 MQTT. fx 发布数据时，发送中文会乱码，所以例如设备名称等使用英文发送。例如给堆垛机发送运行状态数据，发布数据的格式为：{"msgType":"1","sendType":"1","name":"duiduoji","data":"1"}，如图 5-3-21 所示。

图 5-3-21　MQTT. fx 发送堆垛机运行状态数据 1

在页面中堆垛机的状态便显示为绿色的"运行"，如图 5-3-22 所示。

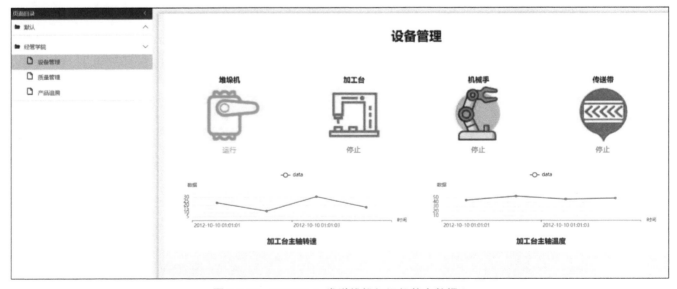

图 5-3-22　MQTT. fx 发送堆垛机运行状态数据 2

（4）同样可以为将折线图数据替换为真实数据，发布数据的格式同样为：｛"msgType"："1"，"sendType"："1"，"name"："设备名称"，"data"："数据"｝，例如给加工台主轴转速折线图发送数据，发布数据的格式为：｛"msgType"："1"，"sendType"："1"，"name"："zhuzhouzhuansu"，"data"："60"｝，如图 5-3-23 所示。

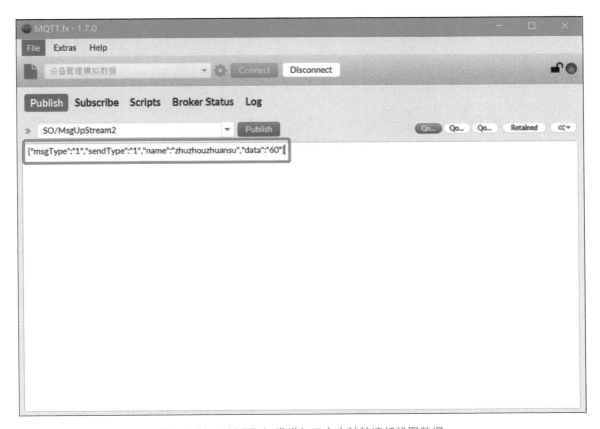

图 5-3-23　MQTT. fx 发送加工台主轴转速折线图数据

在折线图中便有了 60 这条数据，时间数据是在后端代码实现，如图 5-3-24 所示。

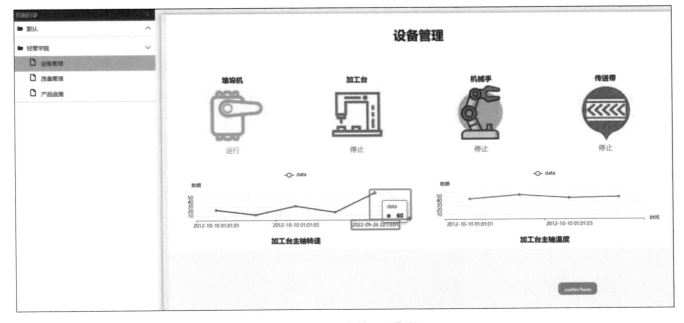

图 5-3-24　设备管理预览图

评价反馈

对本任务的学习情况进行检查评分，并将相关内容填写在表 5-3-1 中。

表 5-3-1 评分表

任务名称		姓名			任务得分		
考核项目	考核内容	配分	评分标准		自评 50%	师评 50%	得分
知识 技能 35 分	能仔细阅读知识材料，画出重点内容	10	优 10	良 8	合格 6		
	能借助信息化资源进行信息收集，自主学习	5	优 5	良 4	合格 3		
	能正确完成引导问题，写出完整答案	15	优 15	良 12	合格 10		
	能与老师进行交流，提出关键问题，有效互动	5	优 5	良 4	合格 3		
实操 技能 50 分	能正确使用订阅组件并设置主题和事件	15	优 15	良 12	合格 10		
	能正确设置文本的动态样式	10	优 10	良 8	合格 6		
	能正确完成页面结构对组件前后位置的操作	15	优 15	良 12	合格 10		
	能正确利用 MQTT. fx 将临时数据替换为真实数据	10	优 10	良 8	合格 6		
素质 技能 15 分	态度端正，认真参与	5	优 5	良 4	合格 3		
	主动学习和科学的思维能力	5	优 5	良 4	合格 3		
	执行 8S 管理标准	5	优 5	良 4	合格 3		

 任务小结

_____

_____

_____

任务拓展

自主尝试使用页面布局基础操作，主要刷新、向上、向前、向后、撤销、重做、删除操作。

项目六 质量管理

 项目描述

　　企业生产的产品品质是企业生存的重中之重，利用质量管理 APP 可以检测产品的合格率、产品信息以及追溯产品的原料信息和工单信息，所以质量管理 APP 是企业生产过程中必不可少的。本项目主要是开发质量管理和产品追溯两个页面，并将产品追溯页面设置为质量管理页面的子页面。

任务一　标题和设备状态开发

任务工单

任务名称				姓名	
班级		组号		成绩	
工作任务	在低代码开发工具利用图表组件开发饼状图				
任务目标	能力目标 ★ 会正确使用图表组件 ★ 会正确开发饼状图数据 ★ 会正确设置饼状图样 ★ 会正确增加饼状图数据 素质目标 ★ 培养对待工作和学习一丝不苟、精益求精的精神 ★ 培养主动学习和科学思维的能力 ★ 培养分析和解决生产实际问题的能力				
任务分配	职务	姓名		工作内容	
	组长				
	组员				
	组员				

⌨ 技能实操

1. 创建"质量管理"页面并制作标题

在某校页面分组下创建名称为"质量管理"的页面，在页面中按照开发设备管理标题一样的方法开发标题，如图 6-1-1 所示。

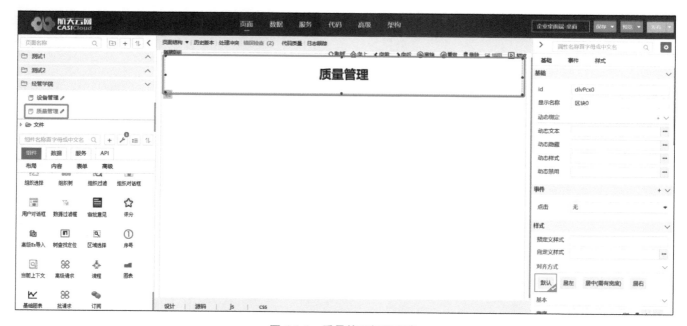

图 6-1-1　质量管理标题开发

2. 饼状图临时数据的数据开发

（1）饼状图实质是统计一类数据在总数据中占有的数量或百分比，在质量管理中是统计产品质量优秀的数量、合格的数量或不合格的数量等一类数据占总产品总数量的数量或百分比。将临时数据组件拖入设计面板，数据集名称为"饼图数据"，如图 6-1-2 所示。

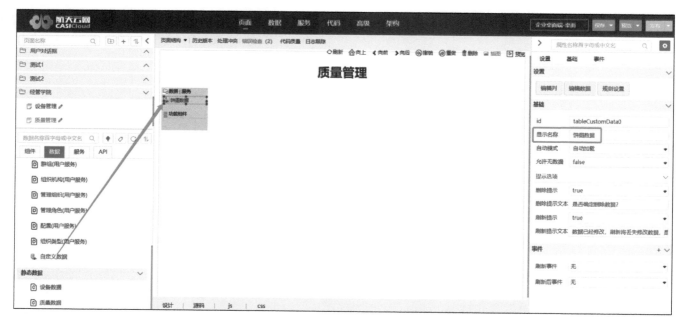

图 6-1-2　饼图临时数据开发 1

（2）例如要利用饼状图展示产品合格量和不合格量，选中饼图数据临时数据集，在属性事件面板中单击"编辑列"按钮，数据集结构由类别 option 和数量 num 构成，产品数量的数据类型为整数。将 option 的显示名称设置为类别、num 的显示名称设置为数量，在编辑数据集数据时，列名便会显示为设置的显示名称，如图 6-1-3 所示。

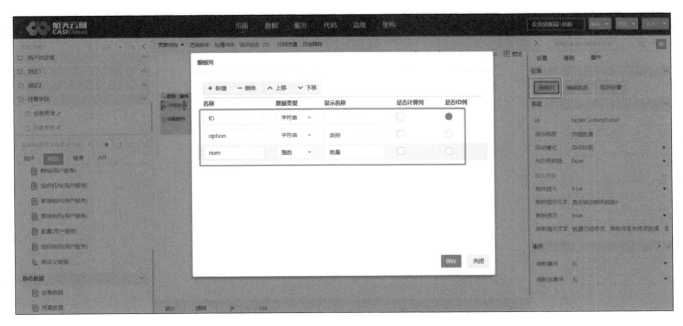

图 6-1-3　饼图临时数据开发 2

（3）选中饼图数据临时数据集，在属性事件设置面板中单击"编辑数据"按钮，新增两条数据，类别分别是"合格"和"不合格"，数量分别设置为 30 和 70。在这里可以看到列名是在编辑列时设置的显示名称，ID 没有设置列名，显示名称就没有改变，如图 6-1-4 所示。

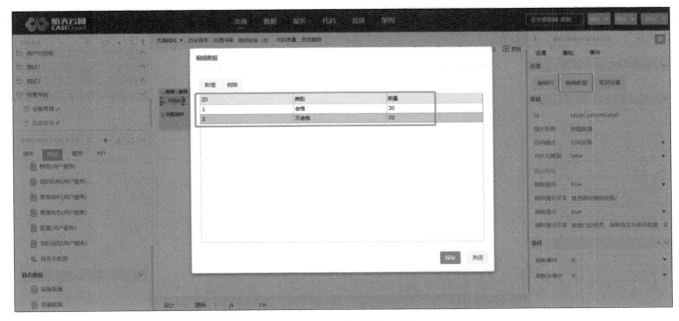

图 6-1-4　饼图临时数据开发 3

3. 饼状图开发

（1）将图表组件直接拖入设计面板，并在属性事件设置面板中饼状图绑定数据集，如图 6-1-5 所示。

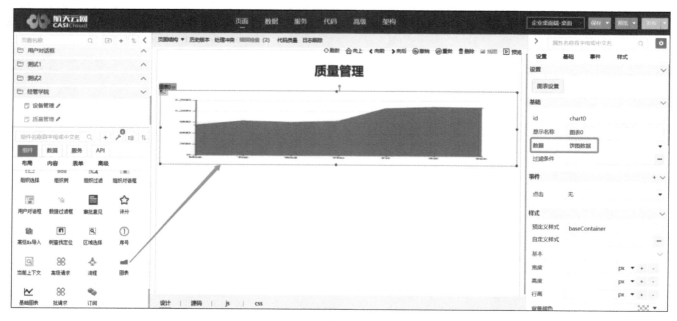

图 6-1-5　饼状图绑定数据集

（2）在属性事件设置面板单击"图表设置"按钮，对图表进行配置；在图表类型中选择图表类型为"圆环图"，单击即可完成选择，如图 6-1-6 所示。

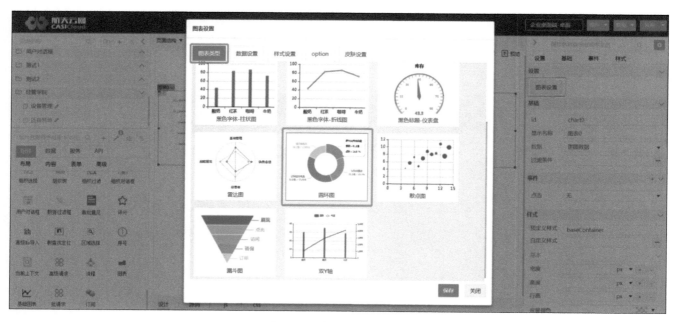

图 6-1-6　饼状图类型选择

（3）在数据设置中设置类别为维度，数量为指标，如图 6-1-7 所示。

（4）现在图表的数据设置已经开发完成，保存预览会发现，在页面上没有显示图表，图表在页面上显示需要选择页面，单击设计面板空白处即可选择页面，在页面上的属性事件设置面板中的事件中设置页面加载完成显示图表，在目标对象中选择"图表 0"，如果不确定要显示的图表，单击图表，在图表左上方可查看到图表名称，或者在页面结构中也可以查看到图表名称，如图 6-1-8 所示。

图 6-1-7　饼状图数据设置

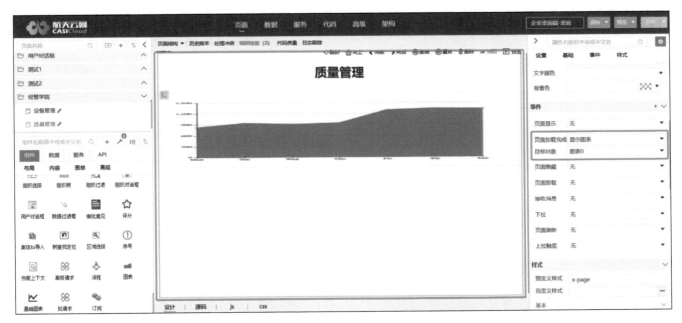

图 6-1-8　饼状图页面显示设置

　　然后再保存预览，在页面中便可正常显示饼状图，如图 6-1-9 所示。

4. 饼状图样式设置

　　（1）在开发页面，选中图表组件，单击"图表设置"按钮，在弹出的图表设置页面，单击"样式设置"，在饼图选项下可对饼状图的图形样式、文本标签和半径等进行设置，如图 6-1-10 所示。

　　（2）在饼状图预览时会发现，页面中显示的图表是圆环图，并不是饼状图。这是因为圆环图是有内外两个圆组成，如果外圆不变，内圆的半径设置为 0，那么就会变成饼状图。在样式设置中饼图选项下的半径设置中有两个数据可以设置，左侧数据就是内圆半径，右侧数据就是外圆半径，单击左侧数据，将其设置为 0，如图 6-1-11 所示。

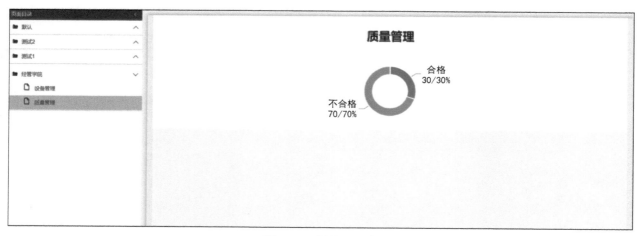

图 6-1-9　饼状图预览

图 6-1-10　饼状图样式设置 1

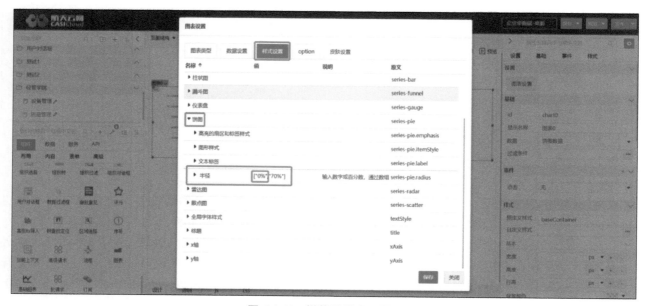

图 6-1-11　饼状图样式设置 2

保存预览后可看到产品质量饼状图就从圆环图变成了饼状图；如图 6-1-12 所示。

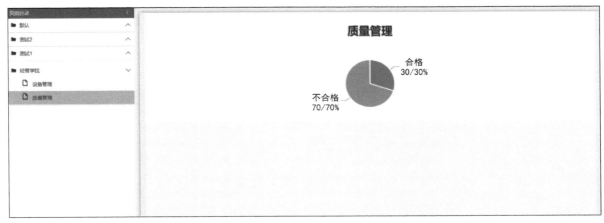

图 6-1-12　饼状图预览 1

5. 多类别饼状图开发

如果类别有优秀、良好、合格、不合格 4 种时，在编辑数据时，增加优秀和良好两列，数量设置为 50、50，如图 6-1-13 所示。

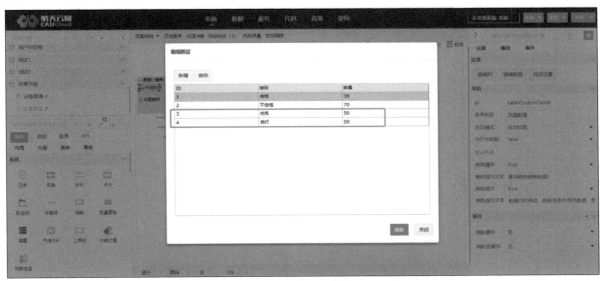

图 6-1-13　增加饼图数据

保存预览后，饼状图就会显示 4 类产品的统计，如图 6-1-14 所示。

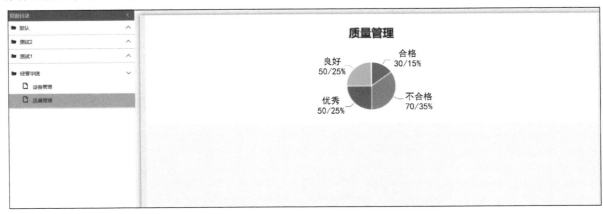

图 6-1-14　饼状图预览 2

评价反馈

对本任务的学习情况进行检查评分，并将相关内容填写在表 6-1-1 中。

表 6-1-1　评分表

任务名称			姓名			任务得分		
考核项目	考核内容	配分	评分标准			自评 50%	师评 50%	得分
知识技能 25 分	能仔细阅读知识材料，画出重点内容	10	优 10	良 8	合格 6			
	能借助信息化资源进行信息收集，自主学习	10	优 10	良 8	合格 6			
	能与老师进行交流，提出关键问题，有效互动	5	优 5	良 4	合格 3			
实操技能 60 分	能正确使用图表组件	15	优 15	良 12	合格 10			
	能正确开发饼状图临时数据	15	优 15	良 12	合格 10			
	能正确设置饼状图样式	15	优 15	良 12	合格 10			
	能正确增加饼状图数据	15	优 15	良 12	合格 10			
素质技能 15 分	态度端正，认真参与	5	优 5	良 4	合格 3			
	主动学习和科学的思维能力	5	优 5	良 4	合格 3			
	执行 8S 管理标准	5	优 5	良 4	合格 3			

 任务小结

_____

_____

_____

_____

任务拓展

删除掉本任务开发的饼状图，利用行列组件，开发左右结构两个饼状图，每个饼状图的临时数据集中的类别数据不少于 5 条。

任务二　产品信息表开发

任务工单

任务名称				姓名	
班级		组号		成绩	
工作任务	使用表格组件在页面中显示产品信息数据，并使用分页组件和数据组件的属性设置对表格中每页显示的数据进行分页设置和排序				

（续）

任务目标	知识目标 ★ 表格组件的使用场景和使用方法 ★ 分页组件的使用场景和使用方法 ★ 动态数据集分页和数据集组件排序属性的原理 能力目标 ★ 会正确使用表格组件并绑定数据集 ★ 会正确使用分页组件 ★ 会正确设置分页数量 ★ 会正确对表格中数据排序 素质目标 ★ 培养对待工作和学习一丝不苟、精益求精的精神 ★ 培养主动学习和科学的思维能力 ★ 培养分析和解决生产实际问题的能力		
任务分配	职务	姓名	工作内容
	组长		
	组员		
	组员		

知识学习

引导问题 1：表格组件的使用场景和使用方法是什么？

_____

_____

_____

【知识点 1】

使用场景：当有大量结构化数据需要展现时，表格组件会以行列的方式进行显示。

使用方法：表格组件需要绑定展现数据的数据集，设置要显示的数据集中的列即可。

引导问题 2：分页组件的使用场景和使用方法是什么？

_____

_____

_____

【知识点 2】

使用场景：对数据进行分页。

使用方法：分页组件需要绑定要分页的数据集。

引导问题 3：动态数据集分页和数据集组件排序属性的原理是什么？

_____

_____

_____

【知识点 3】

在网页上浏览内容时，随着鼠标向上或向下的滑动，网页内容源源不绝地显示出来。这么多的显示内容不是一打开网页时，就全都加载到网页上，而是先加载一部分，随着网页的滑动不断地加载，这就是分页加载，其中一次加载多少条，就是分页数据大小。像商品和订单这种数据量比较大的数据，必须使用分页加载数据，而像购物车中的数据通常情况下不会很多，可以不使用分页加载数据。分页数据大小设置为多少，就表示一次加载多少条记录。

在日常使用网页时，例如在网页中查看订单列表，我们会希望最新下的订单显示在最上面，以前下的订单显示在下面，这就是对于订单数据需要排序的需求，这个需求可以通过为订单数据集的下单日期列增加排降序的规则来实现。无论是分页还是排序，实质上还对数据集属性进行设置，分页和排序设置都是在后端服务提取数据时通过动态 SQL 语句执行而实现的。

技能实施

1. 产品信息动态数据集开发

（1）在数据开发页面新建名称为"产品信息"的动态数据集，产品信息动态数据集的数据集结构为产品标识编码、产品名称、产品重量、产品颜色、产品材质、产品产地、产品厂商和产品标识注册时间，列标识系统会自动生成，当然也可以对列标识进行修改，其中产品标识注册时间的数据类型为日期时间，如图 6-2-1 所示。

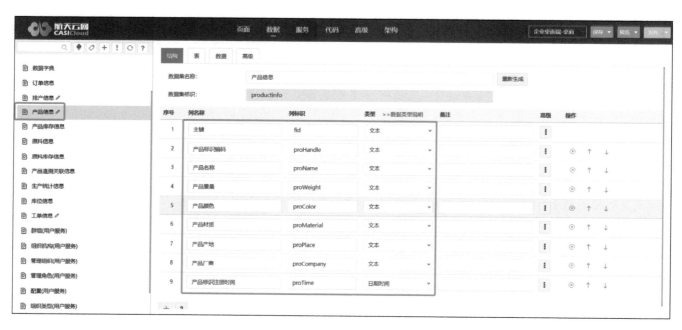

图 6-2-1　产品信息动态数据集结构

（2）将产品信息动态数据集的结构保存后，单击数据进入数据编辑页面，然后单击"新增数据"按钮新增数据，在新增数据时，主键系统会自动生成，如图 6-2-2 所示。

2. 表格组件绑定数据集

（1）将表格组件拖入设计面板，系统会自动提示给表格组件绑定数据集，此时可以选择绑定数据集，也可以在表格的属性事件设置面板中绑定数据集，如图 6-2-3 所示。

（2）在根据提示绑定数据集时会发现可选择数据集只有在本项目任务一中的饼图数据，这里需要注意，虽然在数据组件中有很多数据集，但是这些数据集都是在创建应用时应用模板中的数据集或者是应用中其他

图 6-2-2 产品信息动态数据集添加数据

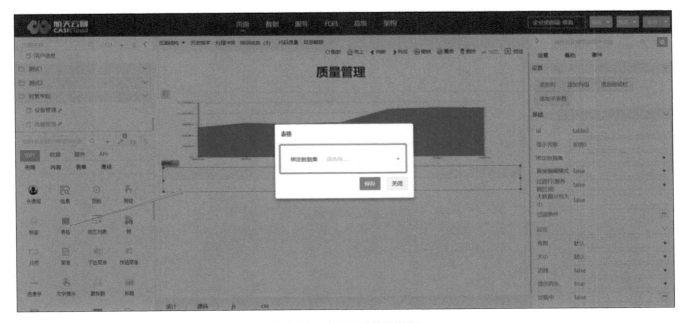

图 6-2-3 表格组件绑定数据

页面使用的数据集，所有正在开发的页面将要使用的数据集必须拖拽到页面中才可以被使用。将产品信息动态数据集拖拽到设计面板，如图 6-2-4 所示。

（3）单击表格组件，在右侧的属性事件设置面板中的绑定数据集选项中选择产品信息数据集，如图 6-2-5 所示。

3. 表格组件使用

（1）单击表格组件，在右侧属性事件设置面板中单击"添加列"按钮，在弹出的属性编辑页面可以选择要显示的列，这些列都是表格组件绑定的数据集中的列，在表格中想要显示哪些列就勾选哪些列，比如勾选产品标识编码、产品名称、产品重量和产品颜色，如图 6-2-6 所示。

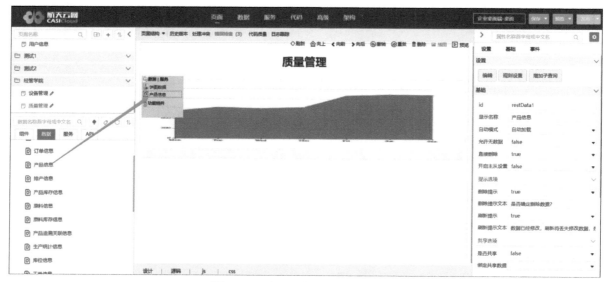

图 6-2-4　产品信息动态数据集使用

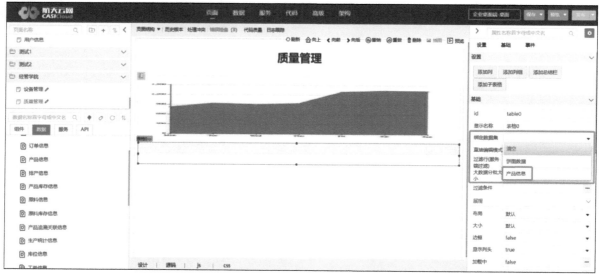

图 6-2-5　表格组件绑定产品信息动态数据集

图 6-2-6　表格组件显示列设置 1

保存后在设计面板的表格组件中会显示所选的列，如图 6-2-7 所示。

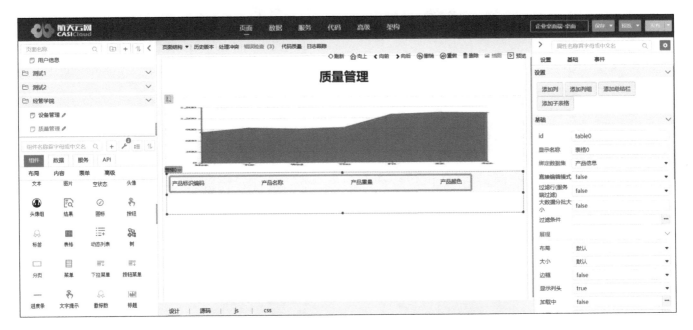

图 6-2-7　表格组件显示列设置 2

保存预览后，页面的表格中便会显示所选列的数据，如图 6-2-8 所示。

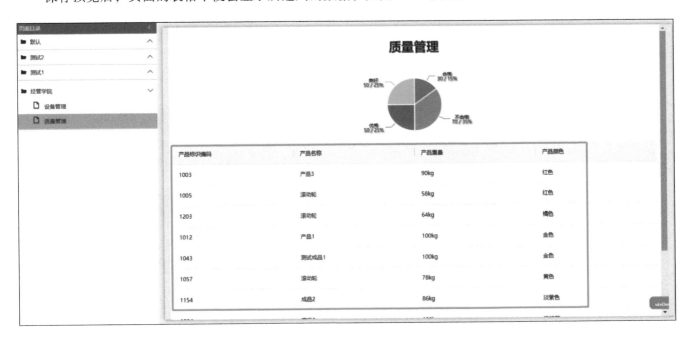

图 6-2-8　表格组件显示列预览 1

（2）如果选择在表格中显示数据集中的所有列，同样是单击表格组件，在右侧属性事件设置面板中单击"添加列"按钮，在弹出的属性编辑页面勾选所有列，如图 6-2-9 所示。

保存后预览，在表格中便可显示所有列的数据，如图 6-2-10 所示。

（3）在预览时会发现，表格中的列名是居左显示，不是居中显示，可以在表格中单击列名，在右侧的属性事件设置面板中的对齐方式中选择"居中"，列名和数据便会居中显示，如图 6-2-11 所示。

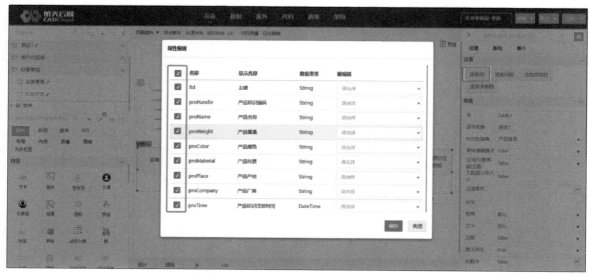

图 6-2-9　表格组件显示列设置 3

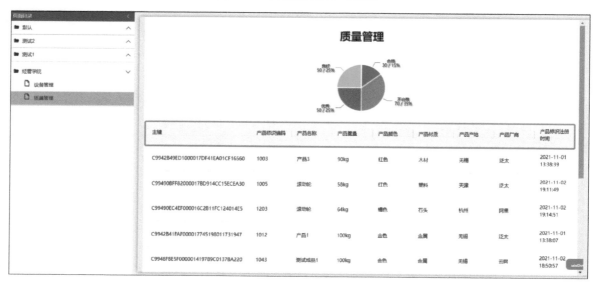

图 6-2-10　表格组件显示列预览 2

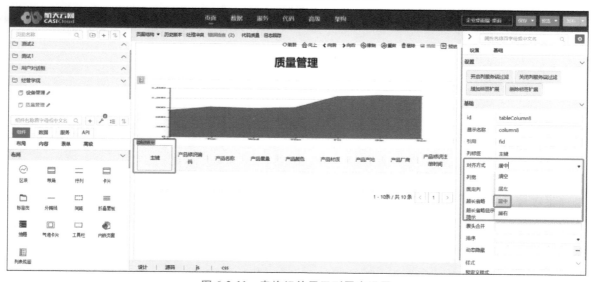

图 6-2-11　表格组件显示列居中设置

对所有列都设置为居中显示后，保存预览，页面中表格的列名和数据都是居中显示，如图 6-2-12 所示。

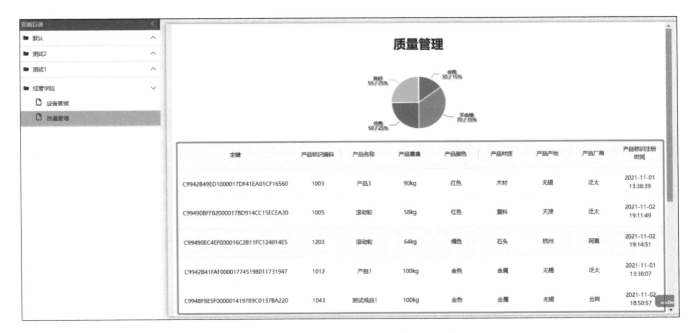

图 6-2-12 表格组件显示列居中设置预览

4. 分页组件使用

（1）在预览表格时，会发现表格绑定数据集中的所有数据都在一个页面显示，在日常使用应用时，一般会用到"上一页""下一页"或者是单击页序号查看多条数据，使用分页组件可以将数据设置分为多页显示。将分页组件拖拽到设计面板，如图 6-2-13 所示。

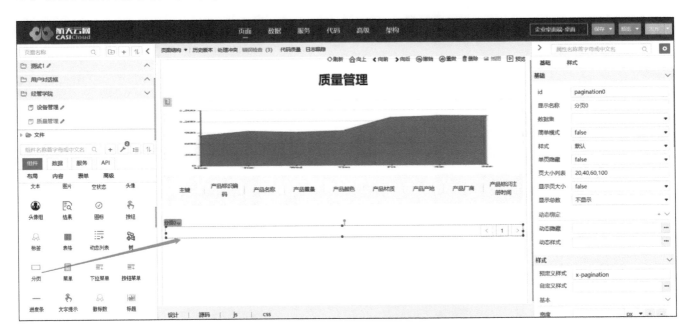

图 6-2-13 分页组件使用

分页组件也需要绑定数据集，本任务中要对表格绑定的产品信息动态数据集进行分页显示，所以分页组件同样绑定产品信息动态数据集，如图 6-2-14 所示。

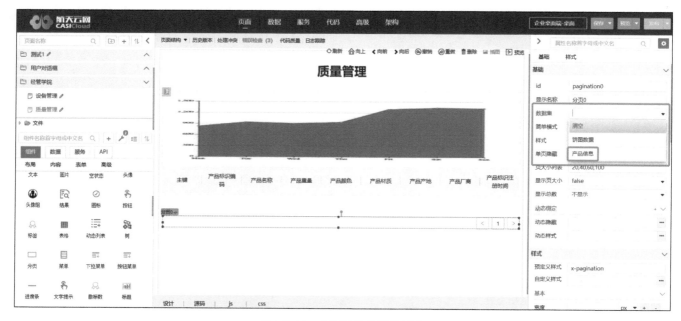

图 6-2-14　分页组件绑定数据集

（2）分页组件可以理解为只是提供一个类似"上一页""下一页"的按钮，在表格中每一页显示多少条数据是设置表格绑定的数据集，而不是在分页组件中设置。表格组件绑定的是产品信息动态数据集，单击产品信息数据集，在属性事件设置面板单击"编辑"按钮，在弹出的属性编辑页面设置，如图 6-2-15 所示。

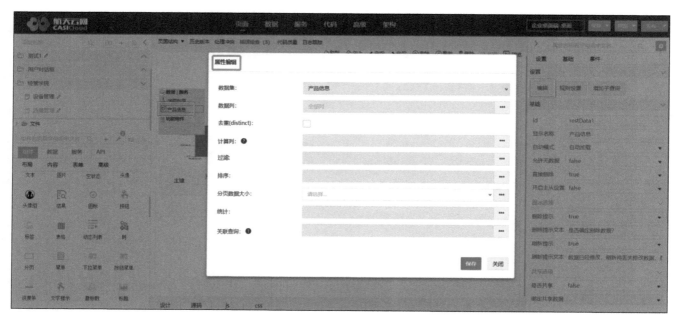

图 6-2-15　数据集属性页面设置

（3）例如要每页显示 5 条数据，在分页数据大小中选择"5"即可，如图 6-2-16 所示。

保存预览后，表格下就有了分页功能，每页显示 5 条数据，如图 6-2-17 所示。

（4）分页组件可以在属性事件设置面板中设置显示总数，单击分页组件，在右侧属性事件设置面板显示综述设置项下选择"1-10 条/共 10 条"选项，如图 6-2-18 所示。

图 6-2-16 数据集属性分页设置大小为 5

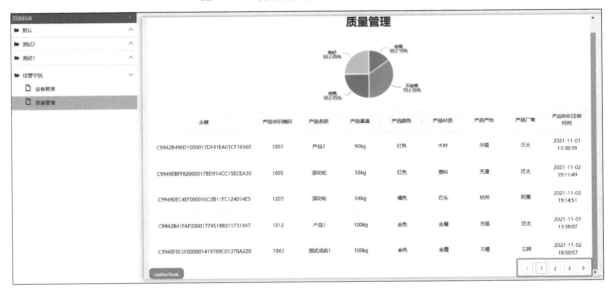

图 6-2-17 数据集属性分页设置预览

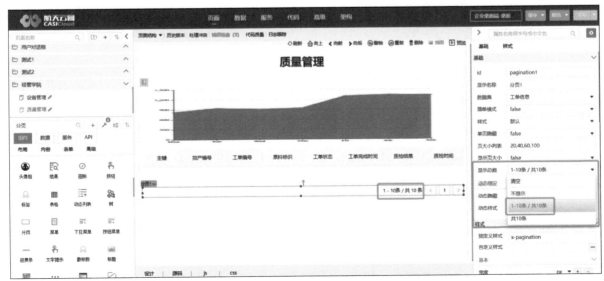

图 6-2-18 分页组件显示总数设置

保存预览后，可查看到分页效果，如图 6-2-19 所示。

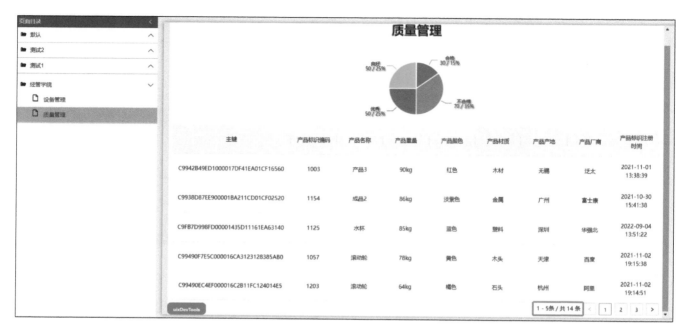

图 6-2-19　分页组件显示总数预览

5. 表格中数据排序设置

（1）表格中显示的数据也可以进行排序，同样是设置表格绑定的数据集。表格组件绑定的是产品信息动态数据集，单击产品信息数据集，在属性事件设置面板单击"编辑"按钮，在弹出的属性编辑页面中的排序选项中设置，如图 6-2-20 所示。

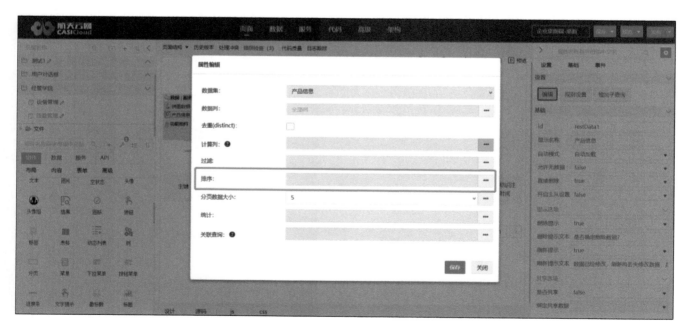

图 6-2-20　数据集属性排序设置 1

单击排序设置项后的"…"，在弹出的排序设置页面中选择某一列以升序或降序进行排序，如图 6-2-21 所示。

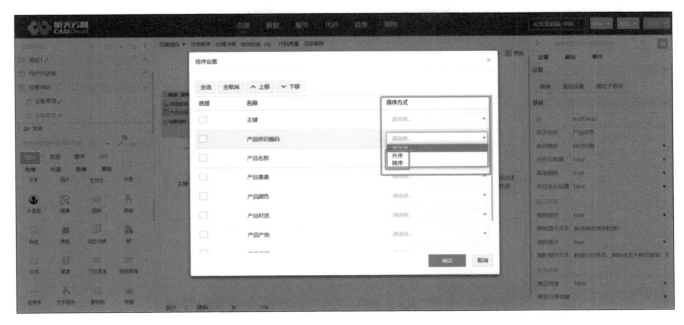

图 6-2-21　数据集属性排序设置 2

（2）例如以产品重量降序排列，在排序设置页面中选择产品重量，排序方式选择降序，如图 6-2-22 所示。

图 6-2-22　数据集属性排序设置 3

保存预览后，可查看到表格中的数据便以产品重量降序排列显示，如图 6-2-23 所示。

 评价反馈

对本任务的学习情况进行检查评分，并将相关内容填写在表 6-2-1 中。

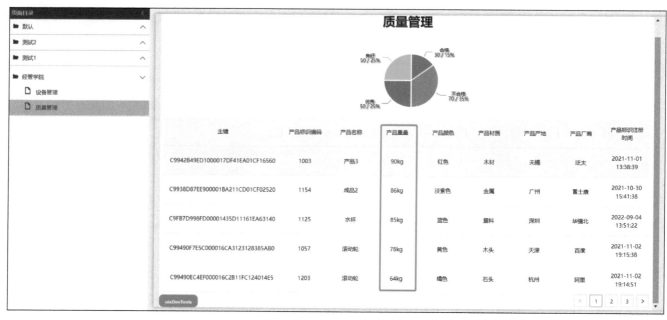

图 6-2-23　数据集属性排序预览

表 6-2-1　评分表

任务名称		姓名			任务得分		
考核项目	考核内容	配分	评分标准		自评 50%	师评 50%	得分
知识技能 35 分	能仔细阅读知识材料，画出重点内容	10	优 10　良 8　合格 6				
	能借助信息化资源进行信息收集，自主学习	5	优 5　良 4　合格 3				
	能正确完成引导问题，写出完整答案	15	优 15　良 12　合格 10				
	能与老师进行交流，提出关键问题，有效互动	5	优 5　良 4　合格 3				
实操技能 50 分	能正确使用表格组件并绑定数据集	15	优 15　良 12　合格 10				
	能正确使用分页组件	10	优 10　良 8　合格 6				
	能正确设置分页数量	15	优 15　良 12　合格 10				
	能正确对表格中数据排序	10	优 10　良 8　合格 6				
素质技能 15 分	态度端正，认真参与	5	优 5　良 4　合格 3				
	主动学习和科学的思维能力	5	优 5　良 4　合格 3				
	执行 8S 管理标准	5	优 5　良 4　合格 3				

📝 任务小结

💻 任务拓展

　　自主尝试将表格每一页显示的数量设置为 8 条，并将表格中数据按产品标识注册时间升序排列。

任务三　产品追溯页面开发

任务工单

任务名称				姓名	
班级		组号		成绩	
工作任务	开发产品追溯页面，使用输入框组件开发搜索栏，使用表单组件、表单项组件、行列组件、区块组件和文本组件开发原料信息表单和工单信息表单				

任务目标	知识目标 ★ 表单组件的使用场景和使用方法 ★ 表单项组件的使用场景和使用方法 ★ 按钮组件的使用场景和使用方法 能力目标 ★ 会正确开发原料信息和工单信息动态数据集 ★ 会正确使用输入框组件开发搜索栏 ★ 会正确使用表单组件、行列组件和表单项组件 ★ 会正确给文本组件绑定数据 素质目标 ★ 培养对待工作和学习一丝不苟、精益求精的精神 ★ 培养主动学习和科学的思维能力 ★ 培养分析和解决生产实际问题的能力

任务分配	职务	姓名	工作内容
	组长		
	组员		
	组员		

知识学习

? 引导问题 1： 表单组件的使用场景和使用方法是什么？

_____

_____

_____

_____

【知识点 1】

使用场景：用于创建一个实体或收集信息。

201

使用方法：可添加表单样式，添加表单项进行使用。

 引导问题 2：表单项组件的使用场景和使用方法是什么？

_____

_____

_____

_____

【知识点 2】

使用场景：表单的具体内容，可添加各类组件，如按钮组件、输入框组件、文本组件等。

使用方法：按钮组件、输入框组件、文本组件等加入表单项内使用。

 引导问题 3：按钮组件的使用场景和使用方法是什么？

_____

_____

_____

_____

【知识点 3】

使用场景：用于开始一个即时操作。

使用方法：可以设置显示的图标、文字、大小以及颜色等样式。

技能实施

1. 产品追溯页面数据开发

（1）由于要通过产品标识编码追溯到产品的原料信息和工单信息，所以需要创建原料信息动态数据集和工单信息数据集。原料信息动态数据集的数据集结构为原料标识编码、原料名称、原料重量、原料材质、原料产地和原料供应商，如图 6-3-1 所示。

图 6-3-1 原料信息数据集结构

保存原料信息动态数据集结构后，添加数据，如图6-3-2所示。

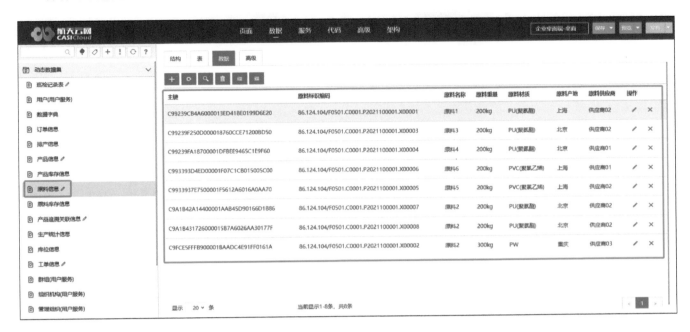

图 6-3-2　原料信息数据集添加数据

（2）工单信息动态数据集的数据集结构为排产编号、工单编号、工单状态、工单完成时间、质检结果和质检时间，如图6-3-3所示。

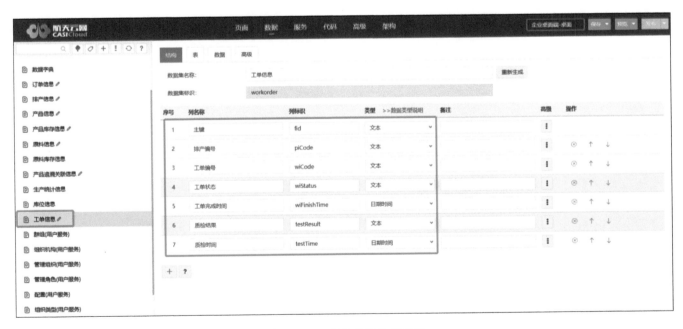

图 6-3-3　工单信息数据集结构

保存工单信息动态数据集结构后，添加数据，如图6-3-4所示。

2. 搜索栏开发

（1）新建名称为"产品追溯"的空白页面，将原料信息数据集和工单信息数据集拖拽到设计面板，如图6-3-5所示。

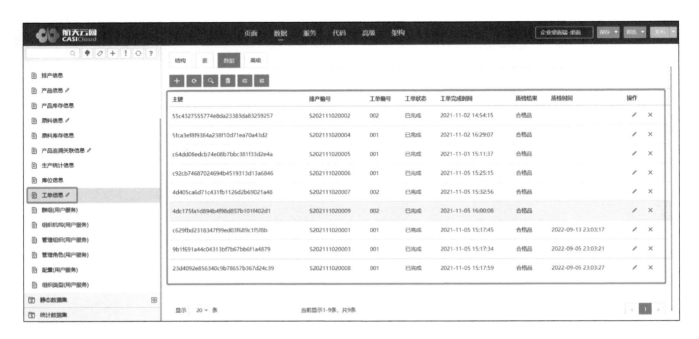

图 6-3-4　原料信息数据集添加数据

图 6-3-5　原料信息和工单信息数据集使用

（2）将区块组件拖入设计面板，将输入框组件拖入区块组件内，在输入框的属性事件设置面板单击"添加后缀按钮"，在输入框内增加一个按钮，如图 6-3-6 所示。

单击新增的按钮，在按钮属性事件设置面板设置文本为"马上追溯"，样式为"主按钮"，这样就把输入框组件开发成为了一个可以用来搜索的搜索栏，如图 6-3-7 所示。

单击输入框，调整输入框的大小，并在区块组件中将其设置为居中，上方内边距设置为 30px，如图 6-3-8 所示。

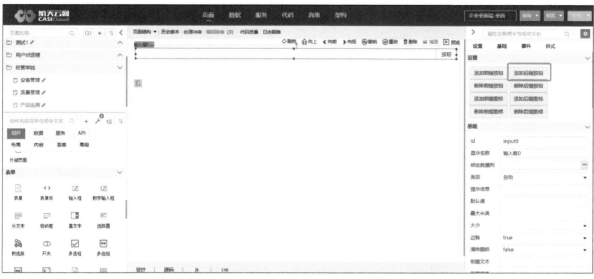

图 6-3-6 输入框内添加按钮

图 6-3-7 输入框内按钮设置

图 6-3-8 搜索框设置

3. 原料信息表单开发

（1）将区块组件拖入设计面板，将文本组件拖入区块组件内，文本内容为"原料信息"，文字大小设置为 20px 并加粗，如图 6-3-9 所示。

图 6-3-9　原料信息显示栏开发

单击区块组件，设置区块背景颜色为#cccccc，如图 6-3-10 所示。

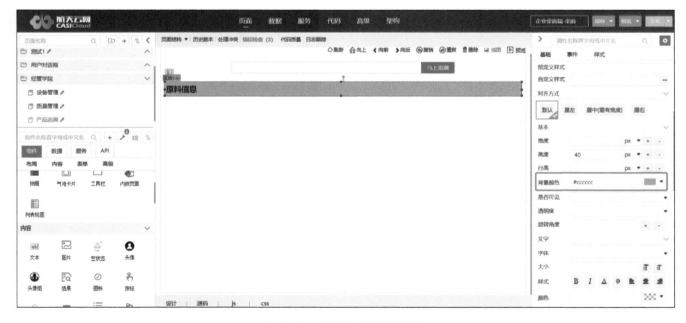

图 6-3-10　原料信息显示栏设置

（2）将表单组件拖入设计面板，由于原料信息数据集有 6 个字段，也就是原料信息要有 6 条信息要显示，但是表单只能显示 1 条信息，所以在表单组件内再拖入 3 个行列组件，每个行列组件通过删减设置为一行两列，这样就把表单设置为 6 个区域，每个区域将显示 1 条信息，如图 6-3-11 所示。

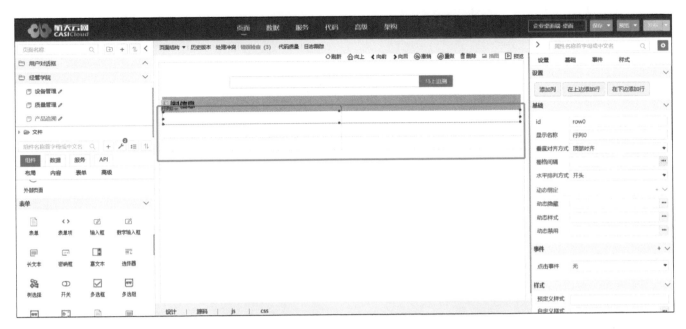

图 6-3-11　表单组件和行列组件的使用

（3）将表单项组件拖入到行列组件中的列内，由于要显示的是原料信息数据集中的数据，所以设置表单项的标签文本为"原料标识编码"，如图 6-3-12 所示。

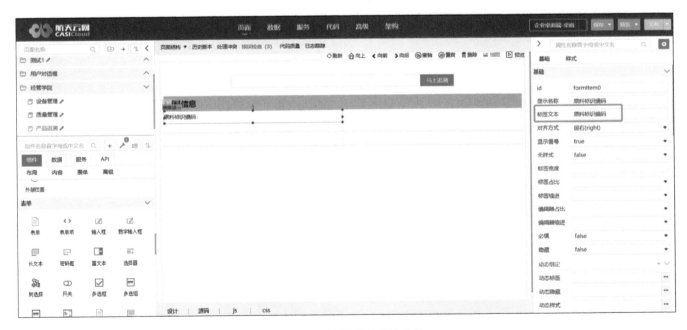

图 6-3-12　表单项组件的使用

（4）原料标识编码后要显示的数据是原料信息数据集中的原料标识编码数据，所以在其后加入文本组件，如图 6-3-13 所示。

设置文本显示的数据为动态文本，绑定的数据为原料信息表中的原料标识编码，如图 6-3-14 所示。

（5）同样的方法，设置原料名称、原料重量、原料材质、原料产地和原料供应商表单项并设置显示动态文本，如图 6-3-15 所示。

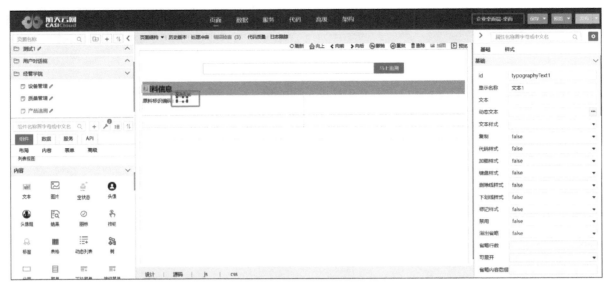

图 6-3-13　表单项组件内文本组件的使用

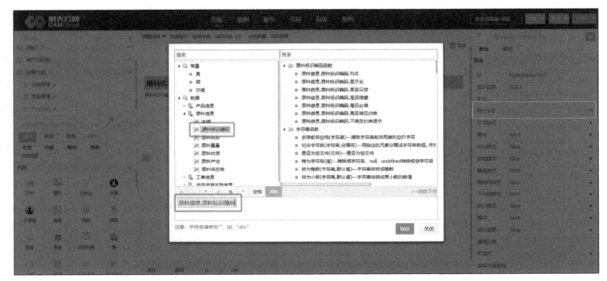

图 6-3-14　动态文本绑定数据

图 6-3-15　表单内其他表单项设置

（6）目前表单中各表单项是左对齐，为了页面美观，选择表单组件，在右侧的属性事件设置面板中的标签宽度设置为100px，各表单项就会右对齐，如图6-3-16所示。

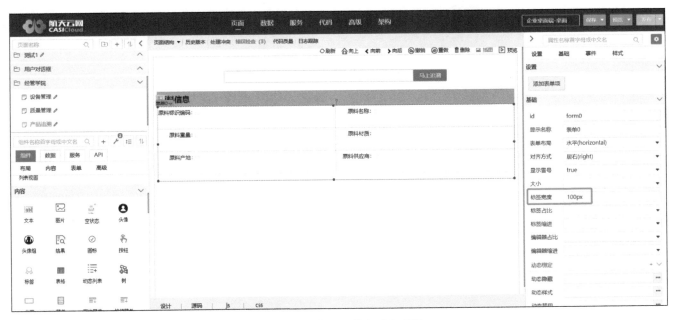

图 6-3-16　表单组件右对齐设置

（7）此部分开发所用组件较多，如有疑问，建议使用页面结构，查看各组件之间的关系，如图6-3-17所示。

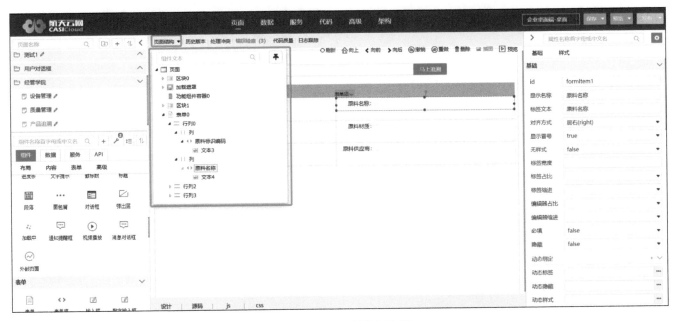

图 6-3-17　页面结构树查看

4. 工单信息表单开发

（1）和开发原料信息表单同样的方法，将区块组件拖入设计面板，将文本组件拖入区块组件内，文本内容为"工单信息"，文字大小设置为20px并加粗，将区块组件的背景颜色设置为#cccccc，如图6-3-18所示。

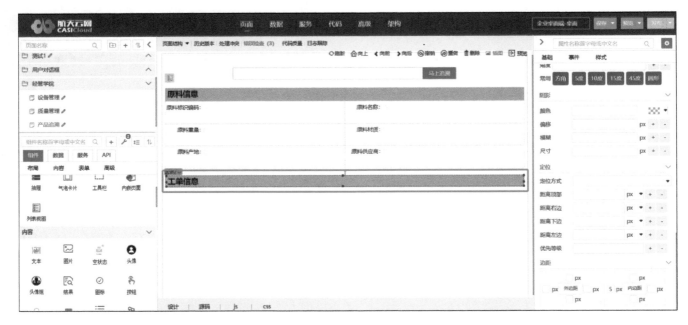

图 6-3-18 工单信息显示栏开发

（2）将表单组件拖入设计面板，由于工单信息数据集有 6 个字段，也就是工单信息要有 6 条信息要显示，但是表单只能显示 1 条信息，所以在表单组件内再拖入 3 个行列组件，每个行列组件通过删减设置为一行两列，这样就把表单设置为 6 个区域，每个区域将显示 1 条信息，如图 6-3-19 所示。

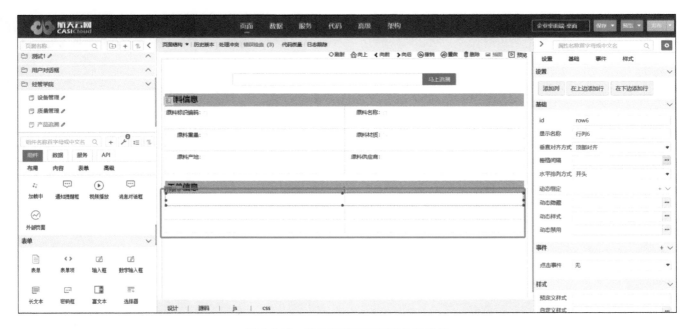

图 6-3-19 表单组件和行列组件的使用

（3）将表单项组件拖入到行列组件中的列内，由于要显示的是工单信息数据集中的数据，所以设置表单项的标签文本为"排产编号"，如图 6-3-20 所示。

排产编号后要显示的数据是工单信息数据集中的排产编号数据，所以在其后加入文本组件，设置文本显示的数据为动态文本，绑定的数据为工单信息表中的排产编号，如图 6-3-21 所示。

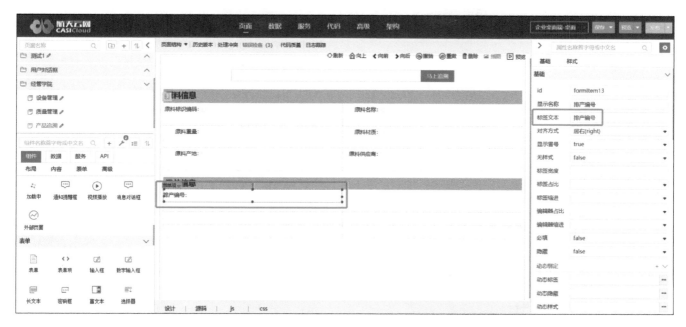

图 6-3-20　表单项组件内文本组件的使用

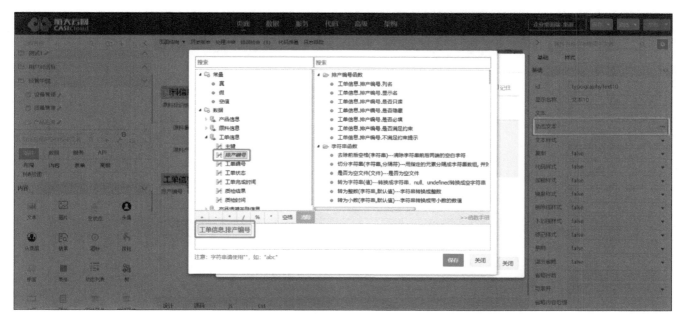

图 6-3-21　动态文本绑定数据

（4）同样的方法，设置工单编号、工单状态、工单完成时间、质检结果和质检时间表单项并设置显示的动态文本，为了页面美观，选择表单组件，在右侧的属性事件设置面板中的标签宽度设置为100px，将各表单项设置为右对齐，如图 6-3-22 所示。

（5）保存预览后，页面如图 6-3-23 所示。

（6）此时会发现在没有查询时页面中的工单信息和原料信息有数据，这是因为数据集默认的自动模式为自动加载，单击设计面板中的数据集，在右侧的属性时间面板中将自动模式选择"清空"即可，用同样的方法可以完成原料信息数据集的设置，如图 6-3-24 所示。

图 6-3-22　表单内其他表单项设置

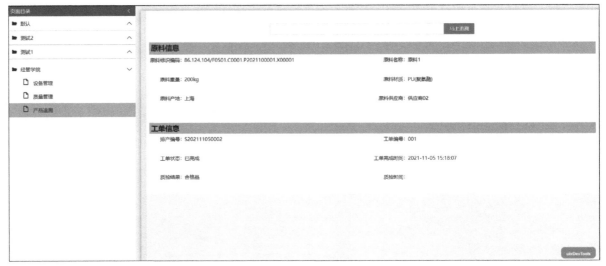

图 6-3-23　产品追溯页面预览 1

图 6-3-24　数据集自动模式设置

保存预览后，页面中在没有查询时没有原料信息数据和工单信息数据，如图 6-3-25 所示。

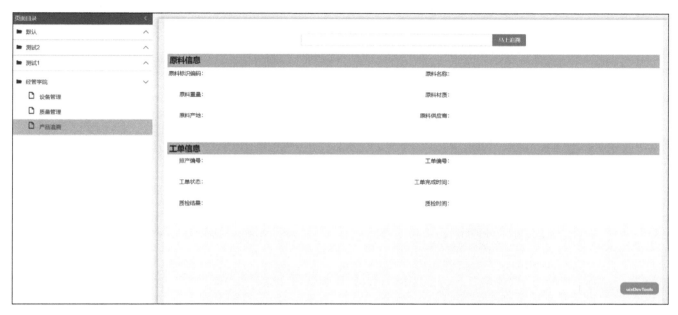

图 6-3-25 产品追溯页面预览 2

 评价反馈

对本任务的学习情况进行检查评分，并将相关内容填写在表 6-3-1 中。

表 6-3-1 评分表

任务名称		姓名			任务得分		
考核项目	考核内容	配 分	评分标准		自评 50%	师评 50%	得分
知识技能 35 分	能仔细阅读知识材料，画出重点内容	10	优 10	良 8　合格 6			
	能借助信息化资源进行信息收集，自主学习	5	优 5	良 4　合格 3			
	能正确完成引导问题，写出完整答案	15	优 15	良 12　合格 10			
	能与老师进行交流，提出关键问题，有效互动	5	优 5	良 4　合格 3			
实操技能 50 分	能正确开发原料信息和工单信息动态数据集	15	优 15	良 12　合格 10			
	能正确使用输入框组件开发搜索栏	10	优 10	良 8　合格 6			
	能正确使用表单组件、行列组件和表单项组件	15	优 15	良 12　合格 10			
	能正确给文本组件绑定数据	10	优 10	良 8　合格 6			
素质技能 15 分	态度端正，认真参与	5	优 5	良 4　合格 3			
	主动学习和科学思维的能力	5	优 5	良 4　合格 3			
	执行 8S 管理标准	5	优 5	良 4　合格 3			

 任务小结

📎 **任务拓展**

自主尝试在原料信息数据集和工单信息数据集中分别增加一列并添加数据，然后在原料信息表单和工单信息表单把添加的列增加到表单中。

任务四　产品追溯页面数据设置

💻 **任务工单**

任务名称				姓名	
班级		组号		成绩	
工作任务	对产品追溯页面中的数据进行设置，做到在搜索栏中输入产品标识编码可以搜索到该产品的原料信息和工单信息				
任务目标	**知识目标** ★ 数据集组件的过滤属性 **能力目标** ★ 会正确开发产品追溯关联信息动态数据集 ★ 会正确设置产品追溯关联信息数据集的过滤属性和事件 ★ 会正确设置原料信息和工单信息数据集的过滤属性 ★ 会正确设置在查询时的按钮事件 **素质目标** ★ 培养对待工作和学习一丝不苟、精益求精的精神 ★ 培养主动学习和科学思维的能力 ★ 培养分析和解决生产实际问题的能力				
任务分配	职务	姓名		工作内容	
	组长				
	组员				
	组员				

📖 **知识学习**

❓ **引导问题 1**：数据集组件的过滤属性是什么？

_____

_____

_____

【知识点 1】

日常在商品列表页中，有一个搜索框，当用户输入"羽绒服"后，商品列表中只显示系统中设置的一款款羽绒服，当用户输入"运动鞋"后，商品列表中只显示系统中设置的一款款运动鞋……，这就是数据过滤。通过在数据集组件上设置过滤条件，实现从后端数据集中获取指定的数据。

过滤是数据集组件的一个属性，一个数据集可以有多个过滤条件，如果设置了多个过滤条件，那么这些过滤条件之间，要么都是并且的关系，要么都是或者的关系，每个过滤条件中包含 3 部分，一个是列，一个是值，一个是列和值的关系。列是数据集组件中的列，包括关联查询出的列，操作是设置列和值的关系，示例见下表 6-4-1，值是在表达式编辑器中设置，可以是常量、数据列值和表达式。

在数据集组件中设置过滤条件后，如果条件中的值指向的是数据集组件的列，修改数据集组件的列值，就可以改变过滤条件。如果条件中的值是写死的，可通过执行过滤操作来改变过滤条件。数据集组件有两个过滤操作：清除所有过滤、设置过滤。

表 6-4-1　操作示例

操　作	示　例
等于　大于　大于等于 不等　小于　小于等于	● 查询未付款的订单 订单状态等于未付款 ● 查询单价大于等于 300 元的商品 单价大于等于 300 ● 查询 4 月中旬的订单 下单时间小于等于 2018-04-20 并且 下单时间大于等于 2018-04-11
字符匹配 字符匹配（不区分大小写）	● 查询商品名称中包含玫瑰的商品 商品名称字符匹配玫瑰
为空　非空	● 查询打折商品 折扣价非空 ● 查询不打折商品 折扣价为空
包含	● 查询商品分类是鲜花和盆景的商品 商品分类包括鲜花，盆景

技能实操

1. 产品追溯关联信息动态数据集开发

（1）在产品追溯页面目前有原料信息和工单信息两个动态数据集，两个动态数据集相对是独立的。想要通过产品标识编码查询到原料信息和工单信息要通过一个中间数据集将两个数据集关联起来，换句话说，通过一个中间的联系纽带，将两个相对独立的数据集建立起联系，所以需要在创建一个名称为"产品追溯关联信息"动态数据集，数据集结构为产品标识编码、原料标识编码、排产编号和工单编号。

需要注意的是由于产品追溯关联信息数据集通过产品标识编码查询到原料信息数据集和工单信息数据集，在产品追溯关联信息数据集中的产品标识编码和产品信息数据集中的产品标识编码是一致的，列标识也要保证一致，在产品追溯关联信息数据集中的原料标识编码和原料信息数据集中的原料标识编码是一致的，列标识也要保证一致，在产品追溯关联信息数据集中的排产编号和工单信息数据集中的排产编号是一致的，列标识也要保证一致，如图 6-4-1 所示。

（2）保存产品追溯关联信息动态数据集结构后添加数据，由于在产品追溯页面要通过产品标识编码查询到原料信息和工单信息，所以产品追溯关联信息动态数据集中，产品标识编码数据应有产品信息数据集中产品标识编码数据，防止在开发完成后查不到数据，如图 6-4-2 所示。

（3）产品追溯关联信息动态数据集开发完成后，再将其拖入到设计面板，如图 6-4-3 所示。

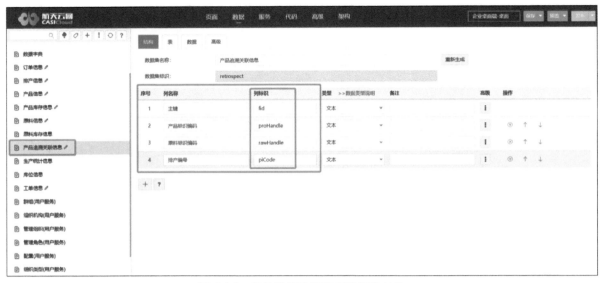

图 6-4-1　产品追溯关联信息数据集结构

图 6-4-2　产品追溯关联信息数据集数据

图 6-4-3　产品追溯关联信息数据集使用

2. 查询条件临时数据开发

（1）在本项目任务三中开发了搜索栏，在日常搜索时，需要在搜索框输入想要搜索的内容，输入的搜索内容是不需要存储到物理数据库中的数据，所以在低代码工具中使用临时数据。将临时数据组件拖入设计面板，设置显示名称为"查询条件数据"，如图6-4-4所示。

图 6-4-4　查询条件数据临时数据

（2）编辑"编辑列"按钮，添加两列数据，分别是"ID"和"condition"，为了方便后续开发，将condition列的显示名称设置为"条件"，然后保存，如图6-4-5所示。

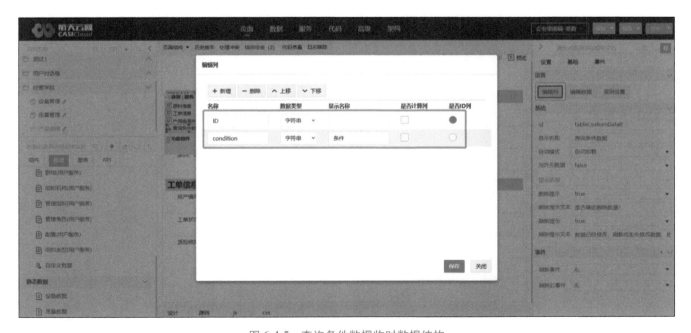

图 6-4-5　查询条件数据临时数据结构

（3）在输入框的属性事件设置面板中绑定数据列，绑定的数据列为查询条件数据中的条件，如图6-4-6所示。

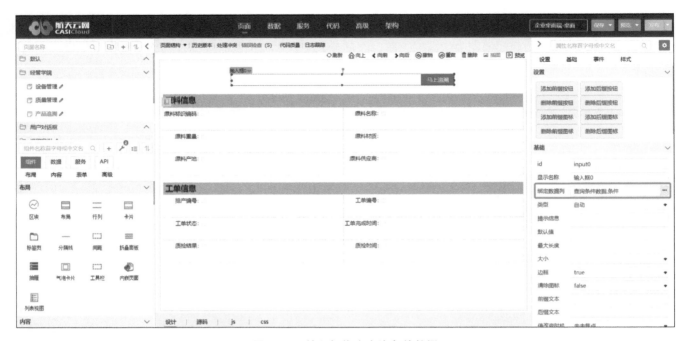

图 6-4-6　输入框绑定查询条件数据

3. 数据集属性设置

（1）由于是通过产品标识编码查询产品的原料信息和工单信息，所以在搜索框输入的应该是产品标识编码。前面已经提到要通过产品标识编码查询产品的原料信息和工单信息，需要中间联系纽带产品追溯关联信息数据集，将查询条件数据和产品追溯关联信息数据集关联，然后通过追溯关联信息数据集查询到产品的原料信息和工单信息。

选中产品追溯关联信息数据集，在右侧的属性事件设置面板中单击"编辑"按钮，在弹出的属性编辑页面中的"过滤"中进行设置，如图 6-4-7 所示。

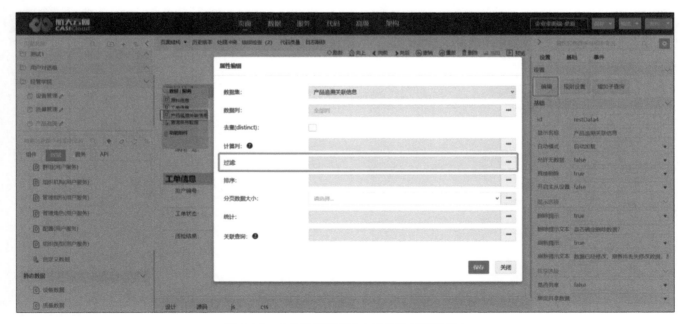

图 6-4-7　产品追溯关联信息数据集过滤设置 1

单击过滤设置项后的"…",在弹出的过滤设置页面,单击"新增"按钮,列选择"产品标识编码",操作选择"等于",如图6-4-8所示。

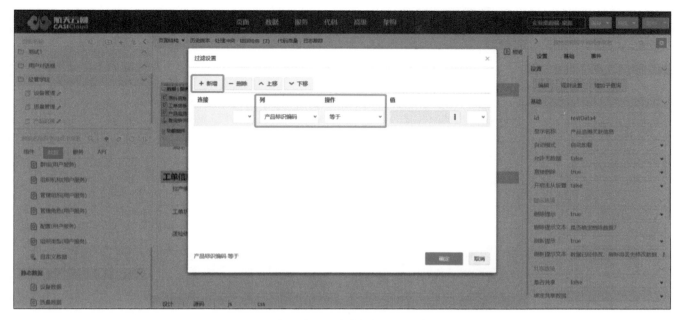

图 6-4-8　产品追溯关联信息数据集过滤设置 2

单击后面的"：",在弹出的页面中设置为查询条件数据中的条件,双击即可设置,如图6-4-9所示。

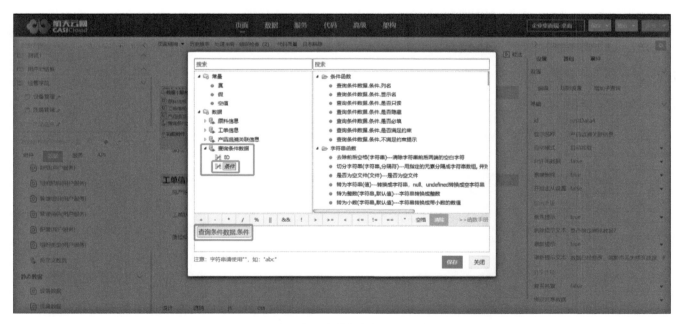

图 6-4-9　产品追溯关联信息数据集过滤设置 3

设置完成后,过滤设置如图6-4-10所示,然后保存即可。

（2）选中原料信息数据集,在右侧的属性事件设置面板中单击"编辑"按钮,在弹出的属性编辑页面中的"过滤"中进行设置,如图6-4-11所示。

单击过滤设置项后的"…",在弹出的过滤设置页面,单击"新增"按钮,列选择"原料标识编码",操作选择"等于",如图6-4-12所示。

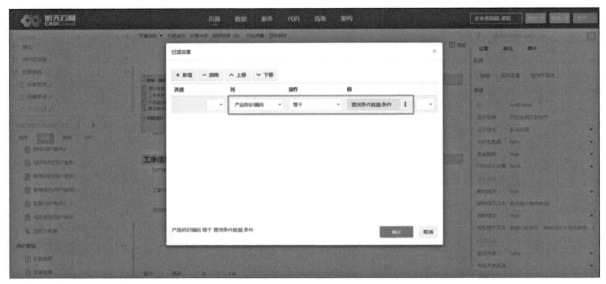

图 6-4-10　产品追溯关联信息数据集过滤设置 4

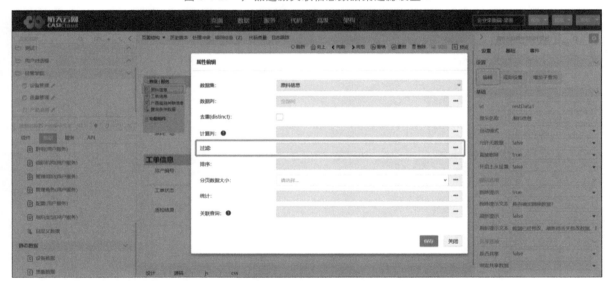

图 6-4-11　原料信息数据集过滤设置 1

图 6-4-12　原料信息数据集过滤设置 2

单击后面的"："，在弹出的页面中设置为产品追溯关联信息数据集中的原料标识编码，双击即可设置，如图 6-4-13 所示。

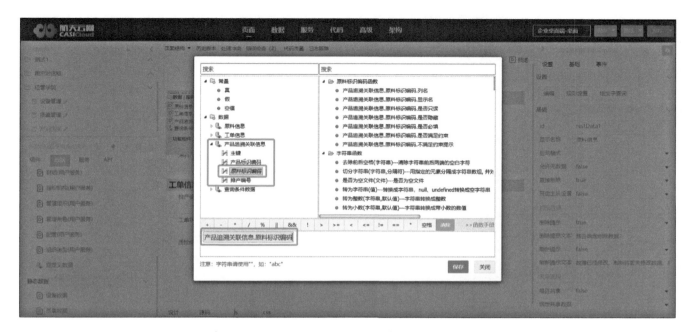

图 6-4-13 原料信息数据集过滤设置 3

设置完成后，过滤设置如图 6-4-14 所示，然后保存即可。

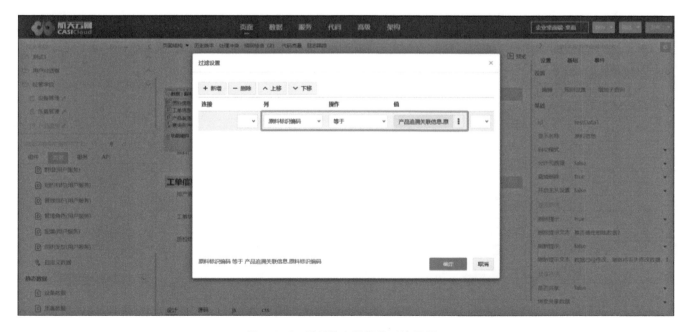

图 6-4-14 原料信息数据集过滤设置 4

（3）选中工单信息数据集，在右侧的属性事件设置面板中单击"编辑"按钮，在弹出的属性编辑页面中的"过滤"中进行设置，如图 6-4-15 所示。

单击过滤设置项后的"…"，在弹出的过滤设置页面，单击"新增"按钮，列选择"排产编号"，操作选择"等于"，如图 6-4-16 所示。

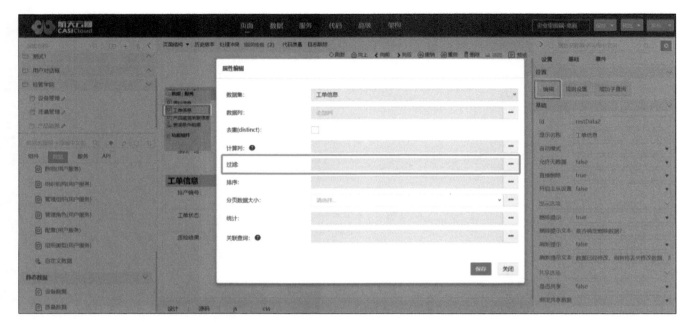

图 6-4-15　工单信息数据集过滤设置 1

图 6-4-16　工单信息数据集过滤设置 2

　　单击后面的"："，在弹出的页面中设置为产品追溯关联信息数据集中的排产编号，双击即可设置，如图 6-4-17 所示。

　　设置完成后，过滤设置如图 6-4-18 所示，然后保存即可。

　　（4）所有数据集属性设置完成后，保存该页面并预览，会发现页面中在没有查询时原料信息和工单信息有数据，这个问题和在本项目任务三中遇到的问题一样，这是因为数据集默认的自动模式为自动加载，单击设计面板中的产品追溯关联信息数据集，在右侧的属性时间面板中将自动模式选择"清空"即可，如图 6-4-19 所示。

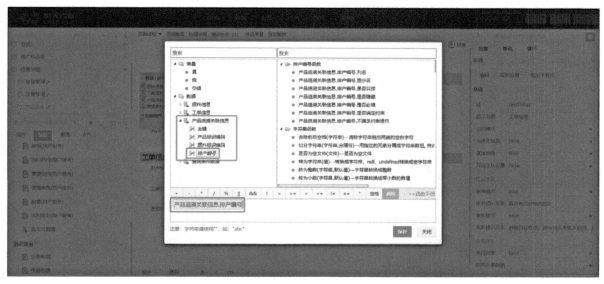

图 6-4-17 工单信息数据集过滤设置 3

图 6-4-18 工单信息数据集过滤设置 4

图 6-4-19 数据集自动模式设置

设置完成后会发现在搜索框输入产品标识编码后，单击"马上追溯"按钮，并不能够查询到产品的工单信息和原料信息，还需要对查询进行设置。

4. 查询设置

（1）在单击"马上追溯"按钮进行查询时，每一次查询就会输入一条产品标识编码数据，由于搜索框绑定的是查询条件临时数据，然后指向产品追溯关联信息数据集中的产品标识编码，所以在单击"马上追溯"按钮时，需要发生一件事，就是刷新产品追溯关联信息数据集。在设计面板单击"马上追溯"按钮，在右侧的属性事件设置面板中的事件中设置，单击事件为"刷新"，目标数据集为"产品追溯关联信息"，如图 6-4-20 所示。

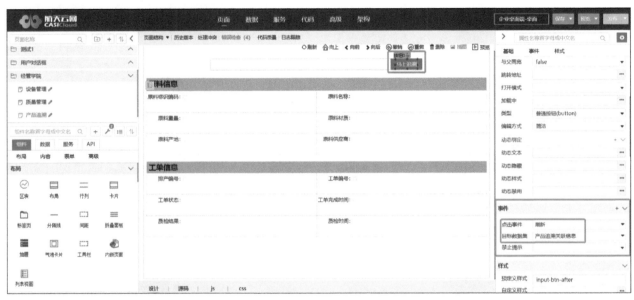

图 6-4-20 "马上追溯"按钮事件设置

（2）通过产品标识编码数据查询到原料信息和工单信息是通过一个中间纽带产品追溯关联信息数据集实现，所以在产品追溯关联信息数据集刷新时，需要刷新原料信息数据集和工单信息数据集。单击产品追溯关联信息数据集，在右侧的属性事件设置面板中的事件中，设置刷新后事件，设置为操作组合，分别是刷新原料信息数据集和工单信息数据集，如图 6-4-21 所示。

图 6-4-21 产品追溯关联信息数据集事件设置 1

（3）保存预览后，发现在搜索栏输入搜索内容后还不能搜索，这是由于在查询条件数据临时数据中没有数据，需要新增一个存放搜索数据的列，所以自动模式需要选择"自动新增"，如图 6-4-22 所示。

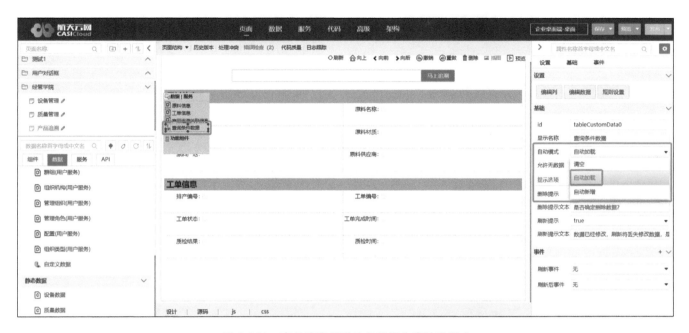

图 6-4-22　产品追溯关联信息数据集事件设置 2

保存预览后，在搜索栏输入产品标识编码"1003"，便可查询到其原料信息和工单信息，如图 6-4-23 所示。

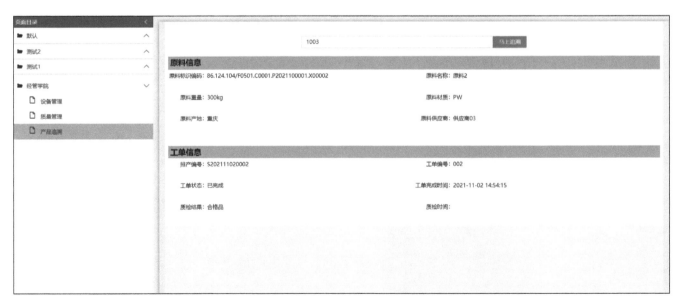

图 6-4-23　产品追溯页面查询功能使用

 评价反馈

对本任务的学习情况进行检查评分，并将相关内容填写在表 6-4-2 中。

表 6-4-2　评分表

任务名称			姓名			任务得分		
考核项目	考核内容		配分	评分标准		自评 50%	师评 50%	得分
知识技能 35 分	能仔细阅读知识材料，画出重点内容		10	优 10　良 8	合格 6			
	能借助信息化资源进行信息收集，自主学习		5	优 5　良 4	合格 3			
	能正确完成引导问题，写出完整答案		15	优 15　良 12	合格 10			
	能与老师进行交流，提出关键问题，有效互动		5	优 5　良 4	合格 3			
实操技能 50 分	能正确开发产品追溯关联信息动态数据集		15	优 15　良 12	合格 10			
	能正确设置产品追溯关联信息数据集的过滤属性和事件		10	优 10　良 8	合格 6			
	能正确设置原料信息和工单信息数据集的过滤属性		15	优 15　良 12	合格 10			
	能正确设置在查询时的事件		10	优 10　良 8	合格 6			
素质技能 15 分	态度端正，认真参与		5	优 5　良 4	合格 3			
	主动学习和科学思维的能力		5	优 5　良 4	合格 3			
	执行 8S 管理标准		5	优 5　良 4	合格 3			

 任务小结

 任务拓展

自主尝试增加一个产品订单数据集，数据集结构包括订单编号、订单创建时间、订单数量和订单状态。在产品追溯页面增加一个产品订单表单，在产品追溯时可以搜索到原料信息、工单信息和订单信息。

任务五　子页面设置

任务工单

任务名称				姓名	
班级		组号		成绩	
工作任务	将产品追溯页面设置为质量管理页面的子页面，在质量管理页面产品信息数据后设置一个"产品追溯"按钮，单击该按钮可直接追溯到产品的原料信息和工单信息，不用再到产品追溯页面的搜索框内输入产品标识编码 				

226

（续）

		职务	姓名	工作内容

任务目标

知识目标
★ 数据集组件的计算列属性
★ 数据集组件的规则
★ 页面调度

能力目标
★ 会正确使用数据集组件的计算列属性
★ 会正确在表格中增加按钮
★ 会正确在页面中设置子页面并设置页面参数
★ 会正确设置数据集组件的默认值规则

素质目标
★ 培养对待工作和学习一丝不苟、精益求精的精神
★ 培养主动学习和科学思维的能力
★ 培养分析和解决生产实际问题的能力

任务分配	职务	姓名	工作内容
	组长		
	组员		
	组员		

知识学习

❓ 引导问题 1： 数据集组件的计算列属性是什么？

_____
_____
_____
_____

【知识点 1】

在日常使用的购物应用购物车页面中，提供删除购物车中商品的功能，每个商品后面显示一个删除按钮，单击删除按钮，便可删除商品。这个删除按钮也是绑定数据列的，但是删除按钮绑定数据列的数据不需要存储到后端数据集中，这种只在数据集组件临时使用的数据列就是计算列，即计算列就是数据集组件的临时列，列中的数据不来自后端数据集，也不会保存到后端数据集，后端数据集里面也没有这一列，只用于页面显示。

❓ 引导问题 2： 数据集组件的规则是什么？

_____
_____
_____
_____

【知识点 2】

数据集组件可以设置 6 种规则，包括数据集全部列只读、列只读、默认值、必填、计算和约束规则。通过设置规则控制是否只读、列的默认值、是否必填，设置计算公式，校验输入合法性。

数据集组件在新增记录后，会给主键列赋一个 UUID，如果是从数据集，会给外键列赋主数据集主键值，其他列均为空。默认值就是设置新增后某一列的值。例如：订单数据集中的订单状态列的默认值可以是

"待支付",购物车数据集中的用户 ID 列的默认值应该是用户信息数据集的登录名（或用户 id）。

❓ 引导问题 3: 页面调度是什么?

_____

_____

_____

_____

【知识点 3】

一个应用的前端是由若干个页面构成的。运行时,在一个页面中可以打开另一个页面,页面之间还可以进行数据传递。在同一时刻,允许多个页面同时运行,有且只有一个活动页面,即当前页面。页面调度包括打开页面和关闭页面。打开子页面是打开页面的一种方式。

▶- 技能实操

1. 计算列属性应用

（1）在质量管理页面,产品信息表格中通过一个按钮单击查询到该产品的原料信息和工单信息,产品追溯按钮应该在每一条产品信息数据后,如图 6-5-1 所示。

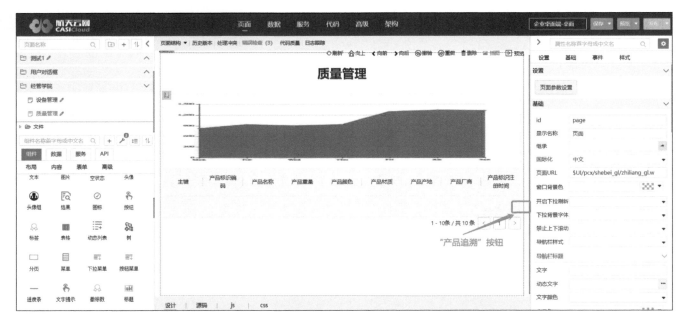

图 6-5-1　产品追溯按钮位置设计

（2）在开发产品信息表格时,每一列显示的列名和数据都是在添加列时添加的表格绑定的数据的列,在开发产品追溯按钮时,由于表格绑定的数据集没有列来显示按钮,所以需要在表格绑定的数据集中增加一个列,这时用到一个数据集属性——计算列,计算列是数据组件的临时列,列中的数据不来自后端数据集,也不会保存到后端数据集。

单击产品信息动态数据集,在右侧属性事件面板中单击"编辑"按钮,对计算列进行设置,如图 6-5-2 所示。

（3）单击数据列设置项后的"…",在弹出的计算列设置页面中单击"新增"按钮,增加名称为 operation,显示名称为操作,如图 6-5-3 所示。

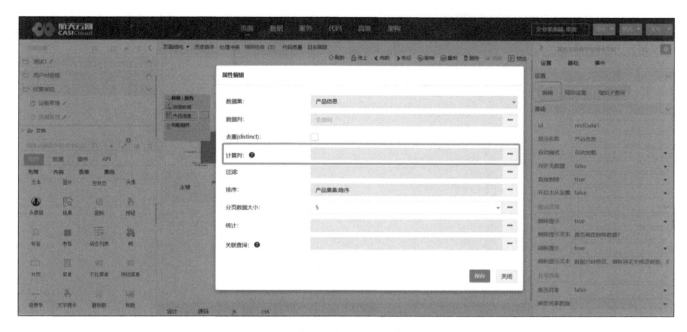

图 6-5-2　产品信息数据集计算列设置 1

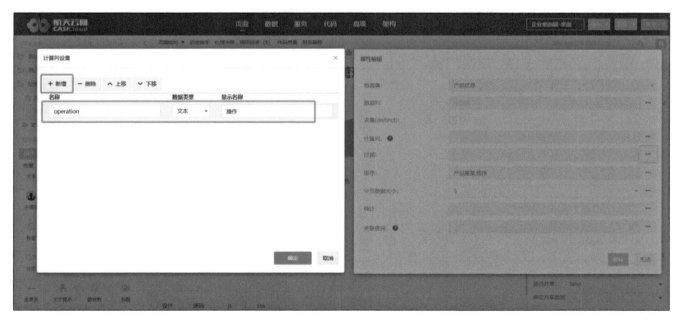

图 6-5-3　产品信息数据集计算列设置 2

2. 产品追溯按钮开发

（1）单击表格组件，在右侧属性事件设置面板单击"添加列"按钮，在弹出的属性编辑页面，选择在上一步添加的计算列，也就是名称为 operation 的列，如图 6-5-4 所示。

添加完成后，在设计面板中的表格最后一列，便有了名称为"操作"的列，如图 6-5-5 所示。

（2）在操作列下方，将按钮组件拖入，如图 6-5-6 所示。

（3）单击按钮组件，在右侧的属性事件面板中，文本设置为"产品追溯"，样式设置为"链接按钮"，如图 6-5-7 所示。

图 6-5-4　表格组件添加列设置 1

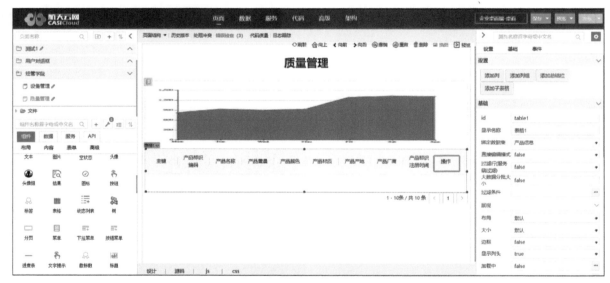

图 6-5-5　表格组件添加列设置 2

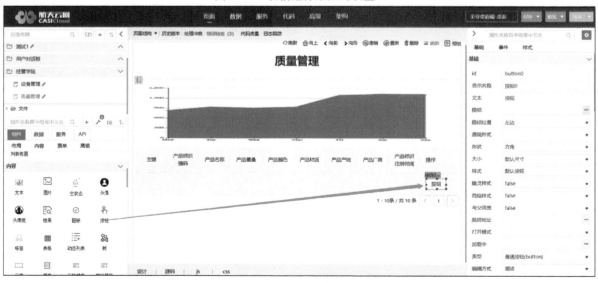

图 6-5-6　按钮组件的使用

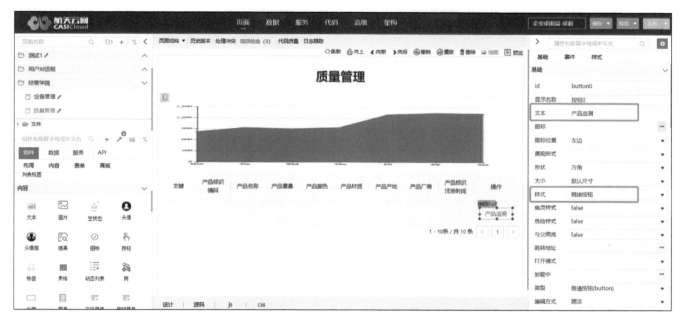

图 6-5-7 按钮组件的设置

保存预览后，可查看产品信息表格中每一条数据后都有了名称为"产品追溯"的按钮，如图 6-5-8 所示。

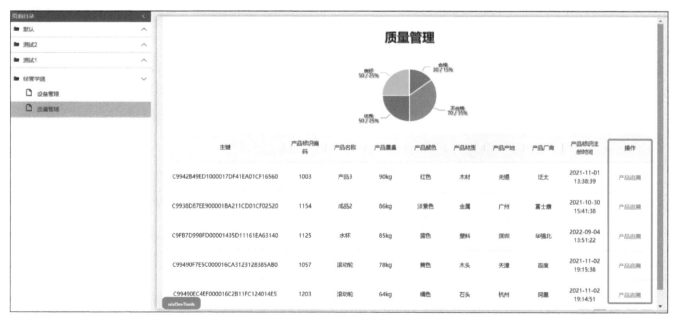

图 6-5-8 质量管理页面预览

3. 子页面设置

（1）通过单击"产品追溯"按钮，打开产品追溯页面，也就是在单击"产品追溯"按钮时要发生一件事，这件事就是打开产品追溯页面。在"产品追溯"按钮的属性事件面板，在事件中设置单击事件为"打开子页面"，页面源选择某学院页面分组下的产品追溯页面，如图 6-5-9 所示。

（2）保存后预览，在质量管理页面单击"产品追溯"按钮，便可弹出产品追溯页面，如图 6-5-10 所示。

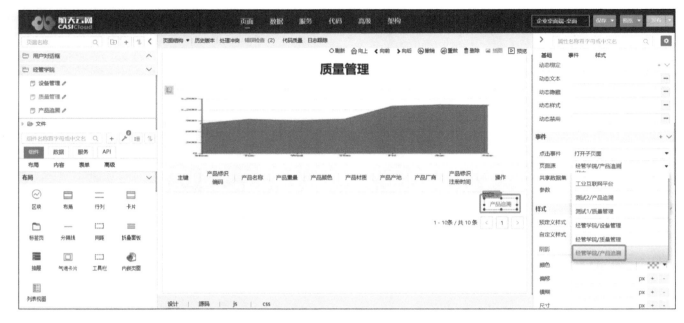

图 6-5-9　打开子页面事件设置

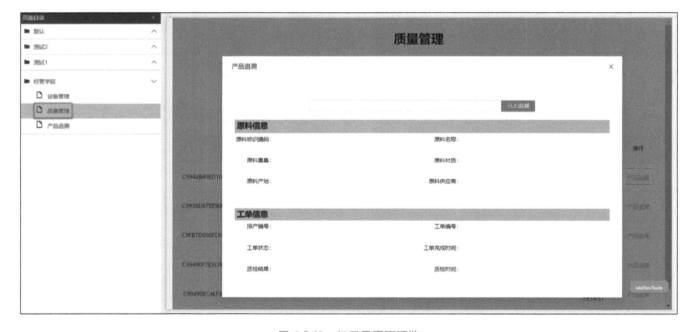

图 6-5-10　打开子页面预览

目前的页面存在的问题是，在质量管理页面中，单击任意"产品追溯"按钮都会弹出同样的产品追溯页面，而且弹出的产品追溯页面需要输入产品标识编码才会追溯到产品的原料信息和工单信息，想要单击表格中某一条产品信息数据后的"产品追溯"按钮，在产品追溯页面的搜索框内自动输入该产品的产品标识编码，需要对页面参数进行设置。

4. 页面参数设置

（1）在"产品追溯"按钮的打开子页面事件设置时，可以设置一个参数，这个参数根据提示是"需在被打开页面定义页面参数"，如图 6-5-11 所示。

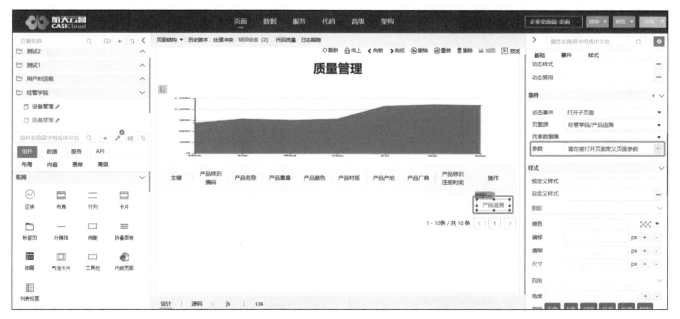

图 6-5-11　打开子页面事件参数

（2）被打开的页面是产品追溯页面，所以在产品追溯页面定义页面参数，在产品追溯页面的属性事件设置面板中单击"页面参数设置"按钮，在弹出的页面参数设置页面，单击"新增"按钮，新增一个页面参数，名称为"tiaozhuan"，显示名称为"跳转"，如图 6-5-12 所示。

图 6-5-12　产品追溯页面参数设置

（3）回到质量管理页面，在"产品追溯"按钮的事件设置中的参数设置项后单击"…"，在弹出的属性编辑页面，参数会自动生成，如图 6-5-13 所示。

参数值的设置是单击"…"，在弹出的属性编辑-参数值页面，单击默认情景后的"…"，如图 6-5-14 所示。

在弹出的页面中，双击选择表格 1 当前行中的产品标识编码，然后保存即可，如图 6-5-15 所示。

图 6-5-13　打开子页面事件参数设置 1

图 6-5-14　打开子页面事件参数设置 2

图 6-5-15　打开子页面事件参数设置 3

5. 数据集规则设置

（1）现在要解决的问题就是产品标识编码这个参数如何在单击"产品追溯"按钮时，直接输入到搜索框中。在产品追溯页面，单击查询条件数据临时数据，在属性时间设置面板中单击"规则编辑"按钮，会弹出 data 规则编辑页面，选择条件，然后设置条件数据的默认值，如图 6-5-16 所示。

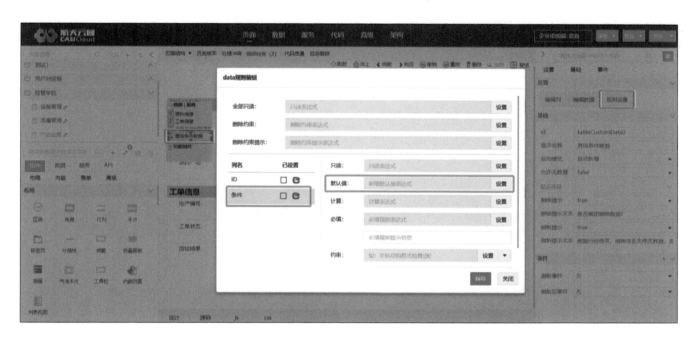

图 6-5-16　查询条件数据默认值规则设置 1

单击"设置"按钮，在弹出的属性编辑-默认值页面，单击默认情景后的"…"，如图 6-5-17 所示。

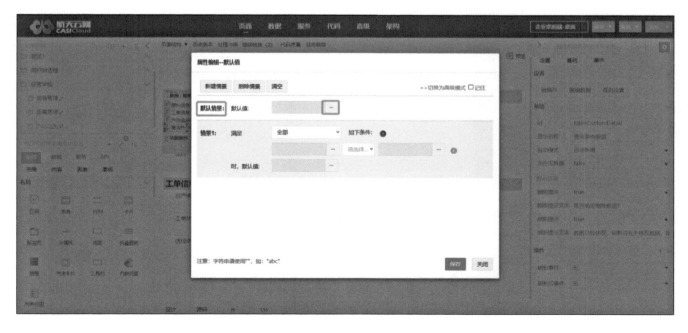

图 6-5-17　查询条件数据默认值规则设置 2

在弹出的页面中，双击选择页面参数中的跳转，然后保存即可，如图 6-5-18 所示。

图 6-5-18　查询条件数据默认值规则设置 3

（2）保存预览后，在质量管理页面中单击"产品追溯"按钮，会弹出产品追溯页面，搜索栏中也有所单击产品数据的产品标识编码，单击"马上追溯"按钮，便可查询到该产品原料信息和工单信息，如图 6-5-19所示。

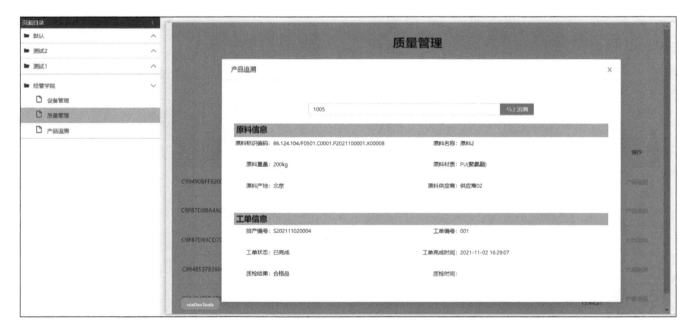

图 6-5-19　质量管理页面使用

评价反馈

对本任务的学习情况进行检查评分，并将相关内容填写在表 6-5-1 中。

表 6-5-1 评分表

任务名称		姓名				任务得分		
考核项目	考核内容	配 分	评分标准			自评 50%	师评 50%	得分
知识技能 35 分	能仔细阅读知识材料，画出重点内容	10	优 10	良 8	合格 6			
	能借助信息化资源进行信息收集，自主学习	5	优 5	良 4	合格 3			
	能正确完成引导问题，写出完整答案	15	优 15	良 12	合格 10			
	能与老师进行交流，提出关键问题，有效互动	5	优 5	良 4	合格 3			
实操技能 50 分	能正确使用数据集组件的计算列属性	15	优 15	良 12	合格 10			
	能正确在表格中增加按钮	10	优 10	良 8	合格 6			
	能正确在页面中设置子页面并设置页面参数	15	优 15	良 12	合格 10			
	能正确设置数据集组件的默认值规则	10	优 10	良 8	合格 6			
素质技能 15 分	态度端正，认真参与	5	优 5	良 4	合格 3			
	主动学习和科学的思维能力	5	优 5	良 4	合格 3			
	执行 8S 管理标准	5	优 5	良 4	合格 3			

 任务小结

_____

任务拓展

自主尝试在产品质量页面的产品信息表格中增加一个删除按钮，单击删除按钮，删除掉一条产品信息数据。

项目七　移动端设备巡检 APP

　　工厂为了保证生产安全，产线需要巡检人员定时巡检，很多工厂还在使用手工记录的方式巡检，开发设备巡检 APP 不仅可以提升巡检人员的工作效率，而且可以更有针对性地巡检。本项目要求在移动端开发巡检记录页面和巡检记录表页面，巡检记录表页面作为巡检记录页面的子页面。下图为项目完成效果图。

任务一　页面开发

📺 任务工单

任务名称				姓名	
班级		组号		成绩	
工作任务	在移动端开发巡检记录页面和巡检记录表页面 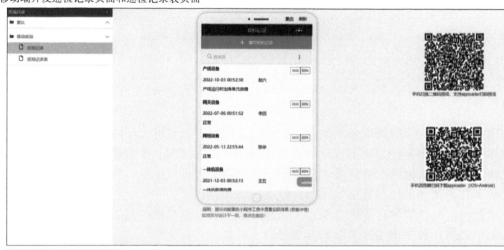 				

知识目标
★ 动态列表组件的使用场景和使用方法
★ 标签+输入框组件的使用场景和使用方法
★ 标签+下拉组件的使用场景和使用方法

能力目标
★ 会正确使用动态列表组件
★ 会正确使用标签+输入框组件
★ 会正确使用标签+下拉组件
★ 会正确使用按钮组组件

素质目标
★ 培养对待工作和学习一丝不苟、精益求精的精神
★ 培养主动学习和科学思维的能力
★ 培养分析和解决生产实际问题的能力

(任务目标)

（续）

任务分配	职务	姓名	工作内容
	组长		
	组员		
	组员		

📖 知识学习

❓ **引导问题 1**：动态列表组件的使用场景和使用方法是什么？

_____

_____

_____

_____

【知识点 1】

使用场景：在应用中展现多条数据一般都是使用列表展现的方法，动态列表组件可以提供纵向列表，横向列表和嵌套列表等多种显示方式。动态列表组件是必须绑定一个数据集的，在动态列表中要添加图片、文本等组件，才能显示出绑定数据集中的数据。以列表的形势显示数据集中的数据，例如显示图片、文本等信息。支持下拉刷新和上拉加载更多。

使用方法：先设置绑定数据及属性，关联要显示的数据来源。然后在动态列表组件中放图片、文本等组件，分别配置图片和文本组件关联数据集中的所有数据。

❓ **引导问题 2**：标签+输入框组件的使用场景和使用方法是什么？

_____

_____

_____

_____

【知识点 2】

使用场景：带文字说明的输入框。

使用方法：组件由标签和输入框组成，标签用来显示列名，输入框用来录入及显示列值。

❓ **引导问题 3**：标签+下拉组件的使用场景和使用方法是什么？

_____

_____

_____

_____

【知识点 3】

使用场景：带文字说明的输入框。

使用方法：组件由标签和下拉列表组成，标签用来显示列名，下拉列表用来选择及显示列值。

▶_ 技能实操

1. 创建"巡检记录"页面

进入到应用，切换到移动端，创建名称为"移动巡检"页面分组，在该分组下创建名称为"巡检记录"空白页面，如图 7-1-1 所示。

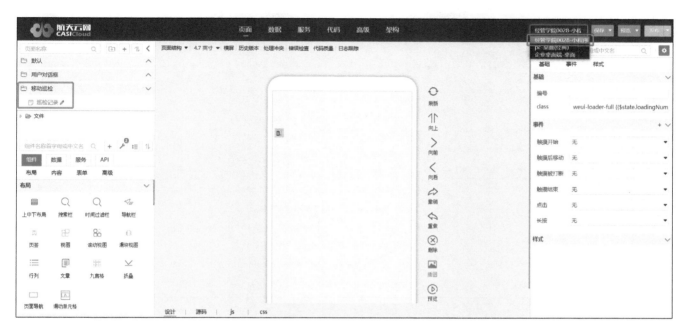

图 7-1-1　移动端创建巡检记录页面

2. 创建巡检记录动态数据集

在数据开发页面新建名称为"巡检记录"的动态数据集，巡检记录动态数据集的数据集结构为巡检时间、巡检人、巡检项和巡检结果，列标识系统会自动生成，当然也可以对列标识进行修改，其中巡检时间的数据类型为日期时间，由于巡检结果可能输入的内容较多，所以巡检结果的数据类型设置为长文本，如图 7-1-2 所示。

图 7-1-2　创建巡检记录动态数据集结构

巡检记录动态数据集结构设计完成后添加数据，如图 7-1-3 所示。

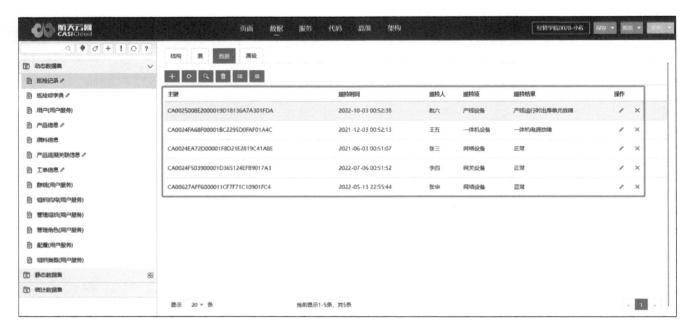

图 7-1-3 创建巡检记录动态数据集添加数据

3. 填写巡检记录按钮设置

（1）将按钮组件直接拖入设计面板，并在属性事件设置面板设置显示名称为"填写巡检记录"，类型设置为"信息"，如图 7-1-4 所示。

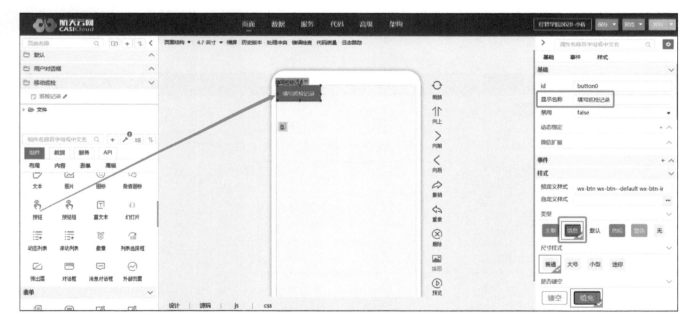

图 7-1-4 巡检记录按钮设置 1

（2）在按钮中设置一个"+"图标，图标位置设置为"居左"，设置按钮宽度为 100%，如图 7-1-5 所示。

4. 时间过滤栏组件设置

将巡检记录动态数据集拖入设计面板，然后将时间过滤栏组件直接拖入设计面板，并设置过滤数据集为

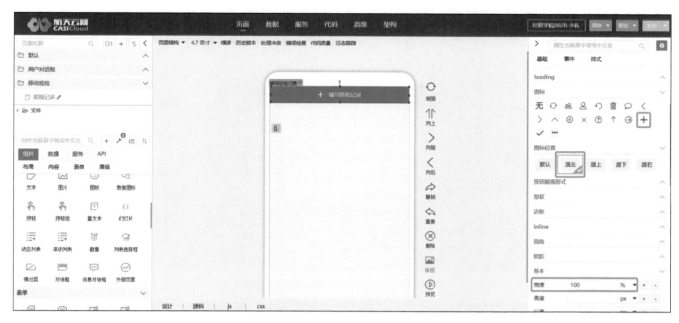

图 7-1-5　巡检记录按钮设置 2

"巡检记录数据集",过滤模式为"单日期过滤",过滤日期、开始日期、结束日期全部设置为"巡检时间",默认值设置为"全部",如图 7-1-6 所示。

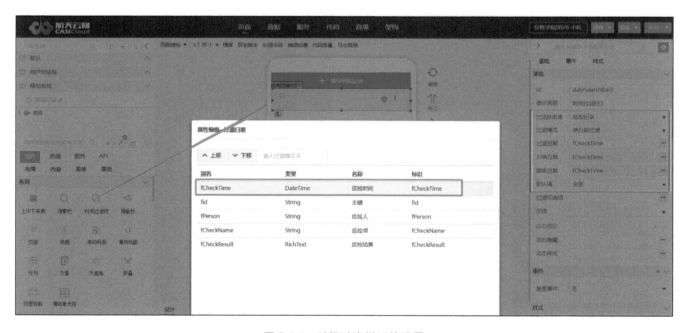

图 7-1-6　时间过滤栏组件设置

5. 巡检记录列表开发

（1）由于巡检记录列表要显示多条数据,所以使用动态列表组件,将其拖入到设计面板,并绑定巡检记录动态数据集,如图 7-1-7 所示。

（2）在动态列表组件中拖入三个行列组件,上面两个行列组件都删除一列,设置为一行两列,如图 7-1-8 所示。

第三个行列组件删除两列,设置为一行一列,如图 7-1-9 所示。

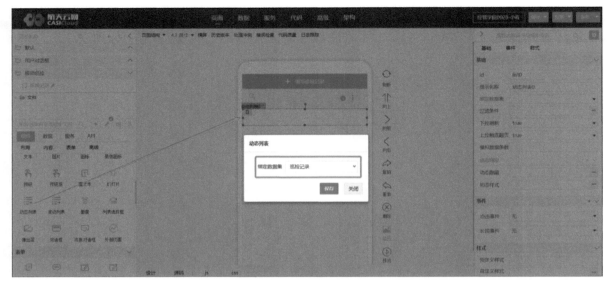

图 7-1-7　动态列表组件绑定数据集

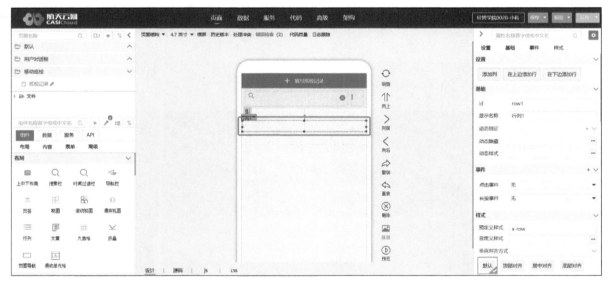

图 7-1-8　前两个行列组件设置为一行两列

图 7-1-9　第三个行列组件设置为一行一列

（3）在第一个行列组件的第一列拖入文本组件，动态文本绑定数据为动态列表 0 当前行 . 巡检项，如图 7-1-10 所示。

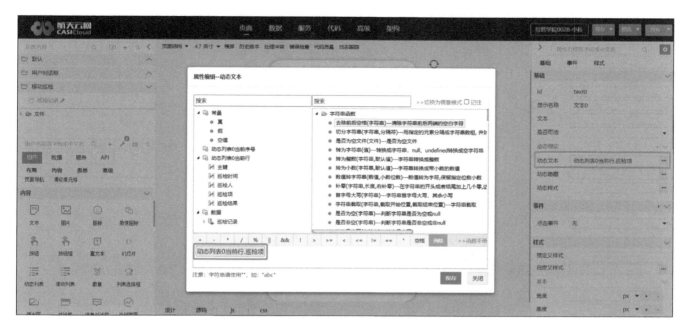

图 7-1-10　动态文本绑定数据 1

如图 7-1-11 所示，将文字样式加粗。

图 7-1-11　文字样式加粗设置

（4）在第一个行列组件的第二列拖入两个按钮组件，第一个按钮组件的显示名称为"编辑"，样式类型为"主要"，尺寸样式为"迷你"，并设置为镂空，如图 7-1-12 所示。

第二个按钮组件的现实名称为"删除"，样式类型为"危险"，尺寸样式为"迷你"，并设置为镂空，如图 7-1-13 所示。

为了页面美观，将按钮所在的列设置为"自适应列宽"，如图 7-1-14 所示。

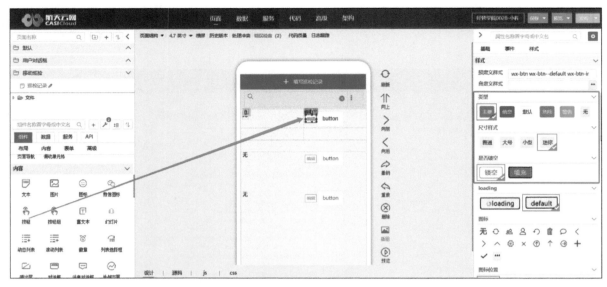

图 7-1-12 "编辑"按钮设置

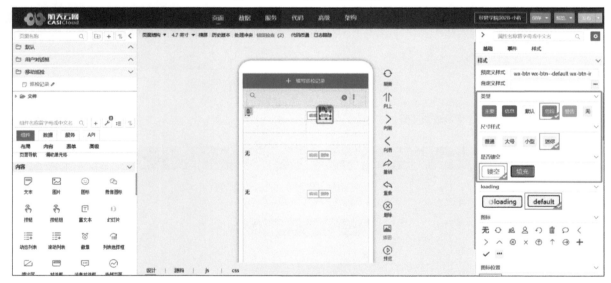

图 7-1-13 "删除"按钮设置

图 7-1-14 自适应列宽设置

（5）在第二个行列组件的第一列拖入文本组件，动态文本绑定数据为动态列表 0 当前行．巡检时间，如图 7-1-15 所示。

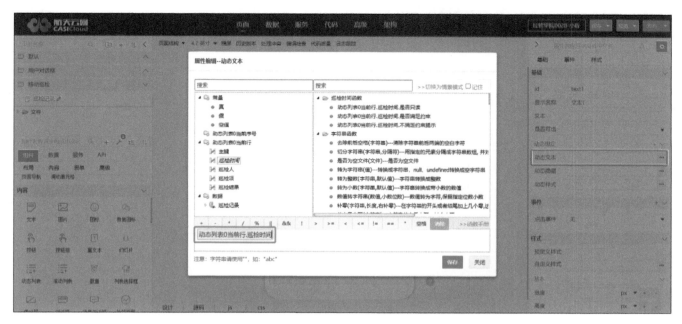

图 7-1-15 动态文本绑定数据 2

在第二个行列组件的第二列拖入文本组件，动态文本绑定数据为动态列表 0 当前行．巡检人，如图 7-1-16 所示。

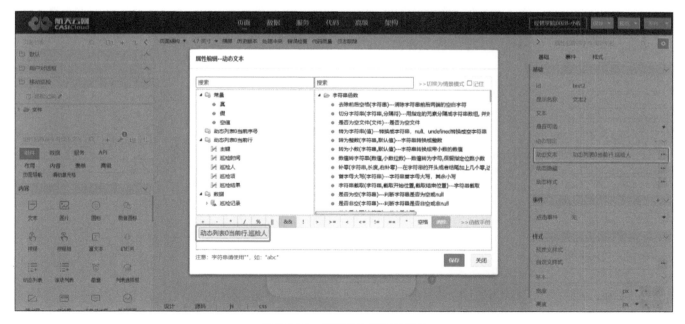

图 7-1-16 动态文本绑定数据 3

（6）在第三个行列组件拖入文本组件，动态文本绑定数据为动态列表 0 当前行．巡检结果，如图 7-1-17 所示。

（7）开发完成后保存预览

巡检记录页面预览如图 7-1-18 所示。

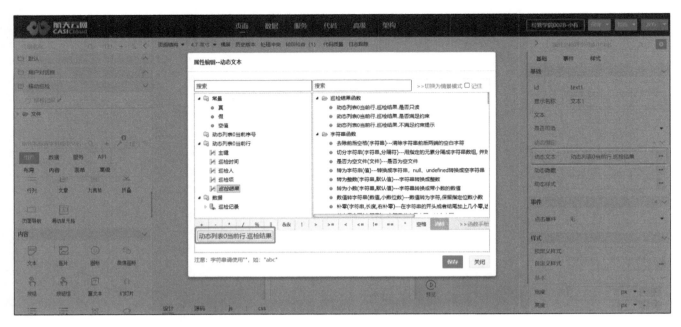

图 7-1-17　动态文本绑定数据 4

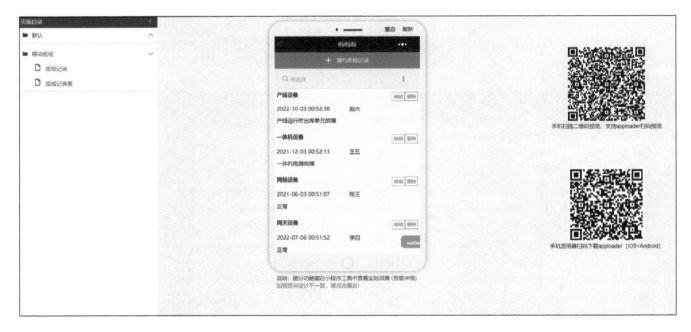

图 7-1-18　巡检记录页面预览

6. 创建"巡检记录表"页面

在移动巡检页面分组下创建名称为"巡检记录表"空白页面，并将巡检记录动态数据集拖入页面，如图 7-1-19 所示。

7. 标签+输入框组件使用

（1）将标签+输入框组件拖入设计面板，如图 7-1-20 所示。

将标签内容设置为"巡检时间"，如图 7-1-21 所示。

输入框绑定数据列为"巡检记录 . 巡检时间"，如图 7-1-22 所示。

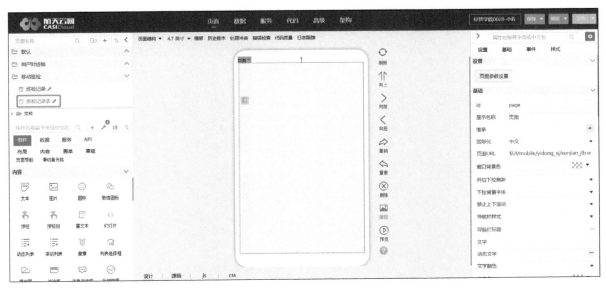

图 7-1-19   移动端创建巡检记录表页面

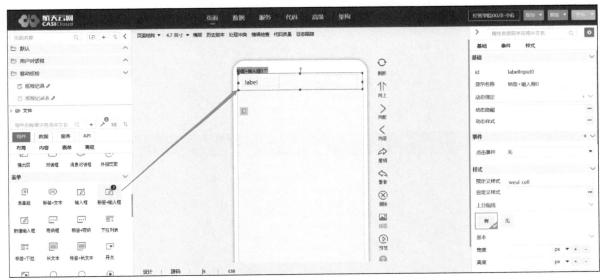

图 7-1-20   标签+输入框组件使用

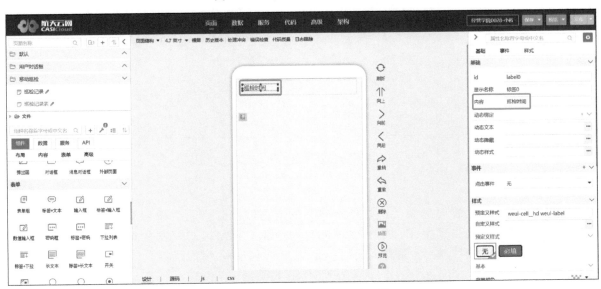

图 7-1-21   标签+输入框组件设置

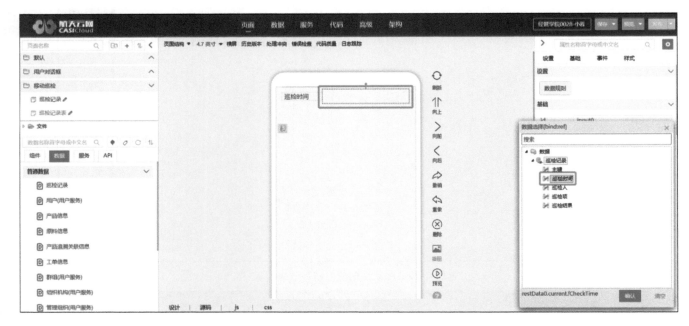

图 7-1-22 标签+输入框组件输入框绑定数据 1

（2）再拖入设计面板一个标签+输入框组件，将标签内容设置为"巡检人"，输入框绑定数据列为"巡检记录．巡检人"，如图 7-1-23 所示。

图 7-1-23 标签+输入框组件输入框绑定数据 2

8. 页面巡检项开发

（1）在数据开发页面新建名称为"巡检项字典"的动态数据集，巡检项字典动态数据集的数据集结构为巡检项，列标识系统会自动生成，当然也可以对列标识进行修改，开发完成后拖入设计面板。设计该数据集是因为在用户使用巡检记录表页面时，是用户选择巡检项，而不是输入巡检项，如图 7-1-24 所示。

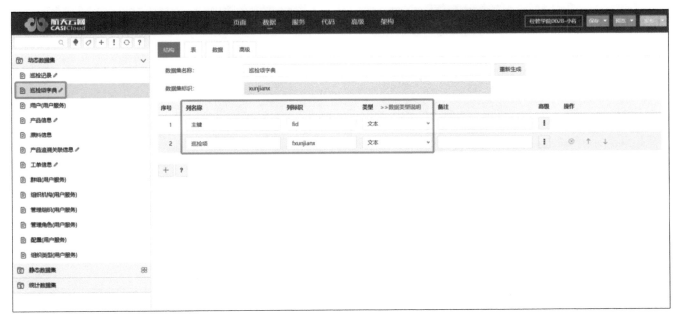

图 7-1-24　巡检项字典数据集结构

　　将巡检项字典动态数据集的结构保存后，单击数据进入数据编辑页面，然后单击"新增数据"按钮新增数据，在新增数据时，主键系统会自动生成，开发完成后拖入设计面板，如图 7-1-25 所示。

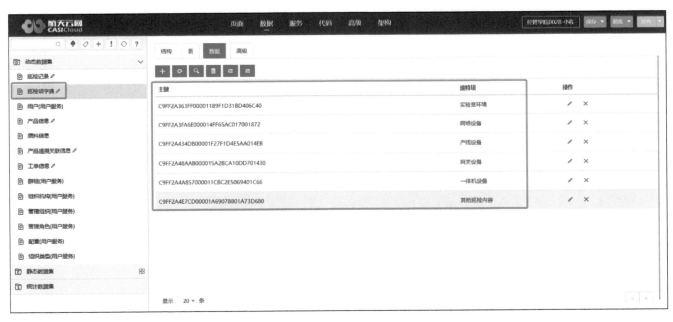

图 7-1-25　巡检项字典数据集添加数据

　　（2）将标签+下拉组件拖入设计面板，标签内容设置为"巡检项"，如图 7-1-26 所示。
　　（3）由于巡检项最终要存入巡检记录数据集中，所以绑定数据列为"巡检记录.巡检项"；下拉数据集是用户要选择的巡检项，所以下拉数据集和绑定显示列为"巡检项字典"，下拉数据值和下拉显示名都为"巡检项"，如图 7-1-27 所示。
　　（4）再拖入设计面板一个标签+输入框组件，将标签内容设置为"巡检结果"，输入框绑定数据列为"巡检记录.巡检结果"，如图 7-1-28 所示。

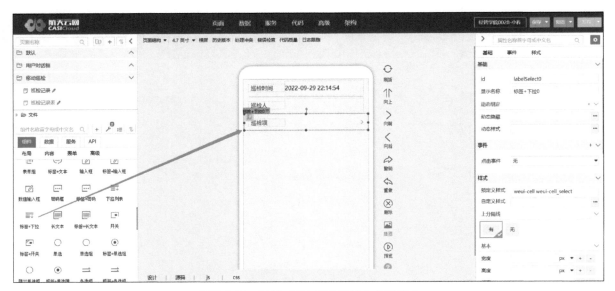

图 7-1-26　标签+下拉组件标签内容设置 1

图 7-1-27　标签+下拉组件标签内容设置 2

图 7-1-28　标签+下拉组件标签内容设置 3

9. 按钮组组件使用

（1）将按钮组组件拖入设计面板，按钮组组件默认是两个按钮，将左侧按钮显示名称设置为"确定"，如图 7-1-29 所示。

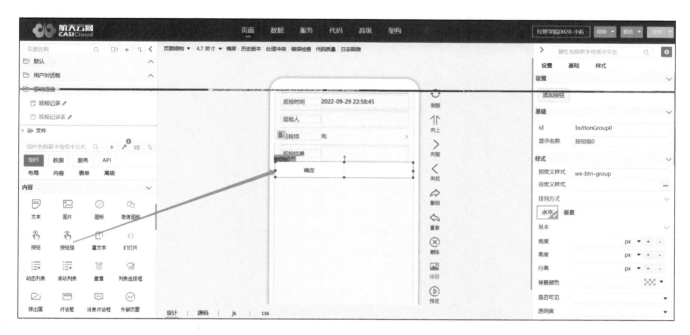

图 7-1-29 按钮组组件使用

将类型设置为"主要"，在单击"确定"按钮时，是要将页面输入内容保存，所以事件中设置单击为"保存并返回"，目标数据集为"巡检记录"，如图 7-1-30 所示。

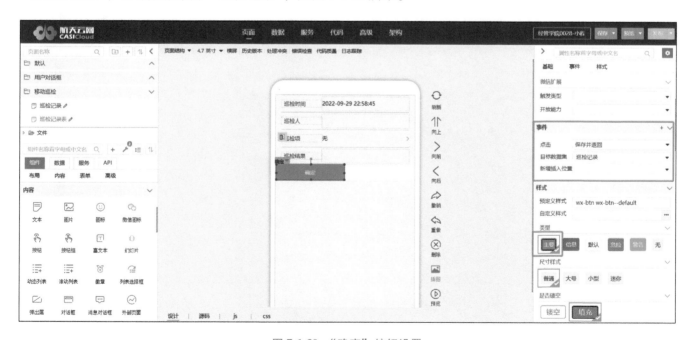

图 7-1-30 "确定"按钮设置

（2）将右侧按钮显示名称设置为"取消"；类型设置为"危险"，事件设置为"关闭页面"，如图 7-1-31 所示。

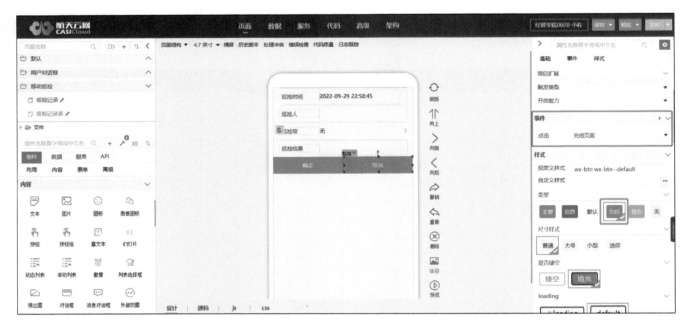

图 7-1-31 "取消"按钮设置

（3）开发完成后保存预览

巡检记录表页面预览如图 7-1-32 所示。

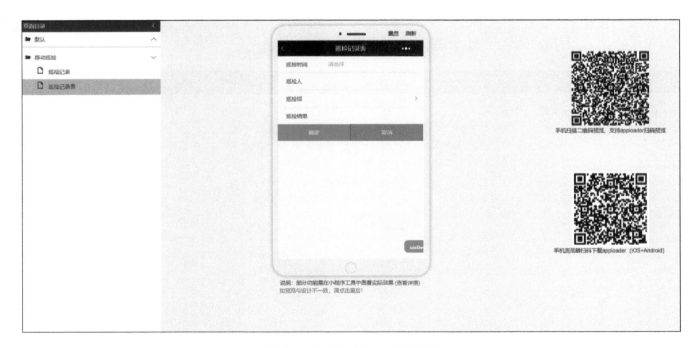

图 7-1-32 巡检记录表页面预览

 评价反馈

对本任务的学习情况进行检查评分，并将相关内容填写在表 7-1-1 中。

表 7-1-1 评分表

任务名称		姓名			任务得分		
考核项目	考核内容	配分	评分标准		自评 50%	师评 50%	得分
知识技能 35 分	能仔细阅读知识材料，画出重点内容	10	优 10	良 8 合格 6			
	能借助信息化资源进行信息收集，自主学习	5	优 5	良 4 合格 3			
	能正确完成引导问题，写出完整答案	15	优 15	良 12 合格 10			
	能与老师进行交流，提出关键问题，有效互动	5	优 5	良 4 合格 3			
实操技能 50 分	能正确使用标签+输入框组件	15	优 15	良 12 合格 10			
	能正确使用标签+下拉组件	10	优 10	良 8 合格 6			
	能正确使用时间过滤栏组件	15	优 15	良 12 合格 10			
	能正确按钮组组件	10	优 10	良 8 合格 6			
素质技能 15 分	态度端正，认真参与	5	优 5	良 4 合格 3			
	主动学习和科学的思维能力	5	优 5	良 4 合格 3			
	执行 8S 管理标准	5	优 5	良 4 合格 3			

 任务小结

_____

_____

_____

_____

📟 任务拓展

在巡检记录页面，将巡检人的文本颜色设置为绿色。

任务二 页面参数设置

🖥 任务工单

任务名称				姓名	
班级		组号		成绩	
工作任务	对页面参数、页面事件以及手机扫描二维码预览进行开发				
任务目标	**能力目标** ★ 会正确设置页面参数 ★ 会正确设置页面事件 ★ 会正确对页面默认时间、排序等合理性设置 ★ 会正确对手机扫码预览设置 **素质目标** ★ 培养对待工作和学习一丝不苟、精益求精的精神 ★ 培养主动学习和科学的思维能力 ★ 培养分析和解决生产实际问题的能力				
任务分配	职务	姓名		工作内容	
	组长				
	组员				
	组员				

基于低代码工具的工业 APP 开发及应用

技能实施

1. 巡检记录页面按钮事件设置

（1）在巡检记录页面单击"填写巡检记录"按钮和"编辑"按钮都要跳转到巡检记录表页面，在巡检记录表页面设置页面参数；如图 7-2-1 所示，由于在巡检记录页面有两个按钮在单击时都要传参数，同时在单击"编辑"按钮时需要传一个值，页面参数设置"mode"是为了让打开的子页面清楚是哪个按钮单击打开，"value"用来传值。

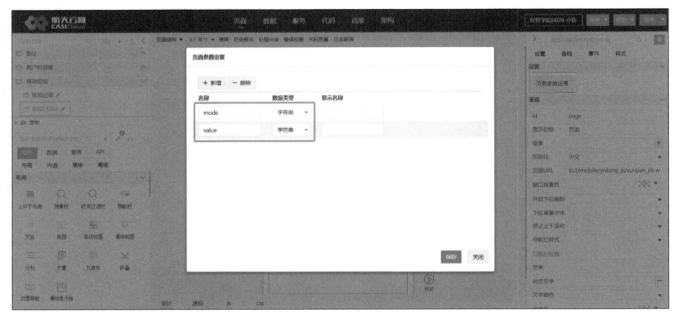

图 7-2-1　巡检记录表页面参数设置

（2）在巡检记录页面，设置"填写巡检记录"按钮事件，单击设置为"打开子页面"，页面源为"巡检记录表"，如图 7-2-2 所示。

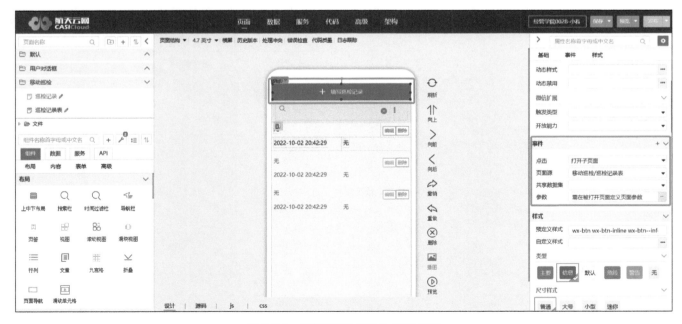

图 7-2-2　"填写巡检记录"按钮设置

256

由于在单击"填写巡检记录"按钮时，不需要传值，所以，页面参数只需要设置 mode 为"edit"，如图 7-2-3 所示。

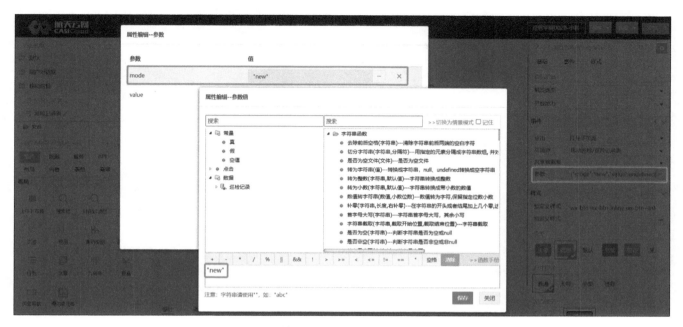

图 7-2-3 "填写巡检记录"按钮事件参数设置

（3）在巡检记录页面，设置"编辑"按钮事件，单击设置为"打开子页面"，页面源为"巡检记录表"，如图 7-2-4 所示。

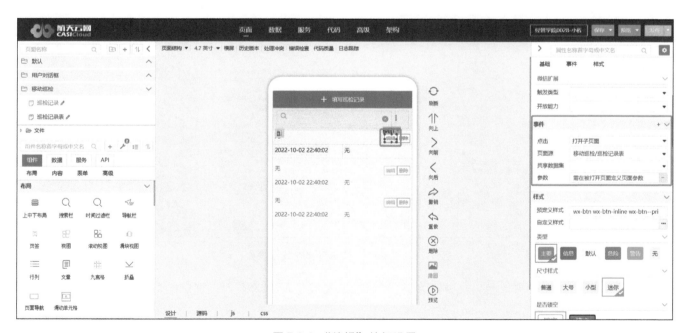

图 7-2-4 "编辑"按钮设置

（4）在单击"编辑"按钮和单击"填写巡检记录"按钮时的不同在于，单击"填写巡检记录"按钮时，是在页面新添加巡检记录，单击"编辑"按钮时，是对已有的数据进行修改编辑，所以需要传值，从而页面参数只需要设置 mode 为"edit"，如图 7-2-5 所示。

传的值为"动态列表 0 当前行 . 主键"，如图 7-2-6 所示。

图 7-2-5 "编辑"按钮事件参数设置 1

图 7-2-6 "编辑"按钮事件参数设置 2

（5）"删除"按钮的事件是单击"删除"，目标数据集就是页面动态列表绑定的数据集，为"巡检记录数据集"，如图 7-2-7 所示。

2. 巡检记录表页面事件设置

（1）在巡检记录表页面事件中设置操作组合，由于巡检记录表页面中的组件都绑定了巡检记录数据集数据，所以第一个事件设置为清除巡检记录数据集数据，如图 7-2-8 所示。

（2）在巡检记录页面单击"填写巡检记录"按钮时，子页面巡检记录表页面会接收到参数"new"，所以巡检记录表页面第二个事件就是当页面参数 mode = ="new"时，巡检记录表数据集新增巡检记录，如图 7-2-9 所示。

图 7-2-7　"删除"按钮事件设置

图 7-2-8　巡检记录表页面事件设置 1

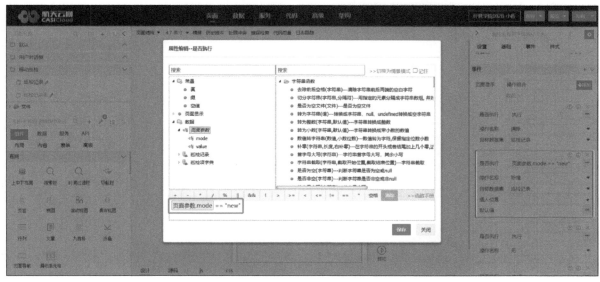

图 7-2-9　巡检记录表页面事件设置 2

（3）在巡检记录页面单击"编辑"按钮时，子页面巡检记录表页面会接收到参数"edit"和传来的动态列表 0 当前行．主键这个值，所以巡检记录表页面第三个事件就是当页面参数 mode 为"edit"时，如图 7-2-10 所示。

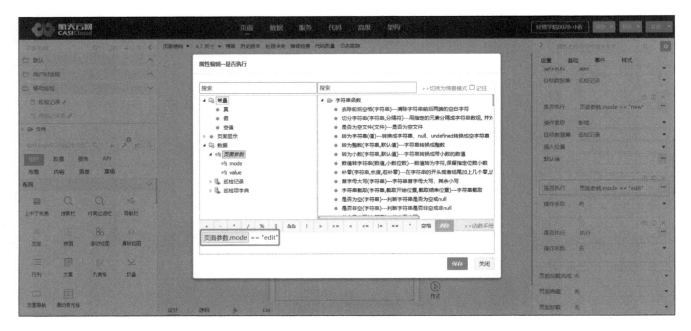

图 7-2-10　巡检记录表页面事件设置 3

由于在巡检记录页面不止有一条巡检记录数据，为了在巡检记录表页面明确是哪条数据被编辑，需要通过设置过滤来明确被过滤的数据，所以对巡检记录表设置过滤，如图 7-2-11 所示。

图 7-2-11　巡检记录表页面事件设置 4

过滤就需要一个过滤条件，在巡检记录页面单击"编辑"按钮时，传的值为动态列表 0 当前行．主键，所以过滤条件的设置就是，列为"主键"，操作为"等于"，如图 7-2-12 所示。

图 7-2-12　巡检记录表页面事件设置 5

值为"页面参数.value"，如图 7-2-13 所示。

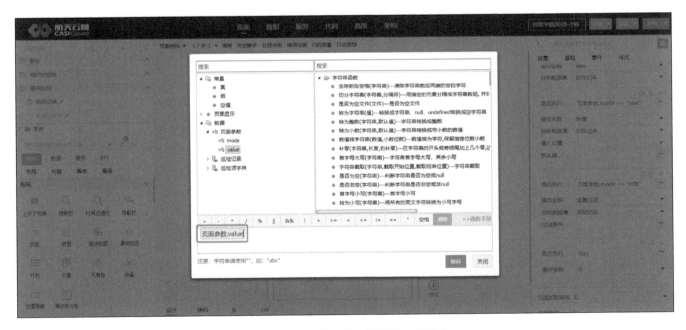

图 7-2-13　巡检记录表页面事件设置 6

设置完成后如图 7-2-14 所示。

（4）在巡检记录页面单击"编辑"按钮时，在巡检记录表页面已经对数据进行过滤，过滤完成后，还需要对巡检记录数据集进行刷新，如图 7-2-15 所示。

3. 其他页面合理性设置

（1）在预览单击"填写巡检记录"按钮新增巡检记录时，会发现页面中有数据，而不是空白，如图 7-2-16 所示。

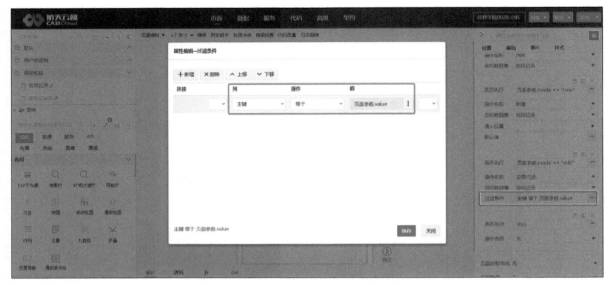

图 7-2-14　巡检记录表页面事件设置 7

图 7-2-15　巡检记录表页面事件设置 8

图 7-2-16　巡检记录表页面预览

这是因为在开发巡检记录表页面时，页面所使用的的巡检记录数据集的自动模式默认是"自动加载"，只需要将巡检记录数据集的自动模式清空即可，如图 7-2-17 所示。

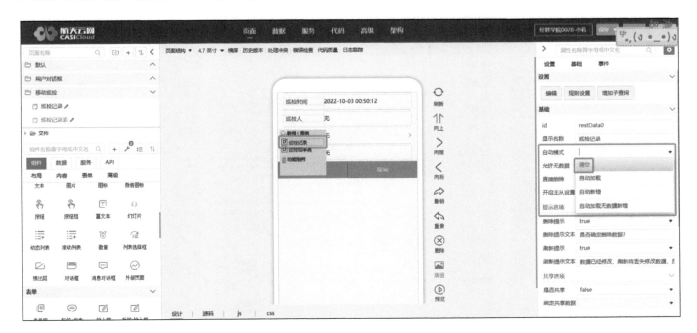

图 7-2-17　巡检记录数据集自动模式设置

（2）在新增巡检记录时，质检时间应该由应用自动获取，而不是用户填写时间，在巡检记录表页面选中巡检时间输入框，单击"数据规则"，在弹出的属性编辑页面设置巡检时间的默认值，如图 7-2-18 所示。

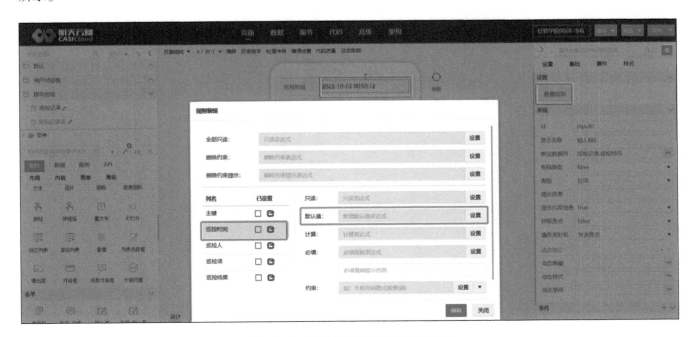

图 7-2-18　巡检记录表页面事件设置 9

单击默认值后的"设置"按钮，会弹出属性编辑-默认值页面，该页面是组件的表达式属性编辑器，这里的表达式采用 JS 表达式，除了系统提供的常用函数以外，可以直接使用页面中右侧自定义的 JS 函数，使用页面中右侧自定义的当前时间（）JS 函数即可，这样在使用时，巡检时间便会自动输入为当前时间，如图 7-2-19 所示。

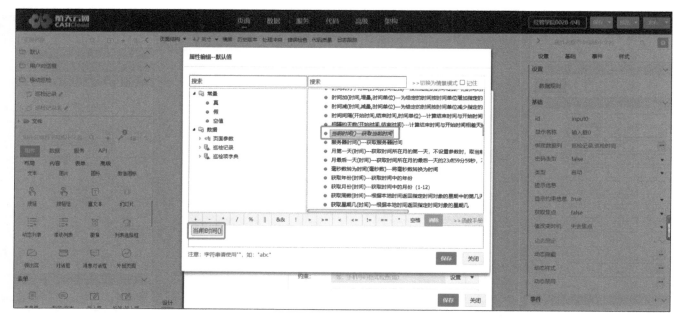

图 7-2-19　巡检时间 JS 函数设置

（3）巡检记录页面在实际使用时，根据实际需求，最新的巡检记录要显示在页面最前面，所以对巡检记录数据集按时间降序排列。在巡检记录页面，选中巡检记录数据集，单击属性事件设置面板中的"编辑"按钮，设置以巡检时间降序排序即可，如图 7-2-20 所示。

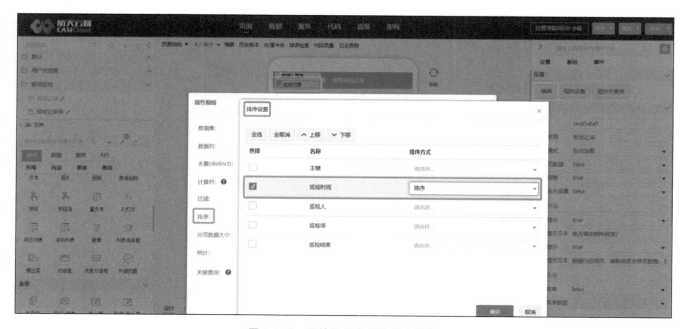

图 7-2-20　巡检记录数据集排序设置

4. 手机预览设置

（1）移动端开发在预览页面时，会发现在预览页面的右侧有两个二维码，根据提示手机扫码即可预览，如图 7-2-21 所示。

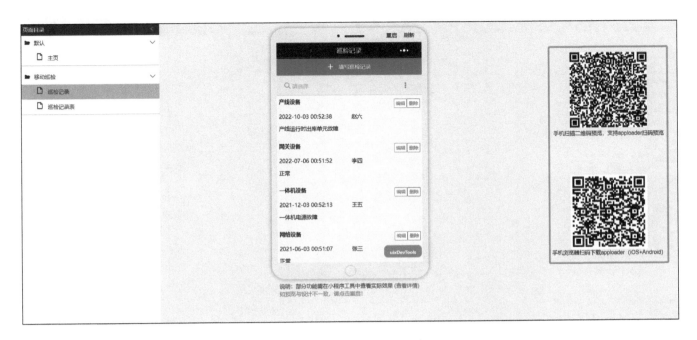

图 7-2-21 预览页面二维码

使用手机扫描二维码预览页面需要在代码开发页面的 UI2/mobile/config 目录下新建一个名称为 ".protal" 的文件，如图 7-2-22 所示。

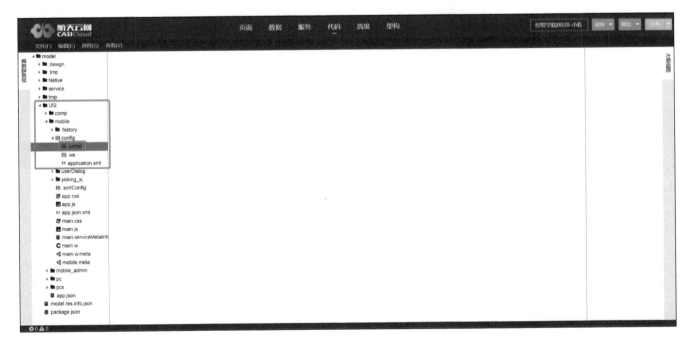

图 7-2-22 代码开发页面 .protal 文件创建

（2）手机扫描二维码会发现，页面是主页，而不是巡检记录页面，这是由于二维码默认的页面是主页页面，将巡检记录页面设置为默认页面有两种方法，第一种方法是在主页页面将巡检记录页面设置为子页面，如图 7-2-23 所示。

再次扫描二维码就会打开巡检记录页面，如图 7-2-24 所示。

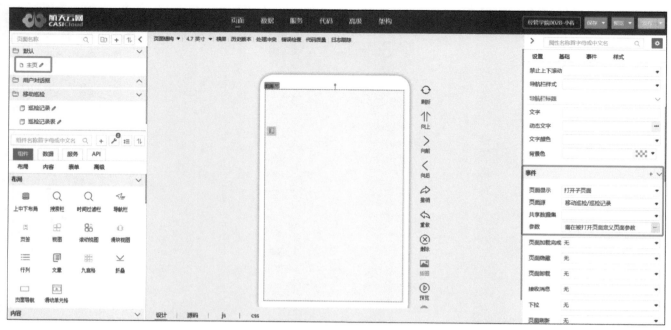

图 7-2-23　主页页面设置子页面

图 7-2-24　手机扫码预览

（3）第二种方法是在代码开发页面 UI2/mobile 目录下，修改 app. json. xml 文件，该文件是用来设置默认打开页面，文件内的默认代码是：

```
<app>
    <pages index = " $ app/main" />
</app>
```

代码中的 main 是默认的主页页面的页面 URL：$ UI/mobile/main. w，如图 7-2-25 所示。

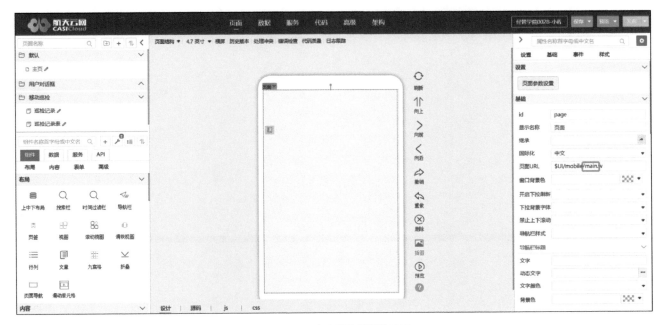

图 7-2-25　主页页面页面 URL

将巡检记录页面设置为默认页面，只需要将代码中的 URL 修改即可，巡检记录页面的页面 URL 为 $ UI/mobile/yidong_xj/xunjian_jl. w，如图 7-2-26 所示。

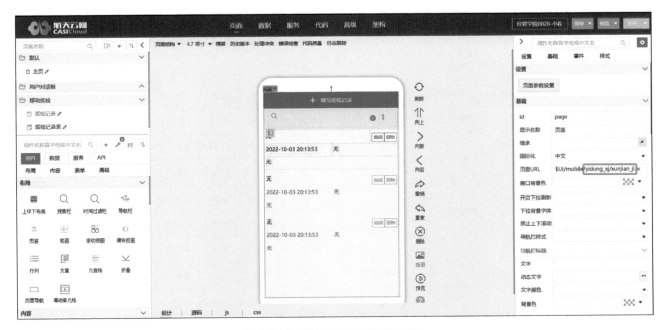

图 7-2-26　巡检记录页面页面 URL

只需在 app.json.xml 文件，将 main 改为 yidong_xj/xunjian_jl 即可，修改后将应用重启，在预览时和手机扫码预览时会默认打开巡检记录页面，如图 7-2-27 所示。

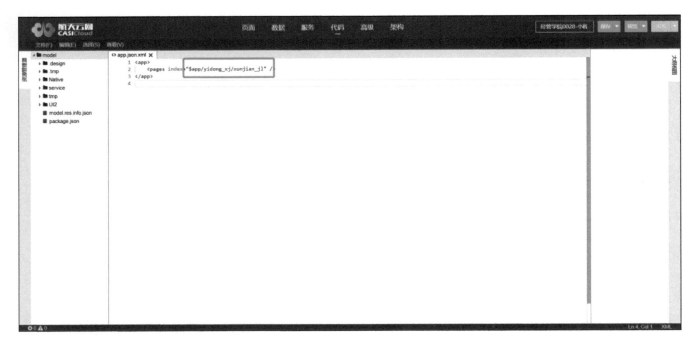

图 7-2-27　代码开发页面 app.json.xml 文件修改

 评价反馈

对本任务的学习情况进行检查评分，并将相关内容填写在表 7-2-1 中。

表 7-2-1　评分表

任务名称			姓名			任务得分		
考核项目	考核内容	配分	评分标准			自评 50%	师评 50%	得分
知识技能 35分	能仔细阅读知识材料，画出重点内容	10	优 10	良 8	合格 6			
	能借助信息化资源进行信息收集，自主学习	5	优 5	良 4	合格 3			
	能正确完成引导问题，写出完整答案	15	优 15	良 12	合格 10			
	能与老师进行交流，提出关键问题，有效互动	5	优 5	良 4	合格 3			
实操技能 50分	能正确设置页面参数	15	优 15	良 12	合格 10			
	能正确设置页面事件	10	优 10	良 8	合格 6			
	能正确对页面默认时间、排序等合理性设置	15	优 15	良 12	合格 10			
	能正确对手机扫码预览设置	10	优 10	良 8	合格 6			
素质技能 15分	态度端正，认真参与	5	优 5	良 4	合格 3			
	主动学习和科学的思维能力	5	优 5	良 4	合格 3			
	执行 8S 管理标准	5	优 5	良 4	合格 3			

任务小结

任务拓展

手机扫描二维码打开巡检记录页面，尝试添加、编辑、删除巡检记录。

项目八 测试与发布

应用开发完成后，一个重要的任务就是测试应用，本项目主要是学会测试应用并编写测试用例，并在低代码工具中发布应用。

任务一　测试与发布基础

任务工单

任务名称				姓名	
班级		组号		成绩	
工作任务	测试应用并学会编写测试用例 在低代码工具中发布应用				
任务目标	**知识目标** ★ 软件测试的基本概念和基础知识 ★ 软件测试的目标、准则和方法 ★ 测试用例的作用及特性 ★ 低代码工具发布原理 **能力目标** ★ 会正确测试应用并编写测试用例 ★ 会正确发布应用 **素质目标** ★ 培养对待工作和学习一丝不苟、精益求精的精神 ★ 培养主动学习和科学的思维能力 ★ 培养分析和解决生产实际问题的能力				
任务分配	职务	姓名		工作内容	
	组长				
	组员				
	组员				

知识学习

引导问题 1：软件测试的基本概念和基础知识是什么？

【知识点 1】

表面看来，软件测试的目的与软件工程所有其他阶段的目的都相反。软件工程的其他阶段都是"建设性"的：软件工程师力图从抽象的概念出发，逐步设计出具体的软件系统，直到用一种适当的程序设计语言写出可以执行的程序代码。但是，在测试阶段测试人员努力设计出一系列测试方案，目的却是为了"破坏"已经建造好的软件系统一，竭力证明程序中有错误，不能按照预定要求正确工作。

当然，这种反常仅仅是表面的，或者说是心理上的。暴露问题并不是软件测试的最终目的，发现问题是为了解决问题，测试阶段的根本目标是尽可能多地发现并排除软件中潜藏的错误，最终把一个高质量的软件系统交给用户使用。但是，仅就测试本身而言，它的目标可能和许多人原来设想的很不相同。

❓ **引导问题 2**：软件测试的目标是什么？

【知识点 2】

什么是测试？它的目标是什么？G. Myrs 给出了关于测试的一些规则，这些规则也可以看作是测试的目标或定义。

（1）测试是为了发现程序中的错误而执行程序的过程。

（2）好的测试方案是极可能发现迄今为止尚未发现的错误测试方案。

（3）成功的测试是发现了至今为止尚未发现的错误。

从上述规则可以看出，测试的正确定义是"为了发现程序中的错误而执行程序的过程"。这和某些人通常想象的"测试是为了表明程序是正确的"，"成功的测试是没有发现错误的测试"等是完全相反的。正确认识测试的目标是十分重要的，测试目标决定了测试方案的设计。如果为了表明程序是正确的而进行测试，就会设计一些不易暴露错误的测试方案；相反，如果测试是为了发现程序中的错误，就会力求设计出最能暴露错误的测试方案。

由于测试的目标是暴露程序中的错误，从心理学角度看，由程序的编写者自己进行测试是不恰当的。因此，在综合测试阶段通常由其他人员组成测试小组来完成测试工作。此外，应该认识到测试绝不能证明程序是正确的。即使经过了最严格的测试之后，仍然可能还有没被发现的错误潜藏在程序中。测试只能查找出程序中的错误，不能证明程序中没有错误。关于这个结论下面还要讨论。

❓ **引导问题 3**：软件测试的准则是什么？

【知识点 3】

怎样才能达到软件测试的目标呢？为了能设计出有效的测试方案，软件工程师必须深入理解并正确运用指导软件测试的基本准则。下面讲述主要的测试准则。

（1）所有测试都应该能追溯到用户需求。正如上一小节讲过的，软件测试的目标是发现错误。从用户的角度看，最严重的错误是导致程序不能满足用户需求的那些错误。

（2）应该远在测试开始之前就制定出测试计划。实际上，一旦完成了需求模型就可以着手制定测试计划，在建立了设计模型之后就可以立即开始设计详细的测试方案。因此，在编码之前就可以对所有测试工作进行计划和设计。

（3）把 Pareto 原理应用到软件测试中。Pareto 原理说明，测试发现的错误中的 80% 很可能是由程序中 20% 的模块造成的。当然，问题是怎样找出这些可疑的模块并彻底地测试它们。

（4）应该从"小规模"测试开始，并逐步进行"大规模"测试。通常，首先重点测试单个程序模块，然后把测试重点转向在集成的模块簇中寻找错误，最后在整个系统中寻找错误。

（5）穷举测试是不可能的。所谓穷举测试就是把程序所有可能的执行路径都检查一遍的测试。即使是一个中等规模的程序，其执行路径的排列数也十分庞大，由于受时间、人力以及其他资源的限制，在测试过程中不可能执行每个可能的路径。因此，测试只能证明程序中有错误，不能证明程序中没有错误。但是，精心地设计测试方案，有可能充分覆盖程序逻辑并使程序达到所要求的可靠性。

（6）为了达到最佳的测试效果，应该由独立的第三方从事测试工作。所谓"最佳效果"是指有最大可能性发现错误的测试。由于前面已经讲过的原因，开发软件的软件工程师并不是完成全部测试工作的最佳人选（通常他们主要承担模块测试工作）。

? 引导问题 4：有哪些软件测试方法？

_____

_____

_____

_____

【知识点 4】

测试任何产品都有两种方法：如果已经知道了产品应该具有的功能，可以通过测试来检验是否每个功能都能正常使用；如果知道产品的内部工作过程，可以通过测试来检验产品内部动作是否按照规格说明书的规定正常进行。前一种方法称为黑盒测试，后一种方法称为白盒测试。

对于软件测试而言，黑盒测试法把程序看作一个黑盒子，完全不考虑程序的内部结构和处理过程。也就是说，黑盒测试是在程序接口进行的测试，它只检查程序功能是否能按照规格说明书的规定正常使用，程序是否能适当地接收输入数据并产生正确的输出信息，程序运行过程中能否保持外部信息（例如数据库或文件）的完整性。黑盒测试又称为功能测试。

白盒测试法与黑盒测试法相反，它的前提是可以把程序看成装在一个透明的白盒子里，测试者完全知道程序的结构和处理算法。这种方法按照程序内部的逻辑测试程序，检测程序中的主要执行通路是否都能按预定要求正确工作。白盒测试又称为结构测试。

? 引导问题 5：什么是测试用例？测试用例的作用及特性是什么？

_____

_____

_____

_____

【知识点 5】

测试用例是每个业务目标，是编制的一组由测试输入，执行条件以及预期结果的案例。在开始实施测试之前设计好测试用例，可以避免盲目测试并提高测试效率。测试用例的使用让软件测试的实施重点突出、目的明确。

代表性：能够代表并覆盖各种合理的和不合理、合法的和不合法、边界和越界以及极限的输入数据、操作等。

针对性：对程序中的可能存在错误有针对性的测试。

可判定性：测试执行结果的正确性是可判定性，每一个测试用例都应有相应的结果。

可重现性：对同样的测试用例，系统的执行结果应当是相同的。

引导问题 6：低代码工具中怎么发布？

_____

_____

_____

_____

【知识点 6】

测试完成后，就可以将应用发布了。低代码开发工具的设计工具中提供了发布向导，应用的编译、构建、发布过程是自动化的，只需要按照向导的要求配置即可，主要的配置项包括应用模板配置和发布数据配置，应用模板配置主要配置应用发布的名称、图片、版本号、分类、公有模板或私有模板等，如果是私有版本，只能被本项目团队成员访问，一般用于内部的应用模板复用，如果是公有模板，则需要平台系统管理员审批后，其他用户或租户才可以访问。发布数据配置用于配置在应用发布时是否要携带初始化数据，这些初始化数据会再应用部署时自动初始化到租户环境中。

技能实操

1. 编写测试用例

（1）测试用例目前没有一个标准模板，以下列出一个常见的测试用例模板，见表8-1-1。

表 8-1-1　常见的测试用例模板

用例 1 ×××操作				
功能点	输入	设想输出	实际输出	测试结果

（2）马上追溯按钮测试用例，见表8-1-2。

表 8-1-2　马上追溯按钮测试用例

用例 1 马上追溯按钮操作				
功能点	输入	设想输出	实际输出	测试结果
马上追溯按钮	（1）在质量管理页面单击茶农标识编码为"1003"后的马上追溯按钮 （2）在弹出产品追溯页面单击马上追溯按钮	原料信息和工单信息和数据集中一致	原料信息和工单信息和数据集中一致	通过

2. 应用发布

（1）进入到应用，单击右上角的"发布"按钮，进入到发布按钮，如图8-1-1所示。

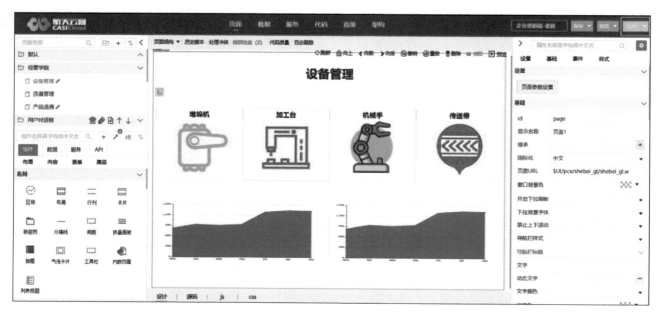

图 8-1-1　页面"发布"按钮

（2）在应用发布页面，首先可选择发布的数据，如果不选择发布的数据，发布后的页面将没有数据显示，在弹出的页面中选择应用中所开发的页面所需要的数据即可，如图 8-1-2 所示。

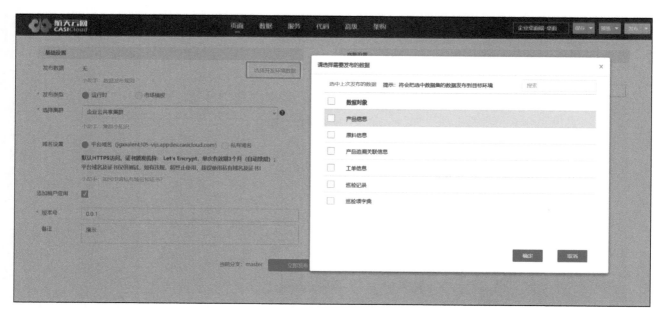

图 8-1-2　发布页面

（3）发布类型可选择"运行时"和"市场模板"，发布为市场模板在项目二中已有介绍，本节不再赘述，如图 8-1-3 所示。

本任务选择发布类型为"运行时"，集群选择系统默认的"企业云共享集群"，下方的域名是系统自动生成，发布完成后，可通过域名直接访问。下方还可以设置版本号和对应用的备注说明，根据实际需要选择添加或修改，如图 8-1-4 所示。

设置完成后，单击下方的"立即发布"按钮，便可发布，发布完成后，可直接输入域名访问，也可以在低代码开发工具中的高级页面的正式环境模块下，单击页面预览访问，如图 8-1-5 所示。

图 8-1-3　发布设置 1

图 8-1-4　发布设置 2

图 8-1-5　发布完成后访问

评价反馈

对本任务的学习情况进行检查评分，并将相关内容填写在表 8-1-3 中。

表 8-1-3　评分表

任务名称		姓名			任务得分		
考核项目	考核内容	配 分	评分标准		自评 50%	师评 50%	得分
知识技能 35 分	能仔细阅读知识材料，画出重点内容	10	优 10	良 8	合格 6		
	能借助信息化资源进行信息收集，自主学习	5	优 5	良 4	合格 3		
	能正确完成引导问题，写出完整答案	15	优 15	良 12	合格 10		
	能与老师进行交流，提出关键问题，有效互动	5	优 10	良 8	合格 6		
实操技能 50 分	能正确测试应用并编写测试用例	30	优 30	良 25	合格 20		
	能正确发布应用	20	优 30	良 25	合格 20		
素质技能 15 分	态度端正，认真参与	5	优 5	良 4	合格 3		
	主动学习和科学的思维能力	5	优 5	良 4	合格 3		
	执行 8S 管理标准	5	优 5	良 4	合格 3		

 任务小结

_____

_____

_____

_____

任务拓展

测试质量管理页面的所有功能，并编写测试用例。